Gjort med Creative Commons

Paul Stacey og Sarah Hinchliff Pearson

Oslo

Petter Reinholdtsen

Illustrasjoner av Bryan Mathers, `https://bryanmmathers.com/`, gjentegnet i SVG-format og oversatt av Petter Reinholdtsen.

Utgiver: Petter Reinholdtsen.

 Oversatt til bokmål på dugnad av Ole-Erik Yrvin, Ingrid Yrvin, Christer Gundersen, Sylvia Johnsen, Thomas Gramstad, Petter Reinholdtsen med flere.

Denne boken ble opprinnelig gitt ut med vennlig støtte fra Creative Commons-stiftelsen og kronerullerne i vår folkefinansieringskampanje på Kickstarter.com-plattformen.

Denne utgaven av boken holdes ved like på `https://gitlab.com/gunnarwolf/madewithcc-es/`, og oversettelsene vedlikeholdes på `https://hosted.weblate.org/projects/madewithcc/`. Det settes stor pris på at du melder fra om eller fikser feil du måtte finne i boken.

ISBN: 978-82-93828-09-9 (PDF), 978-82-93828-10-5 (ePub), 978-82-93828-08-2 (heftet)

`https://madewith.cc/`

(Dewey) 346.048, 347.78

(USAs Library of Congress) Z286 O63 S73 2017

(Melvil) 025.523

Jeg vet ikke stort om hvordan skrive faglitteratur... Måten jeg forholder meg til slike ting og når det gjelder hva jeg kan gjøre... essayer som dette er en mulighet til å observere rimelig smarte mennesker, men også ganske alminnelige mennesker, studere mye bedre og grave dypere i de mange ulike temaer som omgir oss, enn de fleste av oss i våre daglige liv har sjansen til å sette seg inni i.

David Foster Wallace

Innhold

Forord

For tre år siden, like etter at jeg ble ansatt som daglig leder av Creative Commons-stiftelsen, møtte jeg Cory Doctorow i en hotellbar på Gladstone hotell i Toronto. Etter som han er en av de mest kjente forkjempere for Creative Commons (CC) og en vellykket skribent som deler sine verk med CC, snakket jeg om hvordan CC kan definere og fremme åpne forretningsmodeller. I hyggelige ordelag var han uenig med meg, og sa jakten på levedyktige forretningsmodeller rundt CC var et blindspor.

Han hadde på mange måter rett, da de som vil endre på ting ved å bruke Creative Commons har underliggende motiver. Som Paul Stacey forklarer senere i boken: «Uavhengig deres juridiske status har bidragsytere et sosialt siktemål. Deres primære grunn til å bidra er å gjøre verden til et bedre sted, ikke å jakte på profitt. Penger er et middel til å nå sosiale mål, ikke målet i seg selv.»

I referansestudien om Cory Doctorow siterer Sarah Hinchliff Pearson hans egne ord fra boken «Information Doesn't Want to Be Free»: «Å velge kunsten fordi du ønsker å bli rik, er som å kjøpe lodd fordi du vil bli rik», skrev han. «Det kan fungere, men det vil nesten helt sikkert ikke gjøre det. Men jo da, det er alltid noen som vinner på lodd.»

I dag er opphavsretten, allmenningens tragedie, et trukket lodd i et lotteri der alle spiller mot hverandre, i vissheten om at nesten ingen vinner. Det ingen forteller deg er at hvis du velger å dele verkene dine, så kan det du får igjen være svært verdifullt og nesten få evig liv. Denne bokens historier er viet dem som risikerer mer enn de få kronene vi betaler for et lodd, og har i stedet hatt glede av belønningen som kommer fra å følge sin lidenskap og leve i tråd med sine verdier.

Det handler følgelig ikke om penger. For å kunne fortsette å skape og dele krever det ofte at man har en viss inntekt. Max Temkin i Cards Against Humanity sier det best i sin referansestudie: «Vi lager ikke vitser og leker for å tjene penger - vi tjener penger slik at vi kan lage flere vitser og leke.»

Creative Commons fokuserer på å bygge levende, nyttige allmenninger, med samarbeid og takknemlighet som drivkraft. Å få på plass samarbeidsfellesskap er kjernen i vår strategi. Med dette i mente startet Creative Commons dette bokprosjektet. Med Paul og Sarah i ledelsen, gikk prosjektet i gang med å definere og fremme de beste åpne forretningsmodellene. Paul og Sarah var hovedforfatterne til denne boka.

Paul drømmer om en fremtid der nye modeller for kreativitet og nyskapning overgår den ulikhet og knapphet som i dag viser de verste sidene av kapitalismen. Han drives av kraften i mellommenneskelige forbindelser i skapende samarbeidsfellesskap. Han er mer fremsynt enn de fleste, og det har gjort ham til en bedre pedagog, en innsiktsfull forsker, og også en dyktig gartner. Han har en rolig, kjølig stemme som formidler en lidenskap som inspirerer kolleger og fellesskapet.

Sarah er den beste typen advokat - en sann forkjemper som tror på det gode i mennesket, og på kraften i kollektive handlinger for å forandre verden. I løpet av det siste året har jeg sett Sarah kjempe med den hjertesorg som kommer fra å ha investert så mye i en politisk kampanje som ikke endte som hun hadde håpet. I dag er hun mer bestemt enn noen gang på å leve i tråd med sine verdier rett fra hjertet. Jeg kan alltid stole på at Sarah er en pådriver for at Creative Commons skal påvirke - gjøre det viktigste viktigst. Hun er praktisk, detaljorientert og dyktig. Det er ingen på laget mitt jeg liker så godt å debattere med.

Som forfatterpar utfylte Paul og Sarah hverandre perfekt. De forsket, analyserte, argumenterte og jobbet som et lag, noen ganger sammen og noen ganger hver for seg. De gravde seg ned i forskningen og skrivingen med lidenskap og nysgjerrighet, og med dyp respekt for det som inngår i å lage allmenninger og å dele med verden. De var åpne for nye ideer, medregnet muligheten for at utgangsteoriene deres måtte foredles videre eller kanskje var helt feil. Det er modig, og det har gitt en bedre bok som er innsiktsfull, ærlig og nyttig.

Fra begynnelsen av ønsket CC å utvikle dette prosjektet med prinsipper og verdier for åpent samarbeid. Boken ble finansiert, utviklet, foredlet og skrevet i åpenhet. Den blir delt åpent med CC BY-SA-lisens, slik at alle kan bruke, remikse eller tilpasse, med kreditering. Dette er i seg selv et eksempel på en åpen forretningsmodell.

I løpet av 31 dager i august 2015 organiserte Sarah en Kickstarter-kampanje for å finansiere grunnfondet for boken. Resten ble finansiert av Creative Commons sine generøse givere og støttespillere. Til slutt ble den et av de mest vellykkede bokprosjektene på Kickstarter, med 1600 engasjerte givere, gjennom to delmål, helt frem. De fleste bidragsyterne var nye tilhengere av Creative Commons.

Paul og Sarah jobbet åpent gjennom hele prosjektet, publiserte planer, utkast, referansestudier og analyser, tidlig og ofte, og de engasjerte miljøer over hele verden med å bidra til å skrive denne boken. Etter hvert som meningsforskjeller gjorde seg gjeldende og deres individuelle interesser kom i fokus, delte de seg opp med hver sin individuelle stemme, og besluttet å holde sine stemmer atskilt i sluttproduktet. Å arbeide på denne måten krever både ydmykhet og selvtillit, og det har uten tvil gjort «Gjort med Creative Commons» til et bedre prosjekt.

De som jobber og deler i allmenningen er ikke typiske skapere. De er del av noe større enn seg selv, de gir oss alle en dyptgående gave. Det de får igjen er takknemlighet og et fellesskap.

Jonathan Mann, som er presentert i denne boken, skriver én sang om dagen. Da jeg kontaktet han for å be ham skrive en sang til folkefinansieringskampanjen (og tilby seg selv som en kronerullingspost deri), stilte han umiddelbart opp. Hvorfor? Fordi allmenningens kjerne er samarbeid, og gemenskap dens nøkkelverdi, og fordi CC-lisensene har hjulpet så mange å dele med et verdensomspennende publikum på egne premisser.

Sarah skriver, «Innsats gjort med Creative Commons blomstrer opp når fellesskap bygges opp rundt det som gjøres. Dette kan innebære et fellesskap som samarbeider om å lage noe nytt, eller det kan ganske enkelt være en samling likesinnede som blir kjent med hverandre og samles om en felles interesse eller tro. Til en viss grad gir det å gjøre noe med Creative Commons automatisk et visst element av fellesskap, ved å bidra til å treffe likesinnede som gjenkjenner og trekkes mot verdiene som bruken av CC symboliserer.» Den andre musikeren som profileres i boken, Amanda Palmer, ville sikkert lagt til dette fra referansestudien om henne: «Det finnes ikke noe mer tilfredsstillende mål enn å oppleve at noen forteller deg at det du gjør virkelig er verdifullt for dem.»

Dette er ingen typisk bok om bedriftsøkonomi. De som er på jakt etter en oppskrift eller en kjøreplan kan nok bli skuffet. Derimot vil de som ønsker å bidra til et sosiale mål, bygge noe stort gjennom samarbeid, eller bli med i et kraftig og voksende verdenssamfunn, bli fornøyd. Gjort med Creative Commons tilbyr et verdensendrende sett tydelig artikulerte verdier og prinsipper, noen viktige verktøy til utforskning av egne forretningsmuligheter, og to dusin doser ren inspirasjon.

I en artikkel i Stanford Law Review i 1996, «The Zones of Cyberspace», skrev CC-grunnleggeren Lawrence Lessig: «Kyberrommet er et sted. Folk bor der. De opplever alle mulige ting som de også opplever i den virkelige verden, i Kyberrommet. Og noen opplever enda mer. De opplever ikke dette som isolerte individer, som spillere i et høyteknologisk dataspill; De opplever det i grupper, i fellesskap, blant fremmede, blant mennesker de lærer å kjenne og noen ganger sette pris på.»

Jeg er utrolig stolt av at Creative Commons klarer å utgi denne boken om de mange fellesskapene som vi har lært å kjenne og like. Jeg er takknemlig overfor Paul og Sarah for deres kreativitet og innsikt, og overfor de globale fellesskapene som har hjulpet oss med å bringe den til deg. Som CC-styremedlem Johnathan Nightingale ofte sier: «Alt er laget av mennesker.»

Dette er den sanne verdien av det som er gjort med Creative Commons.

Ryan Merkley,
Daglig leder, Creative Commons

Introduksjon

Denne boken viser verden hvor godt deling kan tjene i forretningsøyemed, med en ny vri.

Vi startet prosjektet for å utforske hvordan skapere, organisasjoner og firmaer tjener penger på det de gjør når de deler arbeidet sitt med Creative Commons-lisenser. Målet var ikke å identifisere en formel for forretningsmodeller som gjør bruk av Creative Commons, men i stedet å samle friske idéer og dynamiske eksempler som inspirerer nye, innovative modeller og som hjelper andre å bygge videre på det som allerede fungerer. I begynnelsen formulerte vi våre undersøkelser med kjente forretningsbegreper. Vi laget et «åpent forretningsmodell-rammeverk», et interaktivt og nettbasert verktøy, for å hjelpe folk med å utforme og analysere sine forretningsmodeller.

Med raus finansiering fra folkefinansens lommer, gikk vi løs på dette prosjektet, først ved å identifisere og velge ut en gruppe skapere fra den store bredden av organisasjoner og bedrifter som gjør bruk av Creative Commons på en gjennomført måte - det vi kaller «Gjort på Creative Commons-måten». Gjennom intervjuer fikk vi skrevet ned historiene deres, analyserte det vi hørte, og gjorde til sist dypdykk i litteraturen.

Mens vi gjorde våre undersøkelser, skjedde det noe interessant. Rammen av vår forståelse for arbeidet passet ikke med historiene vi hørte.

De vi intervjuet var ikke typiske bedrifter som selger til forbrukere i søken etter størst mulig overskudd og bedre bunnlinje. I stedet delte de for å gjøre verden til et bedre sted, ved å skape relasjoner og fellesskap rundt delte verk, samt skapte inntekter ikke for ubegrenset vekst, men for å holde liv i det de drev med.

Ofte likte de ikke å høre sitt virke beskrevet som en «åpen forretningsmodell». Deres gjøremål var noe mer enn det. Noe annet. Noe som ikke bare ga økonomisk verdi, men også sosial og kulturell verdi. Noe som involverte mellommenneskelige forbindelser. Å gjøre noe med Creative Commons er ikke «slik vi vanligvis gjør det».

Vi måtte revurdere måten vi oppfattet dette prosjektet. Og det skjedde ikke over natten. Vi dokumenterte våre tanker fra høsten 2015 og hele 2016 i bloggposter på Medium og med regelmessige oppdateringer til våre folkefinansieringsstøttespillere. Utkast av enkeltstudier, med påfølgende analyse ble også delt, og ga opphav til uvurderlige endringsforslag, tilbakemeldinger og råd. Vår tenkning endret seg dramatisk i løpet av halvannet år.

Til glede for oss som startet den, har våre to ulike tilnærminger ført til gjensidig læring gjennom hele prosessen. Sluttresultatet er mye rikere enn det ville vært hvis én av oss gjennomførte prosjektet alene. Vi har søkt å beholde våre stemmer i skriveprosessen, og du vil kjenne igjen våre ulike og utfyllende tilnærminger etter hvert som du leser igjennom delene hver av oss har skrevet.

Bokens to hoveddeler kan leses i sin helhet fra start til slutt, eller kapittelvis hver for seg.

I første del fører Paul i pennen en oversikt som begynner med det store bildet: Historisk bakgrunn for den digitale allmenning, i beskrivelsen av de tre måtene samfunnet håndterer ressurser og deler inntekter: Allmenningen, markedet og staten. Han tar til orde for tenkning utover næringsvirksomhet og markedsbegreper, og formulerer godt sitt syn på deling og utvidelse av den digitale allmenning.

Oversikten utvides i Sarahs kapittel i en vurdering av hva det betyr å lykkes når en gjør noe med Creative Commons. Selv om det å tjene penger er en del av bildet, så er det de felleskapsrettede verdiene og de menneskelige forbindelsene som gjør deling virkelig meningsfylt. Denne delen beskriver hvordan skaperne, organisasjoner og bedriftene vi intervjuet, skaffer inntekter, hvordan de videre fremmer allmenne interesser og realiserer sine verdier, og hvordan de knytter forbindelser med folk de deler med.

Og som avslutning av første del, har vi en kort bit som forklarer de ulike Creative Commons-lisensene. Vi snakker om misforståelsen om at de mer restriktive lisensene - de som er nærmest «alle rettigheter reservert»-modellen i tradisjonell opphavsrett - er den eneste måten å tjene penger på.

Bokens intervjupregede andre del er historien om aktører, bedrifter og organisasjoner, tjuefire i tallet. Spørsmålene ble stilt av oss begge, og skrivingen av profilene deretter fordelt oss imellom.

Vi er selvfølgelig glade for å gjøre boken tilgjengelig med Creative Commons Navngivelse-Del på samme vilkår (CC-BY-SA). Kopiér, distribuer, oversett, tilpass til lokale forhold, og bygg gjerne videre på dette verket.

Denne boka har forandret og inspirert oss. Måten vi nå betrakter og tenker om hva det betyr å «gjøre med Creative Commons» er ugjenkallelig endret. Vi håper denne boken inspirerer deg og ditt selskap til å bruke Creative Commons, og dermed bidra til å endre vårt økonomiske system og verden til det bedre.

Paul og Sarah

Om den norske oversettelsen

Internett ble i sin tid utformet for å bringe mennesker sammen og gjøre kunnskap fritt tilgjengelig for alle. Den frie delen av internett har forandret verden for godt og forbedret livene til milliarder av mennesker. Weben ble opprinnelig laget for å være en digitale allmenning hvor alle kunne delta på like vilkår. I denne digitale allmenningen spiller Creative Commons en helt avgjørende rolle for å sikre at alt fra kunstnere, lærerer, elever, bedrifter og offentlige virksomheter kan dele sine verk på en trygg og god måte.

Hvis du ønsker å lære mer om digital delingskultur og Creative Commons er dette en bok som både vil inspirere og gi grunnleggende innsikt.

Forfatterne Paul Stacey og Sarah Hinchliff Pearson gir gjennom boken svært gode eksempler på hvordan skapere, organisasjoner og bedrifter tjener penger på det de gjør når de deler arbeidet sitt med Creative Commons-lisenser. Et annet veldig viktig budskap som går igjen som en rød tråd er at det for mange ikke først og fremst handler om å tjene penger. Noen ganger handler ganske enkelt om å løse et problem, andre ganger om å bidra i en kreativ prosess for å skape noe som andre kan ha glede av. Fellesnevneren er at det alltid handler om å være åpen og inkluderende - og det handler alltid om å dele.

Oversettelsen av denne boken er i seg selv et produkt av den samme drivkraften hos mennesker som ønsker å bidra til å spre budskapet om en global delingskultur til lesere i Norge.

Da Gunnar Wolf annonserte at han trengte hjelp med å oversette denne boken til spansk, meldte min gode venn Petter Reinholdtsen seg som koordinator. Prosjektet resulterte da også i denne oversettelsen til norsk som du nå sitter å leser. Petter har over flere tiår vært en av de mest markante bidragsyterne i det norske fri programvare-miljøet og hadde allerede to bokutgivelser (Fri Kultur av Lawrence Lessig[1] og Håndbok for Debian-administratoren av Raphael Hertzog med flere[2]) på sin merittliste. Denne boken ville aldri sett dagens lys uten hans imponerende drivkraft og pågangsmot.

Petter har på ingen måte vært alene om dette prosjektet. Ole-Erik Yrvin, Ingrid Yrvin, Allan Nordhøy, Thomas Gramstad og Sylvia Johnsen har alle bidratt med utallige dugnadstimer. På vegne av Creative Commons Norge vil jeg takke hver enkelt bidragsyter. Dette prosjektet er et inspirerende eksempel på at delingskulturen også har godt fotfeste her i Norge.

Christer Solheim Gundersen,
Leder, Creative Commons Norge

---

[1] http://free-culture.cc/remixes/
[2] https://debian-handbook.info/get/#norwegian

Del I

Det store bildet

1. Den digitale allmennings nye verden

Paul Stacey

Jonathan Rowe beskriver elegant allmenningen som «luften og havet, nettverket av arter, villmark og rennende vann - alle er deler av allmenningen. Det samme er språk og kunnskap, fortau og torg, historier fra barndommen og demokratiske prosesser. Noen deler av allmenningen er naturens gaver, andre er resultat av menneskelig innsats. Noen er nye, som Internett; andre like eldgamle som jord og kalligrafi.»[1]

I «Gjort med Creative Commons» fokuserer vi på nåværende æras digitale allmenning, en allmenningen av menneskeskapte arbeider. Denne allmenningen går på tvers av en rekke områder, inkludert kulturarv, utdanning, forskning, teknologi, kunst, design, litteratur, underholdning, forretning og data. Menneskeskapte verk innen alle disse områdene er i stadig større grad digitale. Internett er en type global, digital allmenning. Personer, organisasjoner og bedrifter vi trekker frem i våre referansestudier bruker Creative Commons til deling av sine ressurser på Internett.

Allmenningen handler ikke bare om delte ressurser, men også om sosial praksis og verdiene som igjen styrer den. En ressurs er et substantiv, men allmenngjøring - å legge ressursen inn i allmen-

---

[1]Jonathan Rowe, Our Common Wealth (San Francisco: Berrett-Koehler, 2013), 14.

ningen - er et verb.[2] Produsentene, organisasjonene og bedriftene vi profilerer er alle engasjert i allmenngjøring. Deres bruk av Creative Commons gjør dem delaktig i den sosiale gjennomføringen av allmenngjøring, administrering av ressurser kollektivt i et brukerfellesskap.[3] Allmenngjøring styres av et sett verdier og normer som balanserer fordelene og ulempene for bedriften med dem for fellesskapet. Særlig vekt er lagt til rettferdig tilgang, bruk og bærekraft.

1.1 Allmenningen, markedet, og staten

Historisk har det vært tre måter å administrere ressurser og fordele verdier på: Allmenningen (håndtert kollektivt), staten (dvs. myndighetene) og markedet - med de siste to som dominerende per 2017.[4]

Organisasjonene og bedriftene i våre referansestudier er unike i måten de deltar i allmenningen mens de fortsatt er engasjert i markedet og/eller staten. Omfanget av engasjement mot marked og stat varierer. Noen opererer primært som allmenning hvis virke uten eller i liten grad er avhengig av markedet eller staten.[5] Andre er i høyeste grad en del av markedet eller staten, og avhenger av dem for sin finansielle bærekraft. Alle fungerer som hybrider, som kombinerer allemannseiets normer med dem som gjelder for markedet eller staten.

Figur 1.1 skildrer hvordan en bedrift kan ha varierende grad av engasjement med allemannseie, staten og markedet.

Noen av våre referansestudier er simpelthen allemannseie, og har lite eller intet engasjement med og i offentlig sektor. En fremstilling av disse løsningene ville vist tilknytningen til staten i offentlig sektor som forbilledlig liten, eller til og med fraværende. Andre referansestudier er primært markedsbaserte med kun en liten fot

---

[2]David Bollier, *Think Like a Commoner: A Short Introduction to the Life of the Commons* (Gabriola Island, BC: New Society, 2014), 176.

[3]Ibid., 15.

[4]Ibid., 145.

[5]Ibid., 175.

i allemannseiet. I en fremstilling av disse løsningene ville engasjementet i markedet være stort og allemannseiet lite. I hvilken grad en bedrift ser seg selv som hovedsakelig av én type eller en annen, påvirker hvordan normene de styrer etter er fordelt.

Alle i våre referansestudier tjener nok penger til å holde det gående og å være bærekraftig. Penger kommer hovedsakelig fra markedet. Det er utfordrende å finne måter å generere inntekter på, når man holder seg til kjerneverdiene i allemannseie (vanligvis uttrykt i formålbeskrivelser). Administrering av samhandling og engasjement mellom allemannseiet og markedet krever gode stødig hånd, fingerspissfølelse for verdigrunnlaget, og evnen til å kombinere det beste fra begge deler.

Staten har en viktig rolle å spille i å fremme aksept og bruk av allemannseie. Statlige programmer og finansiering kan bevisst bidra til å bygge allemannseier. Utover bevilgninger, lovgivning og regler om eiendomsrett, kan både opphavsrett, forretningsvirksomhet og finansiering, være utformet for å fremme allemannseie.

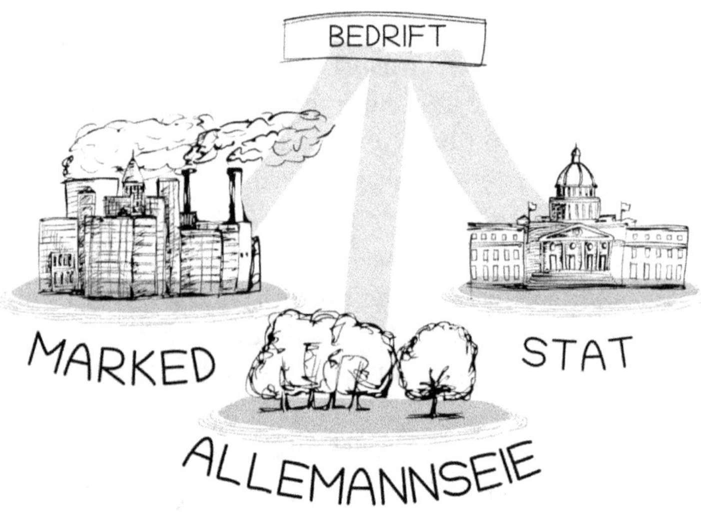

Figur 1.1: En bedrifts varierende grad av engasjement i allemannseie, staten og markedet.

Det er nyttig for alle å forstå hvordan allemannseie, markedet og staten håndterer ressurser på ulike måter, og ikke bare for dem som anser seg selv som hovedsakelig et allemannseie. For bedrifter eller offentlige organisasjoner som ønsker å engasjere seg i, og å bruke allemannseie, så vil det å vite hvordan allemannseiet fungerer være til hjelp for å finne den beste måten for å gjøre dette på. Deltagelse i og bruk av allemannseiet på samme måte som med markedet eller med staten, er ikke en vinnende strategi.

1.2   De fire aspektene ved en ressurs

Elinor Ostrom utviklet som en del av sitt Nobelprisvinnende arbeid et rammeverk for analyse av hvordan naturressurser administreres i en allmenning.[6] Hennes rammeverk vurderte ting som biofysiske karakteristikker ved fellesressurser, samfunnets aktører og samhandlingene mellom dem, imellom uformelle regler-i-bruk, og resultater. Dette rammeverket er forenklet og generalisert i dette kapitlet for bruk i allemannseie, markedet og staten.

For å sammenligne og vise kontraster i måter allemannseie, markedet, og det offentlige arbeider, la oss se på fire sider ved ressursadministrasjon: Ressursens karakteristika, de involverte personene og den prosessen de nyttegjør seg, normer og regler de utvikler for å styre bruken, og til slutt den faktiske ressursbruken sammen med resultatene av denne bruken (se figur 1.2).

---

[6]Daniel H. Cole, «Learning from Lin: Lessons and Cautions from the Natural Commons for the Knowledge Commons», i Governing Knowledge Commons, red. Brett M. Frischmann, Michael J. Madison, og Katherine J. Strandburg (New York: Oxford University Press, 2014), 53.

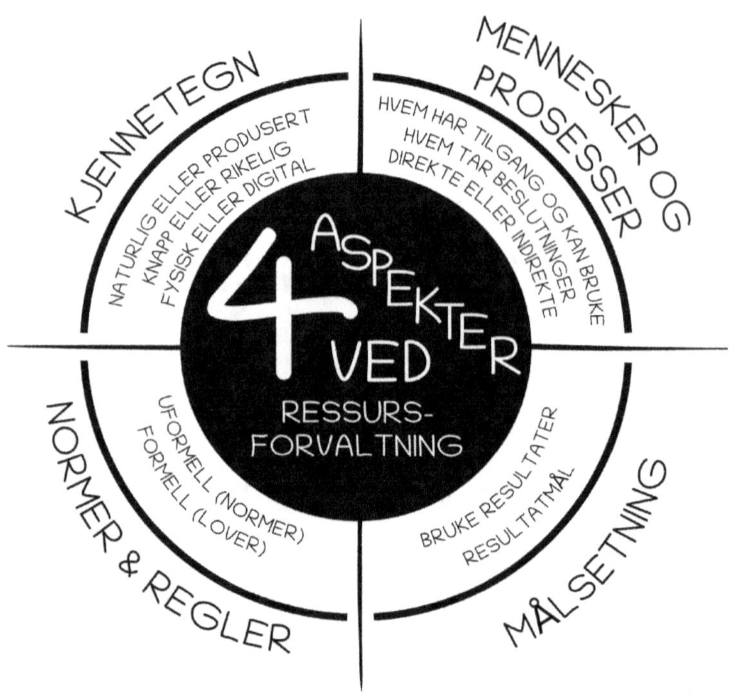

Figur 1.2: Fire aspekter ved ressursforvaltning

1.2.1 Karakteristika

Ressurser har spesielle egenskaper eller attributter som påvirker bruken av dem. Noen ressurser er naturlige; andre er menneskeskapt. Og - av betydning for dagens felleseie — ressurser kan være fysiske eller digitale, noe som påvirker det iboende ressurspotensialet.

Fysiske ressurser er begrensede. Hvis jeg har en fysisk ressurs og gir den til deg, har jeg den ikke lenger. Når en ressurs er fjernet og brukt, blir tilbudet knapt eller utarmet. Knapphet kan føre til konkurranse og rivalisering om ressursen. Tiltak gjort med Creative Commons er vanligvis digitalt betinget, men noen av våre referansestudier viser også til produksjon av ressurser i fysisk form. Kostnadene ved å produsere og distribuere et fysisk gode, krever vanligvis at man har med markedet å gjøre.

Fysiske ressurser utarmes, er eksklusive, og tevles om. Digitale ressurser, derimot, er uutømmelige, ikke-eksklusive, og maner ikke til rivalisering. Hvis jeg deler en digital ressurs med deg, har vi begge ressursen. Å gi den til deg betyr ikke at jeg ikke lenger har den. Digitale ressurser kan lages i det uendelige, kopieres og distribueres uten å bli uttømt, og til en kostnad nær null. Overflod i stedet for knapphet er en iboende karakteristikk ved digitale ressurser.

At de digitale ressursene er uuttømmelige, ikke-eksklusive og ikke-rivaliserende, betyr at reglene og normene for å håndtere dem kan (og bør) være forskjellige fra hvordan fysiske ressurser håndteres. Det er dog ikke alltid tilfellet. Digitale ressurser har ofte en tillagt kunstig knapphet ved seg. Å plassere digitale ressurser i allmenningen gjør dem derimot gratis og tilgjengelig i overflod.

Vi fant at våre referansestudier ofte håndtere hybrid-ressurser, som begynner som digitale, med muligheter for å bli omgjort til en fysiske ressurs. Den digitale boken kan trykkes på papir og gjøres til en fysisk bok. Et data-tegnet møbeldesign kan produseres fysisk i tre. Den fysiske konverteringen har alltid kostnader ved seg. De digitale ressursene administreres ofte på en fri og åpen måte, men det kreves penger for å konvertere en digital ressurs til noe fysisk.

Utover denne idéen med fysisk sett opp mot det digitale, forstår allmenninger, markedet og staten ressurser forskjellig (se figur 1.3). Markedet ser ressurser som private varer, goder for salg - som gir verdi. Staten ser ressurser som offentlige goder som gir verdi til innbyggere. Allmenninger ser ressurser som felles goder, som utgjør en felles rikdom som strekker seg utover landets grenser, og videreformidles uforminsket eller i forbedret form til fremtidige generasjoner.

1.2.2 Folk og prosesser

I allemannseie, markedet og staten brukes ulike mennesker og prosesser til administrering av ressurser. Prosessene som brukes definerer både hvem som har innflytelse og hvordan en ressurs håndteres.

I staten utgår en regjering fra folkevalgte ansvarlige for ressurshåndteringen på vegne av folket. Innbyggerne som produserer og bruker disse ressursene er ikke direkte involvert; i stedet er ansvaret lagt i hendene til regjeringen. Statlige departementer og avdelinger bemannet av offentlige tjenestemenn setter opp budsjetter, gjennomfører programmer og administrerer ressurser basert på regjeringens prioriteringer og prosedyrer.

I markedet er de involverte produsenter, kjøpere, selgere og forbrukere. Bedrifter fungerer som mellomledd mellom dem som produserer ressurser og dem som konsumerer eller bruker dem. Markedets prosesser søker å hente ut så mye verdi fra ressurser som mulig. Ressurser håndteres som en handelsvare i markedet, ofte masseprodusert, og selges til forbrukere på grunnlag av en betalingstransaksjon.

I motsetning til staten og markedet, håndteres ressurser i en allmenning mer direkte av de involverte.[7] De som lager menneskeproduserte ressurser kan legge dem i felleseiet ut fra på deres eget ønske. Det kreves ingen tillatelse fra staten eller markedet. Alle kan ta del i allmenningen og selv bestemme seg for hvor mye de ønsker å involvere seg - som bidragsyter, bruker eller administrator. De involverte er ikke bare dem som oppretter og bruker ressurser, men også dem som påvirkes av resultatet ved bruk. Hvem du er, påvirker hva du har å si, hvilke handlinger du kan utføre, og rekkevidden av dine beslutninger. I allmenningen er det fellesskapet som helhet som administrerer ressursene. Ressurser lagt inn i felleseiet ved bruk av Creative Commons krever at brukerne navngir den opprinnelige skaperen. Å vite hvem personen bak en ressurs er, gjør fellesskapseie mindre anonymt og mer personlig.

Figur 1.3: Hvordan markedet, allemannseie og staten oppfatter ressurser.

1.2.3 Normer og regler

De sosiale samhandlingene mellom mennesker, og prosessene brukt av staten, markedet og allemannseie, utvikler sosiale normer

---

[7]Max Haiven, Crises of Imagination, Crises of Power: Capitalism, Creativity and the Commons (New York: Zed-bøker, 2014), 93.

og regler. Disse normene og reglene definerer tillatelser, tildeler rettigheter og løser disputter.

Statlig myndighet er underlagt nasjonale regelverk. Normer knyttet til prioriteringer og beslutningsprosesser defineres av folkevalgte og parlamentariske prosedyrer. Statlige føringer uttrykkes gjennom politiske vedtak, lover og regler. Staten påvirker normer og regler for markedet og allemannseie gjennom de reglene som lages.

Markedets normer påvirkes av økonomi og konkurranse om knappe ressurser. Markedsreguleringene omfatter eierforhold, virksomheter og økonomiske lover definert av staten.

Som med markedet, kan en allmenning påvirkes av offentlig praksis, forskrifter og lover. Normer og regler for et allemannseie er i det store og hele definert av det. De veier individuelle kostnader og fordeler - mot kostnader og fordeler for hele felleseiet. Det tas ikke bare hensyn til økonomisk effektivitet, men også egenkapital og bærekraftighet.[8]

1.2.4 Mål

Kombinasjonen av forhold vi har diskutert så langt - de iboende egenskapene, folk, prosesser, normer og regler - former bruken av ressursene, som også svarer til målene til stat, marked og allmenning.

I markedet fokuseres det på å maksimere nytten av en ressurs. Hva vi betaler for varene vi forbruker, sees som et objektivt mål på den nytten de gir. Målet blir da å maksimere den totale økonomiske pengeverdien.[9] Forbrukte enheter forstås som salg, inntekter, fortjeneste og vekst, alle disse måter å måle markedet på.

Staten tar sikte på balansering av økonomi opp mot sine innbyggeres sosiale og kulturelle behov i sin bruk og administrasjon av ressurser. Helsetjenester, utdanning, jobb, miljø, transport, sikkerhet, arv og rettferdighet er alle fasetter av et sunt samfunn, og

---

[8]Bollier, Think Like a Commoner, 175.

[9]Joshua Farley og Ida Kubiszewski, «The Economics of Information in a Post-Carbon Economy», i Free Knowledge: Confronting the Commodification of Human Discovery, red. Patricia W. Elliott og Daryl H. Hepting (Regina, SK: University of Regina Press, 2015), 201–4.

staten bruker sine ressurser i oppnåelsen av disse. Statlige mål gjenspeiles i mål på livskvalitet.

I allmenningen er målet å maksimere tilgang, egenkapital, distribusjon, deltakelse, nyskaping og bærekraft. Suksess kan måles i hvor mange personer som har tilgang til, og bruker en ressurs; kjønnsfordeling, inntekt og hvor de holder til; om et fellesskap utvider og forbedrer de ressurser som lages; og om ressursene brukes på nyskapende måter som gir personlige og sosiale goder.

Som hybridkombinasjoner av allemannseie og marked eller stat, avhenger suksessen og bærekraften i alle våre referansestudier av tiltakenes evne til å strategisk bruke og balansere disse ulike aspektene ved ressurshåndteringen sin.

1.3   En kort historie om allmenningen

Å bruke allmenning i håndtering av ressurser er en del av et langt historisk løp. I det moderne samfunn dominerer markedet og staten diskusjonen om hvordan ressurser best håndteres. Sjelden blir allemannseie i det hele tatt vurdert som et alternativ. Allemannseie har i stor grad funnet veien ut av bevissthet og omtanke. Det finnes ingen nyheter eller taler om allmenningen.

At mer enn 1,1 milliarder ressurser er lisensiert Creative Commons verden over, indikerer en grasrotbevegelse i retning av allemannseie. Allmenningen blomstrer igjen. For å forstå motstandsdyktigheten i slikt eie, og den pågående fornyelsen, er det nyttig å vite noe om dens historie.

I århundrer håndterte urfolk og førindustrielle samfunn ressurser, inkludert vann, mat, brensel, vanningsanlegg, fisk, vilt og mange andre ting, kollektivt i felleseie.[10] Det var intet marked, ingen verdensøkonomi. Staten, i form av herskere, påvirket allmenningene, men kontrollerte dem ikke. Direkte sosial deltakelse i en allmenning var primært måten ressurser ble styrt på og behov møtt. (Figur 1.4 illustrerer allemannseie i forhold til stat og marked.)

---

[10]Rowe, Our Common Wealth, 19; og Heather Menzies, Reclaiming the Commons for the Common Good: A Memoir and Manifesto (Gabriola Island, BC: New Society, 2014), 42-43.

Figur 1.4: I det førindustrielle samfunnet.

Fulgt av en lang historie der staten (et monarki eller en makthaver) overtar allmenningen til egne formål. Dette kalles innkapsling av allemannseie.[11] I gamle dager ble «almuen» kastet ut fra eiendommene, gjerder og hekker reist, lover vedtatt og sikringstiltak satt opp for å forby adgang.[12] Gradvis ble ressursene statens eiendom, og staten ble det primære verktøy for styring av disse ressursene. (Se figur 1.5).

Eierskap til land, vann og vilt ble distribuert til den herskende familien og politisk utvalgte. Vanlige borgere ble fordrevet fra landområdene og flyttet til byer. Med fremveksten av den industrielle revolusjonen ble landområder og ressurser solgt til bedrifter for å støtte produksjon. Folkevalgte forsamlinger tok etter hvert over fra monarkier. Vanlige borgere ble arbeidere som tjente penger ved å betjene maskiner i industrien. Finans, virksomheter og eiendomsrett ble omdannet av regjeringene til å støtte markeder, vekst og produktivitet. Over tid ga tilgang til markedsproduserte varer økende levestandard, bedre helse og utdanning. Figur 1.6 viser hvordan markedet i dag er hovedmåten for ressurshåndtering.

---

[11] Bollier, Think Like a Commoner, 55–78.

[12] Fritjof Capra og Ugo Mattei, The Ecology of Law: Toward a Legal System in Tune with Nature and Community (Oakland, CA: Berrett-Koehler, 2015), 46–57; og Bollier, Think Like a Commoner, 88.

Figur 1.5: Allemannseiet er gradvis erstattet av staten.

Verden gjennomgår turbulente tider. Fordelene med markedet har blitt motvirket av ulik fordeling og rovdrift.

Overutnyttelse var tema for Garrett Hardins innflytelsesrike essay om «Allmenningens tragedie», publisert i Science i 1968. Hardin hevder at alle i et allemannseie søker å maksimere personlig vinning, og vil fortsette å gjøre det selv når allmenningens grenser er nådd. Felleseiet blir så, tragisk nok, utarmet til et punkt der det ikke tjener noen. Hardins essay ble allment akseptert som en økonomisk sannhet og en begrunnelse for privat eiendom og frie markeder.

Det er dog en alvorlig mangel med Hardins «Allmenningens tragedie» - det er fiksjon. Hardin studerer ikke faktisk hvordan virkelige allmenninger fungerer. Elinor Ostrom vant Nobelprisen i økonomi i 2009 for sitt arbeid for sin studie av allemannseier verden over. Ostroms arbeid viser at naturressurs-allmenninger kan forvaltes med gode resultater av lokalsamfunn uten regulering fra sentrale myndigheter eller privatisering. Regjeringen og privatisering er ikke de eneste to valgene. Det er en tredje vei: Styring av mennesker, der de som påvirkes direkte er direkte involvert. Naturressurser har en regional tilhørighet. Folk i regionen er mest fortrolig med naturressursene, har den mest direkte relasjonen, og en historie knyttet til dem, og er derfor best plassert for å administrere dem. Ostroms tilnærming til styringen av naturressurser brøt med konvensjonen; hun innså betydningen av felleseie som et alternativ til markedet, eller staten for løsning av oppgaver med problemløsning som krever felles innsats.[13]

---

[13]Brett M. Frischmann, Michael J. Madison, og Katherine J. Strandburg, «Governing Knowledge Commons», i Frischmann, Madison, og Strandburg Governing Knowledge Commons, 12.

Hardin mislyktes i å vurdere den faktiske sosiale dynamikken ved allmenningen. Hans modell antok at folk i allemannseier handler uavhengig av hverandre, i ren egeninteresse, uten interaksjon eller hensyn til andre. Som Ostrom fant, i virkeligheten, er det å håndtere felles ressurser sammen, noe som danner et fellesskap og oppfordrer til meningsutveksling. Dette skaper naturligvis normer og regler som hjelper folk å arbeide sammen, og sikre et bærekraftig felleseie. Paradoksalt nok, mens Hardins essay kalles Allmenningens tragedie, burde det kanskje mer nøyaktig hatt tittelen Markedets tragedie.

Hardins historie er basert på forutsetningen om begrensede ressurser. Økonomer har fokusert nesten utelukkende på knapphetsbaserte markeder. Svært lite er kjent om virkningene av overflod.[14] Fremveksten av informasjonsteknologi og Internett har ført til en eksplosjon av digitale ressurser og nye delingsmåter og distribusjon. De digitale ressursene kan aldri bli utarmet. Fravær av en teori eller modell for hvordan overflod fungerer, har ledet markedet til å innføre kunstig knapphet for digitale ressurser, noe som gjør det mulig å anvende markedets vanlige normer og regler.

Når det kommer til bruk av statlige bevilgninger til å lage digitale produkter, er det egentlig ingen begrunnelse for kunstig knapphet. Normen for statlig finansierte digitale arbeider skal være at de er fritt og åpent tilgjengelige for allmennheten som betalte for dem.

---

[14]Farley og Kubiszewski, «Economics of Information», i Elliott og Hepting, Free Knowledge, 203.

Figur 1.6: Hvordan markedet, staten og allemannseiet ser ut i dag.

1.4   Den digitale revolusjonen

I databehandlingens tidlige dager lærte programmerere og utviklere av hverandre ved å dele programvare. På 1980-tallet formulerte fri programvare-bevegelsen denne delingspraksisen i et sett prinsipper og friheter:

- Friheten til å kjøre programmet som du ønsker, uansett hensikt.

- Friheten til å studere hvordan programmet virker (fordi en har tilgang og innsyn i kildekoden uten begrensninger), og endre det slik at det utfører dine beregninger slik du ønsker.

- Friheten til å videredistribuere kopier.

- Friheten til å distribuere kopier av dine endrede versjoner til andre.[15]

Disse prinsippene og frihetene utgjør et sett normer og regler som karakteriserer et digitalt felleseie.

Sent på 90-tallet, for å gjøre deling av kildekode og samarbeid mer tiltrekkende for bedrifter, omformet åpen-kildekode-initiativet prinsippene til lisenser og standarder for å håndtere tilgang til og distribusjon av programvare. Fordelene med fri programvare - som

---

[15]«What Is Free Software?» GNU Operating System, the Free Software Foundation's Licensing and Compliance Lab, besøkt 30. desember 2016, http://www.gnu.org/philosophy/free-sw.

pålitelighet, skalerbarhet og kvalitet kontrollert med uavhengig fagfellevurdering, ble anerkjent og akseptert. Kundene likte måten fri programvare ga dem kontroll uten å bli låst inn i en lukket, proprietær teknologi. Fri programvare førte også til en nettverkseffekt der verdien av et produkt eller tjeneste økte med antall personer som brukte løsningen.[16] Den dramatiske veksten i selve Internettet skyldes mye det faktum at ingen har en proprietær lås på sentrale Internett-protokoller.

Ved at fri programvare fungerer som et felleseie, dukket det opp mange bedrifter og markeder rundt det. Forretningsmodeller basert på lisenser og standarder for fri programvare utviklet seg sammen med organisasjoner som håndterte programvarekode basert på prinsipper om overflod i stedet for knapphet. Eric Raymonds essay «The Magic Cauldron» analyserer på en utmerket måte økonomi- og forretningsmodellene forbundet med fri programvare.[17] Disse modellene kan bidra med eksempler på bærekraftige tilnærminger for det som er gjort med Creative Commons.

Det handler ikke bare om en rikelig tilgjengelighet til digitale ressurser, men også om en overflod av deltakelse. Framveksten av personlige datamaskiner, informasjonsteknologi og Internett gjorde mulig massedeltakelse i produksjon av kreative arbeider, og distribusjonen av dem. Bilder, bøker, musikk og mange andre typer digitalt innhold kan følgelig lett skapes og distribueres av nær sagt alle. Til tross for dette overflodspotensialet, er disse digitale verkene som utgangspunkt underlagt lovgivning om opphavsrett. Opphavsretten i lovlig forstand stipulerer at så snart et digitalt arbeid er skapt, tilfaller det kopirettshaverens eie alene, der andre ekskluderes fra å bruke det, uten tillatelse.

Men folk liker å dele. Én av måtene vi definerer oss selv er ved å dele verdifullt og underholdende innhold. Dette nærer fremvekst av relasjoner, i søken etter meningers endring, oppmuntring til gjøren, etterlatende omverdenen informert om hvem vi er og hva vi bryr oss om. Deling medfører en opplevelse av å være involvert i

---

[16]Wikipedia, s.v. «Open-source software», sist endret 22. november 2016.

[17]Eric S. Raymond, «The Magic Cauldron», i The Cathedral and the Bazaar: Musings on Linux and Open Source by an Accidental Revolutionary, revidert utgave (Sebastopol, CA: O'Reilly Media, 2001), `http://www.catb.org/esr/writings/cathedral-bazaar/`.

verden.[18]

1.5 Creative Commons blir til

I 2001 ble Creative Commons opprettet som veldedig organisasjon til støtte for alle de som ønsket å dele digitalt innhold. En samling med Creative Commons-lisenser modellert etter de for fri programvare, men til bruk for digitalt innhold i stedet for programkildekode. Lisensene gir alle, fra individuelle skapere til store selskaper og institusjoner, en enkel standardisert måte å innvilge opphavsrettstillatelser til sitt skapende arbeid.

Creative Commons-lisenser har en tredelt utforming. Normer og regler for hver lisens uttrykkes først fullt ut i det juridiske språket brukt av advokater. Dette kalles den juridiske lisensteksten. Siden de fleste bidragsytere og brukere ikke er advokater, har lisensene også en folkelig del, som uttrykker tillatelsene på forståelig vis, som folk flest raskt kan lese og forstå. Det fungerer som et brukervennlig grensesnitt til den underliggende juridiske. Det tredje laget er den maskinlesbare, som gjør det enkelt for Internettet å vite om et arbeid har en Creative Commons-lisens ved å uttrykke tillatelser på en måte som programvaresystemer, søkemotorer og andre typer teknologi kan forstå.[19] Sett samlet sikrer disse tre delene at skaperne, brukere, og nettet selv forstår normer og regler for digitalt innhold i et allemannseie.

I 2015 fantes det over en milliard Creative Common-lisensierte verk globalt. Disse verkene ble sett på nettet 136 milliarder ganger. Folk bruker Creative Commons-lisenser over hele verden, på 34 språk. Disse ressursene inkluderer bilder, illustrasjoner, forskningsartikler i tidsskrifter, pedagogiske ressurser, musikk og andre lydspor, samt videoer.

Individuelle kunstnere, fotografer, musikere og filmskapere bruker Creative Commons, men det gjør også museer, regjeringer, kreative næringer, produsenter og forleggere. Millioner av nettste-

---

[18]New York Times Customer Insight Group, The Psychology of Sharing: Why Do People Share Online? (New York: New York Times Customer Insight Group, 2011), `http://www.iab.net/media/file/POSWhitePaper.pdf`.

[19]«Licensing Considerations», Creative Commons, besøkt 30. desember, 2016, `http://creativecommons.org/share-your-work/licensing-considerations/`.

der bruker CC-lisenser, inkludert store plattformer som Wikipedia og Flickr, og mindre slik som enkeltblogger.[20] Brukerne av Creative Commons er svært forskjellige, og finnes i mange ulike sektorer. (Våre referansestudier ble valgt for å reflektere dette mangfoldet.)

Noen ser Creative Commons som en måte å dele en gave med andre, en måte for å bli kjent, eller en måte å gi eller dra en sosial fordel på eller av. Andre ser det som viktig å følge normene knyttet til et allemannseie. For noen er deltakelsen ansporet av fri kultur-bevegelsen, en sosial bevegelse som fremmer friheten til å distribuere og endre kreative verk. Fri kultur-bevegelsen ser at allemannseie gir viktige fordeler sammenlignet med restriktive lover om opphavsrett. Denne innstillingen om bytting uten begrensninger i et allemannseie gjør fri kultur-bevegelsen og fri programvare-bevegelsen godt samkjørt.

Creative Commons har over tid vært opphavet til en hel rekke med bevegelser for åpent innhold, inkludert åpne pedagogiske ressurser, åpen tilgang, åpen vitenskap og åpne data. Målet har i alle tilfeller vært å demokratisere deltakelse, og dele digitale ressurser kostnadsfritt, med juridiske tillatelser for alle til fritt å ha tilgang til, bruke, og endre.

Staten er i økende grad involvert i å støtte åpne bevegelser. The Open Government Partnership ble lansert i 2011 for å gi myndighetene en internasjonal plattform til å bli mer åpne, ansvarlige og mottakelige ovenfor sine innbyggere. Siden da har det vokst fra åtte deltakerland til sytti.[21] I alle disse landene arbeider myndighetene og det sivile samfunn sammen om å utvikle og implementere ambisiøse reformer for en mer åpen offentlig sektor. Myndigheter bruker i økende grad Creative Commons for å sikre at verk finansiert av skattebetalerne er åpent tilgjengelig uten begrensninger for folket som betalte for dem.

---

[20]Creative Commons, 2015 State of the Commons (Mountain View, CA: Creative Commons, 2015), http://stateof.creativecommons.org/2015/.

[21]Wikipedia, s.v. «Open Government Partnership», sist endret 24. september 2016, http://en.wikipedia.org/wiki/Open_Government_Partnership.

1.6 Markedet i forandring

Dagens marked er i stor grad drevet av global kapitalisme. Lov og finanssystemer er strukturert til støtte i inntjening, privatisering og bedrifters vekst. En oppfatning om at markedet er mer effektivt enn det offentlige, har ført til en kontinuerlig privatisering av mange offentlige ressurser, hjelpemidler, tjenester og infrastruktur.[22] Mens dette systemet har vært svært effektivt til generering av forbruk og vekst i bruttonasjonalproduktet, har innvirkningen på menneskets trivsel vært blandet. Motstykket til økende levestandard og forbedringer i helse og utdanning er stadig økende ulikheter i rikdom, sosial ulikhet, fattigdom, forverring av vårt naturlige miljø, og demokratiske sammenbrudd.[23]

I lys av disse utfordringene er det en voksende anerkjennelse av at BNP-vekst ikke bør være et mål i seg selv, at utvikling trenger å være sosialt og økonomisk inkluderende, at miljømessig bærekraft er en forutsetning og ikke et alternativ, og at vi trenger å balansere marked, stat og samfunn bedre.[24]

Disse erkjennelser har ført til fornyet interesse i allemannseiets muliggjøring av en slik balanse. Byregjeringer, som italienske Bologna, samarbeider med sine innbyggere om forskrift for omsorg og modernisering av allmenninger i byområder.[25] Seoul og Amsterdam kaller seg «delingsbyer», når de søker å få til bærekraftig og mer effektiv bruk av knappe ressurser. De ser deling som en måte å forbedre bruken av det offentlige rom, mobilitet, sosialt samhold og sikkerhet.[26]

---

[22]Capra og Mattei, Ecology of Law, 114.

[23]Ibid., 116.

[24]The Swedish International Development Cooperation Agency, «Stockholm Statement» besøkt 15. februar, 2017, `http://sida.se/globalassets/sida/eng/press/stockholm-statement.pdf`

[25]City of Bologna, Regulation on Collaboration between Citizens and the City for the Care and Regeneration of Urban Commons, trans. LabGov (LABoratory for the GOVernance of Commons) (Bologna, Italia: City of Bologna, 2014), `http://www.labgov.it/wp-content/uploads/sites/9/Bologna-Regulation-on-collaboration-between-citizens-and-the-city-for-the-cure-and-regeneration-of-urban-commons1.pdf`.

[26]Nettsidene til Seoul Sharing Citys ligger på `http://english.sharehub.kr`; for Amsterdam Sharing City, gå til `http://www.sharenl.nl/amsterdam-sharing-city/`.

Markedet selv har vært interessert i delingsøkonomi, der bedrifter som Airbnb har bygget en markedsplass for direktekontakt mellom utleier og leietaker for kortvarig overnatting, og Uber, en plattform for deling av bilturer. Airbnb og Uber opererer imidlertid fortsatt i stor grad innenfor vanlige normer og regler i et marked, noe som gjør dem mindre felleseier, og er mer å forstå som tradisjonell virksomhet på jakt etter inntjening. Mye av delingsøkonomien handler ikke om allemannseier, eller det å bygge et alternativ til bedriftsdrevet markedsøkonomi: Det handler om å utvide det deregulerte frie markedet til nye områder i livene våre.[27] Mens ingen av de vi intervjuet for våre referansestudier ville beskrive seg selv som en del av delingsøkonomien, er det faktisk noen viktige paralleller. Både delingsøkonomi og allemannseie gjør bedre bruk av eiendelens kapasitet. Delingsøkonomien ser private boliger og biler som potensielt ledig kapasitet med utleieverdi. Den rettferdige tilgangen til felleseier gjør at et større antall og en større variasjon av personer kan bruke og hente ut verdier fra en eiendel.

Én måte referansestudiene i «Gjort med Creative Commons» skiller seg fra delingsøkonomien, er fokuset på digitale ressurser. Digitale ressurser er underlagt andre økonomiske regler enn de fysiske. I en verden hvor prisene alltid synes å gå opp, er informasjonsteknologi et avvik. Datakraft, lagringsplass og båndbredde er alle raskt økende, men i stedet for at kostnadene går opp, går kostnadene ned. Digital teknologi blir raskere, bedre og billigere. Kostnaden for noe som bygger på disse teknologiene vil alltid reduseres inntil de nærmer seg null.[28]

De som gjør ting med Creative Commons søker å utnytte digitale ressursers unike iboende egenskaper, inkludert det å senke kostnadene. Bruken av digitale restriksjonsmekanisme-teknologier i form av låser, passord og kontroller for å hindre at digitale produkter blir tilgjengelige, endret, kopiert og distribuert, er minimal eller ikke-eksisterende. I stedet brukes Creative Commons-lisenser til å legge digitalt innhold ut i et felleseie mens en benytter seg av for-

---

[27]Tom Slee, What's Yours Is Mine: Against the Sharing Economy (New York: OR Books, 2015), 42.

[28]Chris Anderson, Free: How Today's Smartest Businesses Profit by Giving Something for Nothing, Reprint with new preface (New York: Hyperion, 2010), 224.

delene til den unike økonomien knyttet til det å være digitalt. Målet er å oppnå at digitale ressurser brukes i størst mulig utstrekning. Maksimert tilgang og deltakelse er et felles mål. Målet deres er overflod fremfor knapphet.

Den inkrementelle kostnaden ved lagring, kopiering og distribusjon av digitale produkter er nesten null, og gjør overflod mulig. Å forestille seg et marked mer basert på overflod enn knapphet, er i økonomisk teori og praksis fremmed.[29] Det som er gjort med Creative Commons er banebrytende i dette nye landskapet, og former sine egne økonomiske modeller og praksiser.

Noen ønsker å minimere sin samhandling med markedet og operere så selvstendig som mulig. Andre opererer hovedsakelig som en virksomhet innenfor eksisterende regler og normer for markedet. Og andre igjen, søker muligheten til å endre de normer og regler markedet fungerer etter.

For et vanlig aksjeselskap er det vanskelig å fremme sosiale fordeler som del av sin virksomhet, siden det er lovpålagt å ta avgjørelser til økonomisk fordel for ens aksjonærer. Nye selskapsformer vokser frem. Det er veldedige sammenslutninger og sosiale foretak som utvider sine forretningsmål fra fortjeneste til å ha en positiv virkning på samfunnet, arbeidere, lokalsamfunnet og miljøet.[30] Fellesskapseide og arbeidstakereide bedrifter, kooperativer, laug og andre organisasjonsformer er alternativer til tradisjonelle bedrifter. Samlet endrer disse alternative markedsaktørene markedets regler og normer.[31]

«En bok om åpne forretningsmodeller» var beskrivelsen av boken i kronerullingskampanjen dens. Vi brukte en håndbok kalt «Business Model Generation» som kilde til å definere hva en forretningsmodell er. Utviklet over ni år med en «åpen prosess» med 470 medforfattere fra 45 land, er den nyttig som rammeverk i sin

---

[29]Jeremy Rifkin, The Zero Marginal Cost Society: The Internet of Things, the Collaborative Commons, and the Eclipse of Capitalism (New York: Palgrave Macmillan, 2014), 273.

[30]Gar Alperovitz, What Then Must We Do? Straight Talk about the Next American Revolution: Democratizing Wealth and Building a Community-Sustaining Economy from the Ground Up (White River Junction, VT: Chelsea Green, 2013), 39.

[31]Marjorie Kelly, Owning Our Future: The Emerging Ownership Revolution; Journeys to a Generative Economy (San Francisco: Berrett-Koehler, 2012), 8-9.

omtale av forretningsmodeller.[32]

Den inneholder et «forretningsmodellrammeverk», som tar utgangspunkt i at en forretningsmodell består av ni byggesteiner.[33] Dette rammeverket kan tjene som et verktøy for alle som vil lage sin egen forretningsmodell. Vi remikset det til et rammeverk for en åpen virksomhetsmodell, og la til tre byggeklosser til, som alle passer for fellesskapsbedrifter i et hybridmarked: Sosial nytte, Creative Commons-lisens, og «type åpent miljø virksomheten passer i».[34] Dette forbedrede rammeverket viste seg nyttig i analysen av bedrifter, og hjalp gründere å planlegge sin økonomiske modell.

I løpet av intervjuene til våre referansestudier, uttrykte mange ubehag over å bruke begrepet åpen forretningsmodell om seg selv – begrepet forretningsmodell foreslår at en primært er plassert i et marked. Hvor du plasserer deg i spekteret, fra felleseie – til marked, påvirker i hvor stor grad du ser deg selv som markedsbedrift. Jo mer sentralt delte ressurs- og allemannseieverdier er for det du driver med, jo mindre komfortabelt er det å beskrive seg, eller vise til hva du gjør, som en forretning. Ikke alle som gjør ting med Creative Commons bruker forretningsspråk; for noen har prosessen heller vært eksperimentell, vokst frem mer organisk enn nøye planlagt ved hjelp av forhåndsdefinert modell.

Skaperne, bedriftene og organisasjonene vi profilerer er alle engasjerte i markedet for å skape omsetning på en eller annen måte. Hvordan dette gjøres på varierer mye. Donasjoner, betal det du kan, medlemskap, «Gratis digitalt, men fysisk for betaling», folkefinansiering, koble folk sammen, verdiøkende tjenester, beskytte re ... listen fortsetter og fortsetter. (Første beskrivelse av hvordan skaffe inntekt fremgår av referansemerknad. For de siste tankene

---

[32] Alex Osterwalder og Yves Pigneur, Business Model Generation (Hoboken, NJ: John Wiley and Sons, 2010), En forhåndsvisning av boken er tilgjengelig på http://strategyzer.com/books/business-model-generation.

[33] Dette forretningsmodell-rammeverket er tilgjengelig for nedlasting fra http://strategyzer.com/canvas/business-model-canvas.

[34] Vi har laget et «Åpent forretningsmodellrammeverk», utformet av medforfatter Paul Stacey, tilgjengelig på nettet fra http://docs.google.com/drawings/d/1QOIDa2qak7wZSSOa4Wv6qVMO77IwkKHN7CYyq0wHivs/edit. Du kan også finne det medfølgende «Spørsmål om åpen forretningsmodellrammeverk» fra http://docs.google.com/drawings/d/1kACK7TkoJgsM18HUWCbX9xuQ0Byna4plSVZXZGTtays/edit.

rundt dette, se «Hvordan bringe inn penger» i neste del.)[35] Det er ingen enkel, magisk formel, og hver bestrebelse har utviklet måter som passer for dem. De fleste gjør bruk av mer enn én metode. Å ha mange inntektsstrømmer reduserer risikoen, og gir flere måter å bli bærekraftig på.

1.7 Fordelene med en digital allmenning

Mens det kan være klart hvorfor allemannseiebaserte organisasjoner ønsker å samhandle og engasjere seg med markedet (fordi de trenger penger for å overleve), kan det være mindre opplagt hvorfor markedet vil engasjere seg i allemannseier. Den digitale allmenningen gir mange fordeler.

Allemannseiet setter fart på formidlingen. Fri flyt av ressurser i allemannseier tilbyr enorme stordriftsfordeler. Distribusjon er desentralisert, når alle de i allemannseiet har myndighet til å dele ressursene de har tilgang til. Det som er gjort med Creative Commons har redusert behov for salg eller markedsføring. Desentralisert distribusjon forsterker leveranse og ekspertise.

Allemannseiet sikrer alle tilgang. Markedets tradisjon har vært å låse inn ressurser bak betalingsmurer med betaling før tilgang. Allemannseie åpner ressurstilgangen, umiddelbar tilgang uten betaling. Det som er gjort med Creative Commons bruker sjelden eller aldri digitale restriksjonsmekanismer (DRM – digital rights management) til ressursstyring. Ved ikke å bruke DRM frigjøres kostnadene ved å anskaffe DRM-teknologi og personellressursene som trengs for å utnytte straffepraksisen koblet til å begrense tilgang. Måten allemannseiet gir tilgang til alle, gir samme vilkår for alle og fremmer inkludering, rettferdighet og redelighet.

Felleseie gir maksimal deltagelse. Ressurser i felleseie kan brukes, og er åpne for medvirkning av og med alle. Å bruke andres ressurser, bidra med eget, og blande med andres for å skape nye arbeider, er alle dynamiske former for deltakelse muliggjort av all-

---

[35]En mer omfattende liste over inntektsstrømmer er tilgjengelig i innlegget jeg skrev på Medium 6. mars 2016. «What Is an Open Business Model and How Can You Generate Revenue?» (Hva er en åpen forretningsmodell, og hvordan kan du skape omsetning), tilgjengelig på `http://medium.com/made-with-creative-commons/what-is-an-open-business-model-and-how-can-you-generate-revenue-5854d2659b15`.

menningen. Å gjøre ting med Creative Commons betyr å engasjere så mange brukere som mulig med ressursene du har tilgjengelig. Brukerne godkjenner, redigerer, remikser, retter, tilpasser til lokale forhold, oversetter og distribuerer. Felleseie gjør det mulig for folk å delta direkte i kulturer, kunnskapsbygging, til og med demokrati, og mange andre former for samfunnsnyttig praksis.

Allemannseiet fremmer nyskapning. Ressurser som når frem til flere, som evner å utnytte dem, bidrar i sin tur til nye idéer. Måten allemannseide ressurser kan bli endret, tilpasset og forbedret, resulterer i avledede verk som opphavsmannen aldri hadde forestilt seg. Noen bestrebelser gjort med Creative Commons oppfordrer bevisst brukere til skape nye ting med ressursene som deles. Dermed flyttes forskning og utvikling fra å utelukkende være internt i en organisasjon og ut til fellesskapet.[36] Fellesskapsbasert nyskapning bidrar til å skjerpe en organisasjon eller virksomhet. Den må fortsette å bidra med nye idéer, absorbere og bygge videre på andres innovasjoner, forvalte ressursene og forholdet til fellesskapet.

Allemannseie øker rekkevidde og slagkraft. Den digitale allmenningen er verdensomspennende. Ressurser kan lages for å fylle lokale eller regionale behov, men favne vidt og bredt, og generere en global effekt. I den digitale verden er det ingen grenser landene imellom. Nå du har gjort ting med Creative Commons, er du ofte både lokal og global: Digital design distribuert globalt, men laget og produsert lokalt. Digitale bøker eller musikk distribuert globalt, men opplest og fremført lokalt. Digitale felleseier øker virkningen ved å koble bidragsyterne allesteds hen, til dem som bruker og bygger videre på deres arbeide.

Allemannseie er generativt. I stedet for å hente ut verdi, tilfører allemannseie verdi. Digitaliserte ressurser blir ikke oppbrukt, men er der fortsatt – og blir forbedret, gjort personlig og tilpasset lokale forhold ved bruk. Hver type bruk tilfører verdi. Markedet har fokus på å generere verdi for virksomheten og kunden. Allemannseie genererer verdi for et bredere spekter av mottakere inkludert virksomheten, forbrukeren, innholdsleverandøren, publikum og allemannseiet selv. Allemannseiets generative natur betyr at det er mer kostnadseffektivt, og gir en høyere avkastning på investeringen. Verdi er ikke bare målt finansielt. Hver ny ressurs som legges

---

[36] Henry Chesbrough, Open Innovation: The New Imperative for Creating and Profiting from Technology (Boston: Harvard Business Review Press, 2006), 31–44.

til allmenningen gir verdi til publikum, og bidrar til den samlede verdien av allemannseiet.

Allemannseier fører folk sammen for en felles sak. Allmannseier binder folk sammen om ansvaret for å administrere ressursene som et felles gode. Kostnader og fordeler for den enkelte balanseres med kostnader og fordeler for samfunnet og for fremtidige generasjoner. Ressursene er ikke anonyme eller masseproduserte. Opprinnelse er kjent og anerkjent gjennom henvisninger og andre virkemidler. De som har gjort ting med Creative Commons genererer oppmerksomhet og omdømme basert på deres bidrag til fellesskapet. Innflytelsen og bærekraften til disse bidragene hviler i stor grad på deres evne til å etablere relasjoner og forbindelser med dem som bruker og forbedrer dem. Allemannseie forener folk ved å virke ut fra sitt sosiale engasjement, ikke ved utveksling av penger.

Allmenningsfordelene er mange. Når disse knyttes sammen med enkeltpersoners mål, samfunn, bedrifter i markedet, eller statlige virksomheter, burde det å administrere ressurser som i felleseie være det klare alternativet.

1.8   Våre referansestudier

I våre referanseløsninger opererer innholdsleverandører, organisasjoner og bedrifter både som ideelle eller inntektsgivende organisasjoner, og som sosiale foretak. Uansett rettslig status har de alle sosiale oppdrag. Deres viktigste grunn til å være til, er å gjøre verden til et bedre sted, ikke for fortjenesten. Penger er et middel til å nå sosiale mål, og er ikke selv sluttmålet. De produserer en offentlig interesse for beslutninger, atferd og praksis. Transparens (åpenhet) og tillit er svært viktig. Virkning og suksess måles mot sosiale mål uttrykt i idégrunnlaget, og gjelder ikke bare den finansielle bunnlinjen.

Referansestudiene er basert på fortellingene vi ble fortalt av grunnleggere og nøkkelpersoner. I stedet for utelukkende å ha økonomi som mål på suksess og bærekraft, understreket de sin oppgave, praksis og metodene som de måler suksess etter. Beregninger av suksess er en blanding av hvordan sosiale mål er nådd, og hvor bærekraftig organisasjonen er.

Våre referansestudier er mangfoldige, og spenner fra publisering – til utdanning og produksjon. Alle organisasjoner, bedrifter, og innholdsleverandører i studiene produserer digitale ressurser. Disse ressursene finnes i mange former, inkludert bøker, design, sanger, forskning, data, kulturelle uttrykk, undervisningsmateriell, grafiske ikoner og video. Noen er digitale representasjoner av fysiske ressurser. Andre er opprinnelig digitale, men kan gjøres til fysiske ressurser.

De skaper nye ressurser, eller bruker andres ressurser, eller kombinerer eksisterende ressurser for å lage noe nytt. De, og deres publikum, har alle en direkte, deltakende rolle i å håndtere disse ressursene, inkludert å ta vare på, bevare, distribuere og forbedre. Tilgang og deltakelse er åpen for alle uavhengig av økonomiske midler.

Som brukere av Creative Commons-lisenser, er de automatisk en del av et globalt samfunn. De nye digitale allmenneiene er globale. De vi har løftet frem, kommer fra nesten alle verdens kontinenter. Å bygge og samhandle i dette globale samfunnet leder til suksess.

Creative Commons-lisenser kan uttrykke juridiske regler rundt bruken av ressurser i en allmenning, men suksess i felleseier krever mer enn å følge lovens bokstav og skaffe økonomiske midler. Igjen og igjen hørte vi i våre intervjuer hvordan suksess og bærekraft er knyttet til et sett av tro, verdier og prinsipper som ligger til grunn for deres handlinger: Gi mer enn du tar. Være åpen og inkluderende. Legge til verdi. Gjør synlig hva du bruker fra felleseier, og hva du legger til, og hva som er økonomisk. Maksimere overfloden. Henvis. Vis takknemlighet. Utvikle tillit; ikke utnytt. Bygg relasjoner og samfunn. Være transparent (åpen). Forsvar allmenneier.

Nye digitale felleseier er her for å bli. Referansestudiene i Gjort med Creative Commons viser hvordan det er mulig å være del av dette felleseiet mens en fortsatt er i markedet og i statlige systemer. Allmenneie genererer fordeler verken markedet eller staten kan oppnå på egen hånd. Heller enn at markedet eller staten dominerer som primærinstans for ressursforvaltning, så er et mer balansert alternativ mulig.

Bedriftenes bruk av Creative Commons har bare såvidt begynt. Case-studiene i denne boken er bare startpunktet. De er i endring, og utvikles over tid. Mange kommer med, og finner nye modeller. Denne oversikten har som mål å gi rammeverk og språk for å tenke og snakke om nye digitale felleseier. De påfølgende kapitlene går dypere inn, og gir ytterligere veiledning og innsikt i hvordan dette virker.

2. Hvordan være gjort med Creative Commons

Sarah Hinchliff Pearson

Da vi startet dette prosjektet i August 2015, startet vi for å skrive en bok om forretningsmodeller som i noe omfang involverer Creative Commons-lisenser – det vi kaller gjort med Creative Commons. Ved hjelp av våre Kickstarter-støttespillere valgte vi tjuefire arbeidsopplegg fra hele verden gjort med Creative Commons. Blandingen er variert, fra en enkelt musiker til en utgiver av lærebøker for universitetet, over til en elektronikkprodusent. Noen lager sitt eget innhold og deler under Creative Commons-lisensiering. Andre er plattformer for CC-lisensierte kreative arbeider gjort av andre. Mange sitter et sted imellom både som bruker og som bidragsyter til skapende arbeid som er delt med offentligheten. Som for alle som bruker lisensene, er disse oppleggene for å dele sitt arbeid – enten det er åpne dataprogrammer eller møbeldesign – på en måte som gjør at offentligheten ikke bare får tilgang til dem, men også kan bruke dem.

Vi analyserte inntektsmodeller, kundesegmenter og forslag til verdier for hver oppgave. Vi søkte etter måter som, ved å sette innholdet under Creative Commons-lisenser, hjalp til å øke salget eller øke utbredelsen. Ved å bruke tradisjonelle tiltak for økonomisk suksess, prøvde vi å kartlegge disse forretningsmodellene på en måte slik at de meningsfullt inneholdt en hensiktsmessig innvirkning av Creative Commons. I våre intervjuer gikk vi inn i motivasjonen, rollen CC til lisenser, ulike former for inntekter, og definisjoner av suksess.

På relativt kort tid skjønte vi at boken vi satte oss fore å skrive, var ganske forskjellig fra den som dukket frem i våre intervjuer og forskning.

Det var ikke fordi vi tok feil i å tro at du kan tjene penger når du bruker Creative Commons-lisenser. I mange tilfeller bidrar CC til å tjene mer penger. Vi tok heller ikke feil i at det er forretningsmodeller der ute som andre, som ønsker å bruke CC-lisenser som en del av sitt levebrød eller sin bedrift, kan benytte. Det vi ikke skjønte var hvor misforstått det ville være å skrive en bok om å gjøre ting med Creative Commons, og bare fokusere på forretningsvirksomhet.

Ifølge den banebrytende håndboken Business Model Generation, en forretningsmodell som «beskriver begrunnelsen for hvordan en organisasjon skaper, leverer og får tak i verdi».[1] Tenking om deling i betydningen å skape og få tak i verdier, føltes alltid uriktig transaksjonsbasert og malplassert, noe vi hørte gang på gang i våre intervjuer. Og som Cory Doctorow fortalte oss i vårt intervju med ham, «forretningsmodell kan bety alt noen mener det skal bety».

Til slutt forsto vi det. Å gjøre ting med Creative Commons-lisens er mer enn en forretningsmodell. Mens vi vil snakke om bestemte inntektsmodeller som en del av vår analyse (og mer detaljert i referansestudiene), skrotet vi det som vår styrende overskrift for boken.

Riktignok tok det lang tid for meg å komme dit. Når Paul og jeg delte opp vår skriving etter avsluttet forskning, var mitt ansvar å løfte frem alt vi lærte fra referansestudiene, og skrive opp praktiske leksjoner og snarveier. Jeg tilbrakte måneder med å prøve å få frem det vi lærte i boksen for forretningsmodell, overbevist om det var en formel for hvordan ting hang sammen. Men det var ingen formel. Du vil sannsynligvis måtte forkaste den måten å tenke på før du leser videre.

I hvert intervju startet vi med de samme enkle spørsmålene. Blant alle variasjonene hos bidragsytere, organisasjoner og bedrifter vi gjennomgikk, var det en konstant. Å gjøre bruk av Creative

---

[1] Alex Osterwalder og Yves Pigneur, Business Model Generation (Hoboken, NJ: John Wiley and Sons, 2010), 14. En forhåndsvisning av boken er tilgjengelig på http://strategyzer.com/books/business-model-generation.

Commons kan være bra for forretningen, men det er ikke derfor de gjør det. Å dele arbeidet ved hjelp av Creative Commons, er i bunn og grunn en moralsk beslutning. Kommersielle og andre fordeler i egeninteresse er sekundære. De fleste besluttet å bruke CC-lisenser først, og fant en inntektsmodell senere. Dette var vårt første hint, at å skrive en bok bare om virkningen av deling i ett forretningsperspektiv, kan være litt utenfor sporet.

Men vi har også begynt å innse noe om hva det betyr å gjøre bruk av Creative Commons. Når folk snakket med oss om hvordan og hvorfor de brukte CC, ble det klart at det betydde noe mer enn å bruke en lisens for åndsverk. Det representerte også et verdisett. Det er symbolikk bak å bruke CC, og den symbolikken har mange lag.

På ett nivå uttrykker det å være gjort med Creative Commons en tilknytning for verdien av Creative Commons. Mens det er mange forskjellige variasjoner av CC-lisenser, og nesten uendelige måter for å være gjort med Creative Commons, er det grunnleggende verdisystemet forankret i en grunnleggende tro på at kunnskap og kreativitet er byggesteinene i vår kultur, heller enn bare varer som har en markedsverdi som gir inntekt. Disse verdiene gjenspeiler troen på at fellesgodet alltid bør være en del av sammenhengen når vi bestemmer hvordan vi regulerer vår kulturelle produksjon. De gjenspeiler en tro på at alle har noe å bidra med, og at ingen kan eie vår felles kultur. De gjenspeiler en tro på løftet om å dele.

Uansett om offentligheten gjør bruk av muligheten til å kopiere og tilpasse dine verk, er det å dele med en Creative Commons-lisens et symbol på hvordan du ønsker å kommunisere med personer som bruker dine verker. Når du lager noe, er «alle rettigheter reservert» automatisk, (i tråd med åndsverksloven,) noe som betyr at opphavsrettssymbolet (©) på verk ikke nødvendigvis oppfattes som en markør på mistro eller overdreven proteksjonisme. Bruk av CC-lisens kan dog være et symbol på det motsatte – at en ønsker ektefølt menneskelig relasjon, i stedet for en upersonlig markedstransaksjon. Det muliggjør kontakt.

Å gjøre ting med Creative Commons viser ikke bare verdiene med CC og å dele. Det viser også at noe annet enn at profitt driver hva man gjør. I våre intervjuer spurte vi alltid hva suksess var for dem. Det var overraskende hvor sjelden penger ble nevnt. De fleste har en dypere hensikt, og et annet syn på suksess.

Motivasjonen varierer avhengig av hva en skal oppnå. For individuelle innholdsleverandører handler det oftest om personlig inspirasjon. På noen måter er dette ikke noe nytt. Som Doctorow har skrevet, «skapere starter vanligvis å gjøre det de gjør av kjærlighet».[2] Men når du deler ditt skapende arbeid under en CC-lisens, er denne dynamikken enda mer uttalt. Tilsvarende for teknologiske innovatører gjelder det ofte mindre å skape en bestemt ny ting som vil gjøre deg rik, men mer om å løse et bestemt problem du har. De som lagde Arduino fortalte oss at det viktigste spørsmålet når du oppretter noe er «vil du som lager det, bruke det selv? Det må ha en personlig bruk og betydning».

Mange som gjør bruk av Creative Commons har et uttrykt sosialt formål som underbygger alt de gjør. I mange tilfeller gir å dele med Creative Commons klare fremskritt for dette sosiale formålet, og å bruke lisensene kan være forskjellen mellom legitimitet og hykleri. Medgrunnlegger Edward Boatman i Noun-prosjektet fortalte at de ikke i fullt alvor kunne ha formulert sitt samfunnsoppdrag med å dele, hvis de ikke var villig til å vise verden at det var OK å dele innholdet med en Creative Commons-lisens.

Denne dynamikken er nok en grunn til hvorfor det er så mange ikke-kommersielle eksempler som er gjort med Creative Commons. Innholdet er resultatet av en innsats en føler mye for, eller et verktøy for å oppnå sosial endring, og penger er som gassen i bilen, noe som du må holde i gang, men som ikke er et mål i seg selv. Gjort med Creative Commons utgjør et annet syn på en bedrift eller et levebrød, der profitt ikke er avgjørende, men å produsere et sosialt gode og menneskelig tilknytning er en integrert del for å oppnå suksess.

Selv om profitt ikke er siktemålet, må det bringes penger inn for å lykkes med å gjøre ting med Creative Commons. Som et absolutt minimum må du tjene nok til å holde ting gående.

Kostnadene for å drive forretninger varierer mye for de som bruker CC, men det er vanligvis en mye lavere terskel for lønnsomhet enn det pleide å være for kreative geskjefter. Digital teknologi har gjort det enklere enn noensinne å lage og distribuere. Som Doctorow skrev i sin bok «Information Doesn't Want to Be Free»: «Hvis analoge kroner har snudd til digitale ører (som kriti-

---

[2] Cory Doctorow, Information Doesn't Want to Be Free: Laws for the Internet Age (San Francisco, CA: McSweeney's, 2014) 68.

kere av annonsestøttede media vil ha det til), er det et faktum at muligheten til å drive forretning med like mye reklame som sine forgjengere til en brøkdel av prisen er der».

Noen oppstartskostnader er de samme som de alltid har vært. Det koster like mye tid og penger å skrive en fagfellevurdert tidsskriftsartikkel, eller male et maleri. Teknologi endrer ikke på det. Andre kostnader har teknologien redusert dramatisk, særlig i produksjonstunge områder som filmskaping.[3] CC-lisensiert innhold og innhold i den offentlige sfære, samt frivillige samarbeidspartneres arbeid, kan også redusere kostnader dramatisk hvis de brukes som ressurser til å lage noe nytt. Og, selvfølgelig, realiteten er at noe innhold lages enten den som lager det får betalt eller ei, fordi det har sitt utspring i egen overbevisning.

Å distribuere innhold er nesten universelt billigere enn noensinne. Når innhold først er laget, er kostnadene ved å distribuere kopier digitalt tilnærmelsesvis null.[4] Kostnadene ved å distribuere fysiske kopier er fortsatt betydelige, men lavere enn de har vært historisk sett. Det er nå mye enklere å skrive ut og distribuere fysiske kopier på forespørsel, noe som også reduserer kostnadene. Avhengig av oppgaven kan det tilkomme en hel rekke andre utgifter, som markedsføring og promotering, og selv utgifter tilknyttet ulike inntektskilders iboende ervervelse, som turneer eller tilpasset opplæring.

Det er viktig å innse at den største effekten teknologi har hatt på kreative aktiviteter, er at skaperne kan nå stå for egen distribusjon og kostnadene tilknyttet den. Folk har nå ofte en direkte rute til sitt potensielle publikum uten nødvendigvis å belage seg på mellomledd som plateselskaper og forleggere. Doctorow skrev: «Hvis du er en innholdsleverandør som aldri fikk imperialistiske makters miskunn, er dette din tid. Der du en gang sto uten mulighet til å nå ut til et publikum uten hjelp av industridominerende megaselskaper, har du nå hundrevis av måter å omgå dem».[5] Tidligere krevde distribusjon av skapende arbeid kostnadene som trengs for å

---

[3] Ibid., 55.

[4] Chris Anderson, Free: How Today's Smartest Businesses Profit by Giving Something for Nothing, nytt opplag med nytt forord (New York: Hyperion, 2010), 224.

[5] Doctorow, Information Doesn't Want to Be Free, 44.

opprettholde en monolittisk enhet. Nå kan skaperne gjøre jobben selv. Dette betyr at de finansielle kravene til kreative aktiviteter kan være mye mer beskjedne.

Å gå i null kan vanskelig gjøres levebrød av, det være seg som individuell skaper eller i videre omfang. Bidraget til generell drift må tas med i beregningen. Denne ekstra delen er forskjellig for alle, men viktigere, i nesten alle tilfeller som er gjort med Creative Commons fortoner definisjonen av «nok penger» seg annerledes enn i en verden av risikovillig kapital og aksjeopsjoner. Det handler mer om bærekraft og mindre om ubegrenset vekst og fortjeneste. SparkFuns grunnlegger Nathan Seidle sa det slik: «Forretningsmodell er et virkelig grandiost ord for det. Egentlig gjelder det bare å holde ting gående fra dag til dag».

Denne boken er et vitnesbyrd til idéen om at det er mulig å tjene penger i bruken av CC-lisenser og -innhold, men vi befinner oss i høy grad på eksperimentstadiet. Innholdsleverandører, organisasjoner, og bedrifter profilert i denne boken, viser veien videre i sin søken etter denne nye måten å operere på.

Det er imidlertid mange måter CC-lisenser kan tjene forretningene på ganske forutsigbare måter. Den første er hvordan det bidrar til å løse «det første problemet».

2.1 Problem Null: Å bli oppdaget

Når du lager eller samler ditt innhold, så er neste steg å finne brukere; kunder, tilhengere – med andre ord, folkene dine. Som Amanda Palmer skrev, «Det må starte med kunsten. Sangene måtte røre ved folks bevissthet først, og bety noe, om noe overhodet skal fungere».[6] Det er ikke noe magi involvert for å finne folkene dine, det er i hvert fall ingen formel å følge. Verkene dine må treffe folk, og tilby dem enten kunstnerisk eller annen nytteverdi. På noen måter er det enklere enn noensinne. På nettet begrenses vi ikke av hylleplass, og det er plass for alle tenkelige særinteresser, smak og behov. Dette er det Chris Anderson kalte «den lange halen», der forbruk handler mindre om bredspektrede «treff», og mer om mikromarkeder for hver enkelt nisje. Som Anderson skrev, «Vi er

---

[6]Amanda Palmer, The Art of Asking: Or How I Learned to Stop Worrying and Let People Help (New York: Grand Central, 2014), 121.

alle forskjellige, med forskjellige ønsker og behov, og Internett har plass til alle disse, på en måte som fysiske markeder ikke makter».[7] Vi begrenses ikke lenger av det som appellerer til massene.

Samtidig som det å finne «dine folk» på nettet teoretisk sett er enklere enn i den analoge verden, kan det rent praktisk fortsatt være vanskelig å faktisk bli lagt merke til. Internettets innholdsflod vokser minutt for minutt. Som innholdsleverandør konkurrerer du også mot kreativitet generert utenfor markedet.[8] Som Anderson skrev, «Den største endringen det siste tiåret har vært et skifte i tiden folk bruker på amatørinnhold, snarere enn profesjonelt innhold».[9] For å toppe det hele må du konkurrere med resten av livene deres, – «venner, familie, musikkspillelister, fotballkamper, og kvelder på byen».[10] På én eller annen måte må du bli lagt merke til av de rette folkene.

Når du kommer til Internett med en alle-rettigheter-reservert -mentalitet, begrenser du ofte tilgangen til innholdet ditt før det er gjenstand for noen etterspørsel. I mange tilfeller er det å kreve betalt for verkene dine en del av det tradisjonelle opphavsrettssystemet. Selv og især en liten prislapp kuer etterspørselen. Det kalles «øregapet»: Den store etterspørselsforskjellen mellom noe som er tilgjengelig til prisen av ett øre, mot en pris lik null.[11] Det er ikke galt å ta betalt for innhold. Det betyr bare at du må forstå hvilken effekt det har på etterspørselen. Samme prinsipp gjelder ved begrensing av adgang til kopiering av verket. Hvis problemet ditt er å bli oppdaget og finne «dine folk», så gjør det å nekte folk å kopiere og dele dine verk med andre problemet verre.

Selvfølgelig, å bli oppdaget av folk som liker arbeidet gjør deg ikke bemidlet - så langt derifra. Som Cory Doctorow dog sier, «anerkjennelse er en av mange nødvendige forutsetninger for kunst-

---

[7] Chris Anderson, Makers: The New Industrial Revolution (New York: Signal, 2012), 64.

[8] David Bollier, Think Like a Commoner: A Short Introduction to the Life of the Commons (Gabriola Island, BC: New Society, 2014), 70.

[9] Anderson, Makers, 66.

[10] Bryan Kramer, Shareology: How Sharing Is Powering the Human Economy (New York: Morgan James, 2016), 10.

[11] Anderson, Free, 62.

nerisk suksess».[12]

Å ikke bruke energi på å begrense tilgangen til ditt arbeid, samt forfølgelse av overtredelser, bygger også velvilje. Lumen Learning, et selskap til egen inntekts ervervelse (profittselskap), som utgir læremidler på nett, tok en tidlig avgjørelse om ikke å forhindre studentenes adgang til innholdet, selv i form av en liten betalingsmur, fordi det negativt ville påvirke studentens suksess på en måte som ville undergrave samfunnsoppdraget bak det de gjør. De tror denne beslutningen har generert en betydelig mengde velvilje i samfunnet.

Det er ikke bare det at å begrense tilgangen til verkene dine kan hemme ditt sosiale oppdrag. Det kan også fremmedgjøre folk som setter mest pris på din kreative innsats. Hvis folk liker verkene dine, så er det et naturlig instinkt å ønske å dele det med andre. Som David Bollier endog skrev, «våre naturlige menneskelige impulser er å imitere og å dele – kulturens essens – har blitt kriminalisert».[13]

Det faktum at kopiering kan innebære straffeansvar, er utvilsomt avskrekkende, men å kopiere med et klikk på en knapp er for enkelt og praktisk til å stoppe det helt. Selv som opphavsrettsindustrien forsøker med formaninger om det motsatte, føles ikke kopiering av åndsverk som tyveri av livets brød. Og det er selvfølgelig fordi det ikke er det. Å dele et kreativt arbeid har ingen innvirkning på andres evne til å benytte seg av det.

Tar du for gitt en del kopiering og deling av verkene dine, kan du investere tid og ressurser andre steder enn å leke katt-og-mus med folk som vil kopiere og dele innholdet ditt. Lizzy Jongma fra Rijksmuseum sa, «vi kan bruke mye penger på å prøve å beskytte verkene, men folk kommer til å gjøre det likevel. Og de vil bruke gjengivelser med dårlig kvalitet». I stedet startet de å utgi høyoppløselige digitale kopier fra sine samlinger i det offentlige rom, gratis, fra sin hjemmeside. For dem var deling en form for kvalitetskontroll av kopiene som ville blitt delt på nettet uansett. Å gjøre dette betød å gi avkall på inntektene fra tidligere tiders salg av digitale bilder. Lizzy sier det var en liten pris å betale for alle mulighetene deling brakte dem.

---

[12] Doctorow, Information Doesn't Want to Be Free, 38.

[13] Bollier, Think Like a Commoner, 68.

Å gjøre ting med Creative Commons betyr at du slutter å tenke ut måter å kunstig gjøre innholdet til et knapphetsgode, og i stedet utnytte det som den potensielt rikelige ressursen det er.[14] Når du ser informasjonsoverflod som en fordel, ikke en ulempe, begynner du å tenke på måter å bruke denne ledige kapasiteten til din fordel. Som min venn og kollega Eric Steuer engang sa, «å bruke CC-lisenser viser at du har forstått Internett».

Cory Doctorow sier det ikke er på hans bekostning at andre mennesker lager kopier av hans arbeid, når det åpner muligheten for at han kan få noe tilbake.[15] På samme måte, skaperne av Arduino Boards visste det var umulig å stoppe folk fra å kopiere maskinvaren deres, så de besluttet selv ikke inngå i forsøket, for i stedet å se fordelene med åpenhet. For dem er resultatet ett av de mest utbredte maskinvarekort i verden, med et blomstrende nettverkssamfunn av tenkere og innovatører, som har bidratt med ting de selv aldri kunne ha gjort på noen annen måte.

Det er alle slags måter å utnytte kraften i å dele og remikse til din fordel. Her er noen:

2.1.1 Bruk CC for å finne et større publikum

Å gi innholdet ditt Creative Commons-lisens, vil ikke automatisk gjøre det til en landeplage, men å fjerne juridiske kopihindre svekker ikke sjansene for at arbeidet deles. CC-lisens symboliserer at deling ønskes velkommen. Den kan fungere som et lite klapp på skulderen til de som kommer over arbeidet – et lite dytt til å kopiere verket hvis de har litt lyst til å gjøre det. Forutsatt at alt annet er likt, hvis ett stykke innhold har et skilt som sier «del» og det andre sier «Ikke del» (som er det «©» betyr), hvilket tror du det er mer sannsynlig at folk deler?

The Conversation er et nyhetsnettsted med dyptgående artikler skrevet av akademikere som er eksperter på spesifikke emner. Alle artiklene er CC-lisensierte, og de kopieres og deles videre til andre ved design. Denne voksende effekten, som spores, er en sentral del av verdien for de akademiske forfattere som ønsker å nå så mange lesere som mulig.

---

[14]Anderson, Free, 86.

[15]Doctorow, Information Doesn't Want to Be Free, 144.

Idéen om at flere øyne som ser på gir større suksess, er en form for maksimumsstrategi, adoptert av Google og andre teknologiselskaper. Ifølge Eric Schmidt hos Google er idéen enkel: «Uansett hva du gjør, gjør det med maksimal distribusjon. Den andre måten å si dette på er at når de marginale distribusjonskostnadene er borte, kan du like greit legge ut ting overalt».[16] Denne strategien motiverer ofte selskaper til å gjøre sine produkter og tjenester gratis (dvs. til ingen kostnad), men den samme logikken gjelder for å dele innhold fritt. Det at CC-lisensiert innhold er gratis og kan kopieres uten begrensinger, gjør CC-lisensiering innholdet enda mer tilgjengelig, og gjør det mer sannsynlig at det blir spredt.

Hvis du lykkes i å nå flere brukere, lesere, lyttere eller andre brukere av arbeidet, kan du starte med å benytte deg av «følge strømmen»-effekten. Det enkle faktum er at andre folk som bruker eller følger ditt arbeid, ansporer andre til å gjøre det samme.[17] Dette er delvis fordi vi ganske enkelt har en tendens til å engasjere oss i flokkatferd, men det er også fordi en stor følgeskare delvis er indikator på kvalitet eller nytteverdi.[18]

2.1.2 Bruk av CC for å få henvisninger og anerkjennelse

Hver Creative Commons-lisens krever at forfatteren gis referanse, og at gjenbrukere lenker tilbake til den opprinnelige kilden for materialet. CC0, ikke en lisens, men et verktøy som brukes til å legge arbeider ut i den offentlige sfæren, krever juridisk sett ikke henvisning, men mange fellesskap gir fortsatt henvisninger i tråd med beste praksis og sosiale normer. Faktisk er det sosiale normer, heller enn trusselen om juridiske håndhevelse, som oftest uansett motiverer folk til å henvise, og ellers overholde lisensvilkårene i CC. Dette er kjennetegnet på et velfungerende fellesskap, både i markedet og samfunnet som sådan.[19] CC-lisenser gjenspeiler et sett

---

[16]Anderson, Free, 123.

[17]Ibid., 132.

[18]Ibid., 70.

[19]James Surowiecki, The Wisdom of Crowds (New York: Anchor Books, 2005), 124. Surowiecki uttaler: «Målestokken på hvor vellykket lover og kontrakter er, er hvor sjelden de må hentes frem.»

ønsker fra bidragsyterne, og i de aller fleste tilfeller er folk natur-
ligvis tilbøyelige til å følge disse ønskene. Dette er spesielt tilfellet
for noe så enkelt, og i samsvar med grunnleggende forestillinger
om rimelighet, som å gi henvisning.

Det faktum at navnet på innholdsleverandøren følger med i et
CC-lisensiert arbeid, gjør lisensene til et viktig middel for etable-
ring av omdømme, eller på bedriftsspråk, en merkevare. Drivkraf-
ten bak å knytte ditt navn til ditt arbeid er ikke bare kommersielt
motivert, det er grunnleggende i forfatterskapet. Åpenhet - Know-
ledge Unlatched (KU) - er en ideell egenskap som bidrar til å subsi-
diere produksjonen av CC-lisensierte akademiske tekster ved sam-
ling og deling av bidrag fra biblioteker rundt i USA. Direktøren,
Frances Pinter, sier at Creative Commons-lisensiering av verker
har en stor verdi for forfattere, siden omdømme er den viktigste
valutaen for akademikere. Deling med CC er en måte å få flest mu-
lig til å se og sitere arbeidet ditt.

Å bli navngitt kan handle om mer enn bare å gjøre ære på ska-
per. Det kan også handle om å etablere kilden. Naturligvis ønsker
folk å vite hvor innholdet kom fra – kilden til et arbeid er noen gan-
ger like interessant som selve arbeidet. Opendesk er en plattform
der møbeldesignere kan dele sine design. Forbrukere som liker dis-
se kan deretter kobles til lokale produsenter som igjen omsetter
tegninger til virkelige møbler. Det faktum at jeg sitter i USA, kan
plukke ut et design laget av en designer i Tokyo, og deretter bruke
en produsent i mitt eget lokalsamfunn til å forvandle designet til
noe håndfast, er en del av plattformens kraft. Opphavet til designet
blir en spesiell del av produktet.

Å vite hvor arbeidet kommer fra er også avgjørende for trover-
digheten. Akkurat som et varemerke er utformet for å gi forbruker-
ne mulighet til å identifisere kilden og kvaliteten til et bestemt gode
og en tjeneste, gir det publikum å kjenne forfatteren en mulighet til
å vurdering av arbeidets troverdighet. I en tid der nettdiskusjon er
plaget av feilinformasjon, er det å være en pålitelig informasjons-
kilde mer verdifullt enn noensinne.

2.1.3 Å bruke CC-lisensiert innhold som markedsfø-
ringsverktøy

Som vi vil dekke i nærmere detalj senere; mange aktiviteter som
gjøres med Creative Commons tjener penger ved å tilby et annet

produkt eller en tjeneste enn det CC-lisensierte arbeidet. Noen ganger er det andre produktet eller tjenesten ikke relatert til CC-innholdet. Andre ganger er det en fysisk utgave eller forestillinger med innholdet. I alle tilfeller kan CC-innholdet trekke folk til dine andre produkter eller tjenester.

Pinter fra Knowlegde Unlatched fortalte oss at hun igjen og igjen har sett hvordan det å tilby CC-lisensiert innhold – som er digitalt gratis – faktisk øker salget av de trykte varene, fordi det fungerer som et markedsføringsverktøy. Vi ser dette fenomenet regelmessig med kjente kunstverk. Mona Lisa er trolig det mest gjenkjennelige maleriet på planeten. Denne allestedsnærværelsen utløser interessen for å selv ville se maleriet, og eie fysiske avbildede goder. Rikelig med kopier av innholdet lokker ofte mer etterspørsel med seg, ikke mindre. Et annet eksempel var da radioen kom. Selv om musikkbransjen ikke så det komme (og kjempet mot den!), fungerte gratis musikk på radio som reklame for den betalte versjonen folk kjøpte i musikkforretninger.[20] Gratis kan være en form for markedsføring.

I noen tilfeller trenger arbeid gjort med Creative Commons ikke engang egne markedsføringsteam eller -budsjetter. Cards Against Humanity er et CC-lisensiert kortspill tilgjengelig per gratis nedlasting. På grunn av dette, (takket være spillets CC-lisens,) sier de som laget det at det er en av de best markedsførte spillene i verden, og at de ikke har brukt én krone på markedsføring. Lærebokutgiveren OpenStax har også sluppet å ansette en egen markedsføringsavdeling. Deres produkter er gratis, eller billigere å kjøpe som fysiske kopier, noe som gjør dem mye mer attraktive for studenter, som deretter krever dem fra sine universiteter. De samarbeider også med tjenesteleverandører som bygger videre oppå det CC-lisensierte innholdet og, igjen, bruker penger og ressurser på å markedsføre disse tjenestene (og dermed OpenStax-lærebøker).

2.1.4 Bruk av CC til å aktivere egenhendig engasjement, altså aktiv deltakelse i og med arbeidet ditt

Den store lovnaden med Creative Commons-lisensiering er at den omfavner en remiksingskultur. Dette er faktisk det store løftet ved

---

[20]Anderson, Free, 44.

digital teknologi. Internett åpnet opp en helt ny verden av muligheter for offentlig deltakelse i skapende arbeid.

Fire av de seks CC-lisensene åpner for å bygge på gjenbruk, eller på andre måter tilpasse arbeidet. Avhengig av sammenhengen, kan tilpasning bety vidt forskjellige ting – oversettelse, oppdatering, lokalisering, forbedring, transformering. De gjør det mulig å tilpasse et arbeid for spesielle behov, bruk, mennesker og samfunn, som er en annen distinkt verdi å tilby til offentligheten.[21] Tilpasning endrer spillereglene mer i noen sammenhenger enn i andre. Med læremidler er muligheten til å tilpasse og oppdatere innholdet kritisk viktig for nytteverdien. For fotografi er muligheten til å tilpasse et bilde mindre viktig.

Dette finnes en måte å motvirke mulige ulemper i overfloden av gratis og åpent innhold beskrevet ovenfor. Som Anderson skrev i Free, «Folk bryr seg ofte ikke så mye om ting de ikke betaler for, og som resultat tenker de ikke så mye på hvordan de bruker dem».[22] Hvis selv den lille iboende viljen til å betale ett øre for noe, endrer vår oppfatning derav, vil med sikkerhet det å remikse forbedre vår oppfatning eksponentielt.[23] Vi vet at folk betaler mer for produkter de har hatt en rolle i å lage.[24] Vi vet også at å skape noe, uansett i hvilken kapasitet, bringer med seg en slags kreativ tilfredshet som ikke lar seg erstatte av å bruke noe laget av andre.[25]

Aktivt engasjement med innholdet hjelper oss å unngå det formålsløse konsumet som enhver som fraværende har bladd en time gjennom sine sosiale mediastrømmer kjenner så alt for godt. I sin bok, Cognitive Surplus, sier Clay Shirky, «Å delta er å agere i den tro at din tilstedeværelse betyr noe, som at når du ser noe eller hører noe, er ditt svar en del av det som skjer».[26] Når du åpner døra inn til innholdet ditt, så kan folk få en dypere tilknytning til

---

[21] Osterwalder og Pigneur, Business Model Generation, 23.

[22] Anderson, Free, 67.

[23] Ibid., 58.

[24] Anderson, Makers, 71.

[25] Clay Shirky, Cognitive Surplus: How Technology Makes Consumers into Collaborators (London: Penguin Books, 2010), 78.

[26] Ibid., 21.

arbeidet ditt.

2.1.5 Bruk av CC for å skille seg ut

Å operere under et tradisjonelt åndsverksregime betyr vanligvis å
følge reglene til etablerte medieaktører. Forretningsstrategier in-
nebygd i det tradisjonelle opphavsrettssystemet, i bruk av digitale
restriksjonsmekanismer (DRM) og signering av eksklusivitetskon-
trakter, kan binde hendene til de som skaper innhold, ofte i strid
med skapernes egeninteresse.[27] Å gjøre noe med Creative Com-
mons betyr at du kan operere uten disse barrierene, og i mange
tilfeller bruke økt åpenhet som konkurransefortrinn. David Harris
fra OpenStax sa at de spesielt gikk etter strategier de vet tradisjo-
nelle utgivere ikke kan bruke. «Ikke gå inn i et marked og følg de
etablerte reglene», sa David. «Lag dine egne regler.»

2.2 Å tjene penger

Som ethvert foretagende som tjener penger, må det som gjø-
res med Creative Commons bringe sitt publikum eller forbrukere
nytteverdi. Noen ganger subsidieres verdien av bidragsytere som
ikke nyter godt av den direkte. Bidragsytere, enten veldedige insti-
tusjoner, myndigheter, eller folk som bryr seg, gir penger til organi-
sasjonen av egen vilje. Dette er måten vanlig veldedig finansiering
virker på.[28] I mange tilfeller er pengestrømmene som genereres av
arbeid gjort med Creative Commons direkte knyttet til verdien de
genererer, der mottakere betaler for verdien de mottar, som i en-
hver annen standard markedstransaksjon. I mange andre tilfeller,
snarere enn i en noe-for-noe-utveksling av penger for verdi («en
tjeneste er en annen verdt»), som typisk for markedstransaksjo-
ner, gir mottakeren penger i forståelse av gjensidighet.

Det meste som er gjort med Creative Commons bruker en rek-
ke ulike metoder for å skaffe omsetning, noen markedsbaserte og
andre ikke. En vanlig strategi er å bruke eksterne prosjektmidler

---

[27]Doctorow, Information Doesn't Want to Be Free, 43.

[28]William Landes Foster, Peter Kim og Barbara Christiansen, «Ten Nonprofit Fun-
ding Models», Stanford Social Innovation Review, Spring 2009, http://ssir.org/
articles/entry/ten_nonprofit_funding_models.

for å lage innhold når forsknings- og utviklingskostnader er spesielt høye, og deretter finne en annen inntektsstrøm (eller strømmer) til påløpende utgifter. Som Shirky skrev, er «trikset å vite når markedene er en optimal måte å organisere interaksjoner på og når de ikke er det».[29]

Våre referansestudier gjennomgår nærmere de ulike veiene til å skaffe inntekter til innholdsleverandører, organisasjoner og bedrifter vi intervjuet. Det er nyanser skjult i de spesifikke måtene hver og en av dem tjener penger på, så det er litt farlig å generalisere for mye fra hva vi fant. Likevel, å ta et skritt tilbake og vise ting fra et høyere abstraksjonsnivå, kan være lærerikt.

2.2.1 Markedsbaserte inntektsstrømmer

I markedet er det sentrale spørsmålet når vi bestemmer hvordan vi skal få inntekter, hvor mye folk er villige til å betale.[30] Per definisjon, hvis du gjør ting med Creative Commons, er innholdet du gir tilgjengelig gratis og ikke en markedsvare. I den allestedsnærværende freemium-modellen (som kombinerer «free» og «premium»-utgaver av et produkt eller en tjeneste, der inntjeningen ligger i premium-utgaven), må enhver markedstransaksjon med en forbruker av innholdet være basert på en verdiøkning du tilbyr.[31]

På mange måter er dette slik det vil være i fremtiden for alle innholdsdrevne bestrebelser. I markedet er verdien i ting det er mangel på. Når Internett gjør et univers av innhold gratis tilgjengelig for oss, blir det vanskelig å få folk til å betale for innhold på nettet. Avisbransjens utfordringer er et uttrykk for dette faktum. Dette er forverret av det faktum at en del kopiering trolig er uunngåelig. Det betyr at du kan ende opp med å konkurrere med gratisutgaver av ditt eget innhold, enten du ser gjennom fingrene med det eller ikke.[32] Hvis folk lett kan finne innholdet gratis, vil det være vanskelig å få folk til å kjøpe det, spesielt i en sammenheng der tilgang

---

[29] Shirky, Cognitive Surplus, 111.

[30] Osterwalder og Pigneur, Business Model Generation, 30.

[31] Jim Whitehurst, The Open Organization: Igniting Passion and Performance (Boston: Harvard Business Review Press, 2015), 202.

[32] Anderson, Free, 71.

til innhold er viktigere enn å eie den. I Free skrev Anderson: «Opphavsrettigheter, enten regelfestet i lov eller i programvaren, er i enkelhet å holde en pris opp imot tyngdekraften».

Dette betyr selvfølgelig ikke at innholdsdrevne bestrebelser ikke har noen fremtid på det tradisjonelle markedet. I Free forklarer Anderson at når et produkt eller en tjeneste blir gratis, som informasjon og innhold i stor grad blir i den digitale tidsalderen, blir andre ting mer verdifulle. «Hver overflod skaper en ny knapphet», skrev han. Du må bare finne en måte noe annet enn innholdet kan gi verdi til ditt publikum eller dine kunder. Som Anderson sier, «det er lett å konkurrere med gratis: Bare tilby noe bedre, eller i det minste forskjellig fra gratisversjonen».[33]

I lys av dette faktum er det på noen måter slik innhold som er gjort med Creative Commons stiller på like vilkår med alle innholdsbaserte bestrebelser i den digitale tidsalderen. De kan faktisk selv ha en fordel fordi de kan bruke innholdsoverfloden til å få inntekter fra noen det er knapphet på. De kan også nyttiggjøre seg velviljen som stammer fra verdisettet til det å være gjort med Creative Commons.

For innholdskapere og distributører er det nesten uendelige måter å gi verdi til forbrukerne av ditt arbeid, over og utover verdien av det som er innenfor ditt gratis digitale innhold. Ofte fungerer det CC-lisensierte innholdet som et markedsføringsverktøy for de betalte produkter eller tjenester.

Her er de vanligste høynivå kategoriene.

2.2.2 Å tilby en tilpasset tjeneste til brukere av ditt arbeid *[MARKEDSBASERT]*

I denne informasjonsalderens overflod mangler vi ikke innhold. Trikset er å finne innhold som treffer våre behov og ønsker, så tilpassede tjenester er spesielt verdifulle. Som Anderson skrev, «Informasjon for alle (alle får den samme versjonen) ønsker å være fri. Tilpasset informasjon (du får noe unikt og meningsfullt for deg) ønsker å være kostbar».[34] Dette kan være alt fra kunstneriske og

---

[33]Ibid., 231.

[34]Ibid., 97.

kulturelle rådgivingstjenester som tilbys av Ártica til det skredder-
sydde sangtilbudet fra Jonathan «en-sang-om-dagen» Mann.

2.2.3 Å ta betalt for den fysiske kopien *[MARKEDSBA-SERT]*

I sin bok om skaperkulturen karakteriserer Anderson denne model-
len ved at den gir bort biter og selger atomene (der biter refererer
til digitalt innhold og atomer refererer til et fysisk objekt).[35] Dette
er særlig vellykket i domener der den digitale versjonen av innhol-
det ikke er så verdifull som den analoge versjonen, som i bokpub-
lisering der en stor undergruppe fortsatt foretrekker å lese noe de
kan holde i hendene, eller i domener der innholdet ikke er nyttig
før det er i fysisk form, som møbeldesign. I slike situasjoner vil en
betydelig del av forbrukerne betale for nytten av å ha noen andre til
å sette sammen den fysiske versjonen for dem. Noen bidragsytere
klemmer enda mer ut av denne inntektsstrømmen ved hjelp av en
Creative Commons-lisens som bare tillater ikke-kommersiell bruk,
noe som betyr at ingen andre kan selge fysiske kopier av arbeidet i
konkurranse med dem. Denne strategien for å reservere kommer-
sielle rettigheter kan være spesielt viktig for varer som bøker, der
hver utskrift av det samme arbeidet sannsynligvis har samme kva-
litet, så det er vanskeligere å skille en publiseringstjeneste fra en
annen. På den annen side, for varer som møbler eller elektronikk,
kan leverandøren av de fysiske varene konkurrere med andre le-
verandører av de samme varene basert på kvalitet, tjeneste eller
andre tradisjonelle forretningsprinsipper.

2.2.4 Å ta betalt for en personlig versjon *[MARKEDS-BASERT]*

Som alle som noensinne har gått på en konsert vil fortelle deg, å
oppleve kreativitet personlig er en helt annen opplevelse i forhold
til å oppleve en digital kopi på egenhånd. Langt fra å være en er-
statning for å samhandle ansikt til ansikt, kan CC-lisensiert innhold
faktisk skape etterspørsel etter å oppleve dette som en personlig
erfaring. Du kan se denne effekten når folk går for å se original

---

[35]Anderson, Makers, 107.

kunst personlig, eller betaler for å delta på et tale- eller opplæringskurs.

2.2.5 Å selge handelsvarer *[MARKEDSBASERT]*

I mange tilfeller vil folk som liker ditt arbeid betale for produkter som viser en forbindelse til ditt arbeid. Som barn i 1980, kan jeg personlig bekrefte kraften i en T-skjorte fra en god konsert. Dette kan også være en viktig inntektskilde for museer og gallerier.

Noen ganger kan en finne en markedsbasert inntektsstrøm ved å gi verdi til andre enn dem som bruker ditt CC-lisensierte innhold. I disse inntektsstrømmene blir gratis innhold subsidiert av en helt annen kategori personer eller bedrifter. Ofte betaler disse personene eller bedriftene for tilgang til din viktigste målgruppe. Det faktum at innholdet er gratis, øker størrelsen på publikumet, som igjen gjør tilbudet mer verdifullt for de betalende kundene. Dette er en variant av en tradisjonell forretningsmodell bygget på frie såkalte flersidige-plattformer.[36] Tilgang til ditt publikum er ikke det eneste folk er villige til å betale for, du kan også levere andre tjenester.

2.2.6 Ta betalt fra annonsører og sponsorer *[MARKEDSBASERT]*

Den tradisjonelle modellen for å subsidiere gratis innhold er reklame. I denne versjonen av flersidige plattformer, betaler annonsørene for muligheten til kontakt til rekken av «antall øyne som ser» i innholdsleverandørenes publikum.[37] Internett har gjort denne modellen vanskeligere fordi antallet tilgjengelige, mulige kanaler for å nå det aktuelle antallet er i bunn og grunn blitt uendelig.[38] Likevel, det er fortsatt en livskraftig inntektskilde for mange innholdsskapere, inkludert dem som gjør ting med Creative Commons. Ofte, i stedet for betaling for å vise reklame, betaler annonsøren for å være en offisiell sponsor av et bestemt innhold, prosjekter eller oppgaven som sådan.

---

[36]Osterwalder og Pigneur, Business Model Generation, 89.

[37]Ibid., 92.

[38]Anderson, Free, 142.

2.2.7 Betaling fra dine innholdsleverandører *[MAR-KEDSBASERT]*

En annen type flerfasettet plattform er der de som lager innholdet selv betaler for å bli fremhevet på plattformen. Selvfølgelig er denne inntektsstrømmen bare tilgjengelig for dem som baserer seg på verk som er laget, i all fall delvis, av andre. Den mest kjente versjonen av denne modellen er «forfatteravgift,» i tidsskrifter med åpen tilgang, a la de som er publisert av Public Library of Science, men det finnes også andre varianter. The Conversation er primært finansiert med en universitetets medlemskapsmodell, der universiteter betaler for at forskerne der bidrar som forfattere som leverer innhold til Conversations nettside.

2.2.8 Transaksjonsgebyr *[MARKEDSBASERT]*

Dette er en versjon av en tradisjonell modell basert på meglings-transaksjoner mellom deltakere.[39] Utvalg og organisering er et viktig element i denne modellen. Plattformer som Noun-prosjektet tilfører verdi ved å gå igjennom CC-lisensiert innhold for å velge ut biter med høy kvalitet, og så utlede inntekt når innholdsleverandørene gjør transaksjoner med kunder. Andre plattformer tjener penger når tjenesteleverandører gjør transaksjoner med kundene deres; for eksempel tjener Opendesk penger hver gang noen på deres nettsted betaler en håndverker for å lage møbler basert på ett av designene på plattformen.

2.2.9 Levere en tjeneste til dine innholdsleverandører *[MARKEDSBASERT]*

Som nevnt ovenfor, kan et innhold gi fortjeneste ved at det leveres tilpassede tjenester til brukerne. Plattformer kan gi en variant av denne tjenestemodellen rettet mot innholdsleverandører som legger inn et innhold de får omtalt. Dataplattformene Figure.NZ og Figshare utnytter denne modellen ved å tilby betalte verktøy for å hjelpe sine brukere å gjøre dataene de bidrar med til plattformen mer synlige og gjenbrukbare.

---

[39]Osterwalder og Pigneur, Business Model Generation, 32.

2.2.10 Lisensiere et varemerke *[MARKEDSBASERT]*

Endelig tjener noen som gjør ting med Creative Commons penger på å selge bruk av varemerker. Kjente merker som forbrukerne forbinder med kvalitet, troverdighet, eller selv en holdning (etos) kan lisensiere varemerket til selskaper som ønsker å dra nytte av dets goodwill. Per definisjon er varemerker knappe fordi de representerer et bestemt opphav for et gode eller en tjeneste. Å ta betalt for muligheten til å bruke det varemerket er en måte å skaffe inntekt fra noe det er knapphet på, og samtidig utnytte fordelen av overfloden av CC-innhold.

2.2.11 Gjensidighetsbaserte inntektsstrømmer

Selv om vi ser bort fra ekstern prosjektfinansiering, fant vi at tradisjonelle økonomiske rammen for å forstå markedet ikke fullt ut fanger måtene den innsatsen vi analyserte for å tjene penger. Det handlet ikke bare om å tjene penger på knapphet.

I stedet for å utarbeide en plan for å få folk til å betale penger for noe som gir dem direkte verdi, handlet mange av inntektsstrømmene mer om å tilby noe verdifullt, bygge forhold, og så eventuelt finne noen penger som strømmer tilbake ut fra en forståelse av gjensidighet. Mens noe ser ut som tradisjonelle veldedige finansieringsmodeller, er de ikke det. Innsatsen utveksler verdier mellom mennesker, bare ikke nødvendigvis synkront eller på en måte som krever lik verdi. Som David Bollier skrev i Think Like a Commoner, «Det er ingen iboende kalkyle til egen vinning i om verdien gitt og mottatt er helt lik».

Dette bør være en kjent dynamikk – det er slik du behandler venner og familie. Offer uten hensyn til gjengjeldelse og tidsperspektiv. David Bollier skrev, «Gjensidig sosial utveksling ligger i hjertet av menneskets identitet, samfunn og kultur. Det er en viktig hjernefunksjon som hjelper menneskeheten i sin overlevelse og utvikling».

Det som er sjelden, er å innlemme slike forhold i en innsats som også favner markedet.[40] Vi kan nesten ikke unngå å tenke på markedsrelasjoner som sentrert, uten gjensidig utveksling av verdi.[41]

---

[40]Bollier, Think Like a Commoner, 150.

[41]Ibid., 134.

2.2.12 Medlemskap og individuelle donasjoner *[GJENSIDIGHETSBASERT]*

Mens medlemskap og donasjoner er tradisjonelle veldedige finansieringsmodeller, er det i sammenhenger gjort med Creative Commons, direkte knyttet til det gjensidige forholdet dyrket med de som nyter godt av arbeidet. Jo større mengde som mottar verdi fra innholdet, jo mer sannsynlig er det at denne strategien vil fungere, gitt at bare en liten prosentandel av brukerne sannsynligvis vil bidra. Siden det å bruke CC-lisenser kan smøre hjulene for at innhold skal nå flere mennesker, kan denne strategien være mer effektiv for innsatser gjort med Creative Commons. Jo viktigere argumentet er for at innholdet er et kollektivt gode, eller at hele innsatsen skal fremme en sosial oppgave, jo mer sannsynlig er det at denne strategien lykkes.

2.2.13 Betal-hva-du-vil-modellen *[GJENSIDIGHETSBASERT]*

I betal-så-mye-du-vil-modellen blir de som har glede av Creative Commons-innholdet bedt om å gi et beløp de synes de har råd til og opplever som rimelig, basert på verdien de opplever, både offentlig og personlig, ble frembrakt av det åpne innholdet. Det kritiske er at disse modellene er ikke beskrevet som å «kjøpe» noe fritt tilgjengelig. De er som et glass for tips. Folk gir et økonomiske bidrag som en takk. Disse modellene kapitaliserer på det faktum at vi er naturlig tilbøyelige til å gi penger for tingene vi setter pris på i markedet, selv i situasjoner der vi ellers kan finne en måte å få det gratis.

2.2.14 Folkefinansiering *[GJENSIDIGHETSBASERT]*

Folkefinansiering er modeller basert på å tjene inn kostnadene ved å lage og distribuere innhold før innholdet er laget. Hvis innsatsen gjøres med Creative Commons, så kan de som ønsker det aktuelle verket bare vente til det blir laget, og deretter få tilgang til det gratis. Det betyr, for å få denne modellen til å virke, at folk må bry seg om mer enn å bare motta verket. De må ønske at du skal lykkes. Amanda Palmer tillegger suksessen med folkefinansiering av Kickstarter og Patreon til årene hun brukte til bygge opp sitt fellesskap, og utvikle koblingen med tilhengerne sine. Hun skrev i The Art og Asking, «God kunst lages, god kunst deles, hjelp tilbys, ører spisset, følelser utveksles, kompost bestående av ekte og dyp forbindelse er spredt over åkrene. Så en dag trapper kunstneren opp og ber om noe. Og hvis jorden er gjødslet nok, svarer publikum, uten å nøle: Selvfølgelig».

Andre typer folkefinansiering bygger på en ansvarsfølelse som et bestemt fellesskap kan ha. Knowledge Unlatched samler opp midler fra store amerikanske biblioteker for å støtte CC-lisensiert akademisk arbeid som vil bli, per definisjon, tilgjengelig gratis for alle. Biblioteker med større budsjetter tenderer til å gi mer av en følelse av forpliktelse til biblioteksamfunnet, og ideen om åpen tilgang generelt.

2.3 Å bygge menneskelige forbindelser

Uansett hvordan de tjente penger, hørte vi gjentatte ganger i våre intervjuer ord som «å overtale folk til å kjøpe» og «invitere folk til å betale». Vi hørte det selv i forbindelse med inntektsstrømmer som er helt og holdent internt i markedet. Cory Doctorow fortalte oss, «Jeg må overbevise mine lesere om at det riktige å gjøre er å betale meg». Grunnleggerne av det kommersielle selskapet Lumen Learning, viste oss brevet de sender til dem som velger å ikke betale for tjenestene de leverer med sitt CC-lisensierte utdanningsinnhold. Det er ikke et «cease-and-desist»-brev («oppsigelsebrev»); det er en invitasjon til å betale fordi det er den riktige tingen å gjøre. Denne typen atferd overfor hva som kan anses som ikke betalende kunder, er hovedsakelig uhørt på den tradisjonelle markedsplassen. Men det synes å være en del av strukturen i å være gjort med Creative Commons.

Omtrent enhver innsats vi undersøkte baserte seg, i hvert fall delvis, på at folk legger stor innsats i det de gjør. Jo nærmere Creative Commons-innhold er i å være «produktet», jo mer uttalt må denne dynamikken være. I stedet for bare å selge et produkt eller en service, knytter de ideologiske, personlige og kreative forbindelser med folk som verdsetter det de gjør.

Det tok meg lang tid å se hvordan dette å unngå å tenke på hva de gjør i rene markedstermer, var sterkt knyttet til å bruke Creative Commons.

Jeg kom til prosjektet med forhåndsoppfatningen om hva Creative Commons er, og hva det betyr å gjøre ting med Creative Commons. Det viste seg at jeg tok feil på så mange punkter.

Selvfølgelig er å gjøre ting med Creative Commons å bruke Creative Commons-lisenser. Så mye visste jeg. Men i våre intervjuer snakket folk om så mye mer enn opphavsrettigheter når de forklarte hvordan deling passer inn i hva de gjør. Jeg tenkte for smalt på deling, og resultatet var at jeg hadde store sprekker i meningen som er pakket inn i Creative Commons. Snarere enn å analysere den spesifikke og smale rollen til opphavsretten i sammenhengen, er det viktig å ikke skille ut resten av det som følger med deling. Du må utvide synsfeltet.

Å gjøre ting med Creative Commons dreier seg ikke bare om den enkle handlingen å lisensiere et åndsprodukt med et sett standardiserte vilkår, men også om fellesskap, sosial nytte, å bidra med ideer, uttrykke et verdisystem, samarbeide. Det er vanskelig å kultivere delingskomponentene hvis du tenker på hva du gjør med ren markedstenkning. Anstendig sosial atferd er ikke like intuitivt når vi gjør noe med en monetær utveksling. Det kreves en bevisst innsats for å fremme en kontekst med ekte deling, ikke bare basert på upersonlig utveksling i markedet, men på forbindelsene med folk som du deler med — forbindelsene til deg, med arbeidet ditt, med dine verdier, med hverandre.

I resten av denne seksjonen vil vi gjennomgå noen av de vanlige strategiene som innholdsleverandører, selskaper og organisasjoner bruker for å minne oss på at det finnes mennesker bak ethvert kreativt arbeid. For å minne oss om at vi har forpliktelser overfor hverandre. For å minne oss om hvordan deling virkelig ser ut.

2.3.1 Vær menneskelig

Mennesker er sosiale dyr, noe som betyr at vi er naturlig tilbøyelig til å behandle hverandre godt.[42] Men jo fjernere vi er fra personen som vi samhandler med, jo mindre omsorgsfull vil vår atferd være. Mens Internett har demokratisert kulturell produksjon, har økt tilgangen til kunnskap, og koblet oss sammen på ekstraordinære måter, kan det også gjøre det lett å glemme at vi arbeider med

---

[42]Dan Ariely, Predictably Irrational: The Hidden Forces That Shape Our Decisions, rev. ed. (New York: Harper Perennial, 2010), 109.

et annet menneske.

For å motvirke de anonyme og upersonlige tendensene i hvordan vi opererer på nettet, arbeider individuelle skapere og selskaper, som bruker Creative Commons-lisenser, med å demonstrere sin menneskelighet. For noen betyr dette å legge ut livene sine på nettsiden. For andre betyr dette å vise sin kreative prosess, gi et innblikk i hvordan de gjør det de gjør. Som forfatter skrev Austin Kleon, «Vårt arbeid snakker ikke for seg selv. Mennesker ønsker å vite hvor ting kom fra, hvordan de ble laget, og hvem som laget dem. Historiene du fortelle om arbeidet du gjør, har stor innvirkning på hvordan folk føler, hva de forstår om arbeidet ditt, hvordan folk føler, og hva de forstår om hvordan arbeidet ditt påvirker hvordan de verdsetter det».[43]

En kritisk komponent for å gjøre dette effektivt er å ikke bekymre seg om å være en «merkevare». Det betyr å ikke være redd for å være sårbar. Amanda Palmer sier, «når du er redd for noens dom, klarer du ikke å få kontakt med dem. Du blir for fokusert på å imponere dem». Det passer ikke for alle å leve livet som en åpen bok, som Palmer, og det er OK. Det er mange måter å være menneske på. Trikset er bare unngå å late som, og fristelsen til å lage et kunstig fremstilling. Folk ønsker ikke bare den blankpolerte versjonen av deg. De kan ikke forholder seg til det, i hvert fall ikke på en meningsfylt måte.

Dette rådet er sannsynligvis enda viktigere for bedrifter og organisasjoner fordi vi instinktivt tenker på dem som ikke menneskelige (men i USA, er selskaper mennesker!). Når bedrifter og organisasjoner gjør menneskene bak dem mer tydelige, minner det folk om at de har å gjøre med noe annet enn en anonym forretningsenhet. I forretningsspråket handler dette om å «menneskeliggjøre sine samhandlinger» med offentligheten.[44] Men det kan ikke være en gimmick. Du kan ikke forfalske det å være menneske.

---

[43]Austin Kleon, Show Your Work: 10 Ways to Share Your Creativity and Get Discovered (New York: Workman, 2014), 93.

[44]Kramer, Shareology, 76.

2.3.2 Vær åpen og ansvarlig

Gjennomsiktighet hjelper folk å forstå hvem du er og hvorfor du gjør det du gjør, men det inspirerer også til tillit. Som Max Temkin i Cards Against Humanity fortalte oss, «En av de mest overraskende tingene du kan gjøre i kapitalismen, er bare å være ærlig med folk». Det betyr at du deler det gode og det dårlige. Som Amanda Palmer skrev, «Du kan fikse nesten alt med ekte og pålitelig kommunikasjon».[45] Det handler ikke om å prøve å tilfredsstille alle, eller prøver å glatte over feil eller dårlige nyheter, men i stedet forklare hvordan du har tenkt, og så være forberedt på å forsvare det når folk er kritiske.[46]

Å være ansvarlig betyr ikke å operere med konsensus. Ifølge James Surowiecki, tenderer konsensusdrevne grupper til å ty til løsninger basert på laveste fellesnevner, og unngår oppriktig utveksling av ideer i fremmingen av sunt samarbeid.[47] Isteden kan det være så enkelt som å be om innspill, og deretter tilby bindeleddsinformasjon og forklaringer på beslutninger du tar, selv om det å be om tilbakemeldinger og innby til meningsutveksling er tidkrevende. Hvis du ikke tar deg bryderiet med å svare på innspillene du får, kan det være verre enn å ikke invitere dem i første omgang.[48] Når du dog får det godt til, kan det garantere den typen mangfold i tenkingen som hjelper til å øke bidragene. Samtidig er det en annen måte å få folk involvert og investert i det du gjør.

2.3.3 Design for de gode aktører

Tradisjonell økonomi forutsetter at folk tar avgjørelser basert utelukkende ut fra sin økonomiske egeninteresse.[49] Ethvert relativt selvanalyserende menneske vet at dette er en fiksjon – vi er mye mer kompliserte vesener med en hel rekke behov, følelser og motivasjoner. Faktisk er vi bundet til å samarbeide og sikre rettfer-

---

[45]Palmer, Art of Asking, 252.

[46]Whitehurst, Open Organization, 145.

[47]Surowiecki, Wisdom of Crowds, 203.

[48]Surowiecki, Wisdom of Crowds, 203.

[49]Bollier, Think Like a Commoner, 25.

dighet.[50] Å gjøre ting med Creative Commons forutsetter en oppfatning om at folk i stor grad vil handle ut fra disse sosiale motivasjonene, motivasjoner som ville bli betraktet som «irrasjonelle» i økonomisk forstand. Som Pinter i Knowlegde Unlatched fortalte oss, «det er best å ignorere mennesker som prøver å skremme deg med gratisturer. Den frykten er basert på et svært grunt syn på hva som motiverer menneskelig atferd». Det vil alltid være folk som vil handle på rent egoistiske måter, men oppgaver som er laget med Creative Commons-design er for de gode aktørene.

Antagelsen om at folk i stor grad vil gjøre det rette, kan være en selvoppfyllende profeti. «Systemer som antar at folk vil opptre på måter som skaper offentlige goder, og som gir dem muligheter og belønninger for å gjøre det, lar dem ofte arbeide sammen bedre enn neoklassisk økonomi ville forutsi» skrev Shirky i Cognitive Surplus.[51] Når vi erkjenner at folk ofte er motivert av noe annet enn finansiell egeninteresse, utformer vi det vi gjør på måter som stimulerer og fremhever våre sosiale instinkter.

Snarere enn å prøve å utøve kontroll over menneskers atferd, krever denne arbeidsmåten en viss grad av tillit. Vi innser det kanskje ikke, men våre daglige liv er allerede bygget på tillit. Som Surowiecki skrev i The visdom of Crowds; «Det er umulig for et samfunn å stole på loven alene for å sikre at borgere opptrer ærlig og ansvarlig. Det er også umulig for en organisasjon å kun stole på kontrakter for å sørge for at dens ledere og arbeidere lever opp til sine forpliktelser». I stedet stoler vi i stor grad på at folk – for det meste fremmede – vil gjøre hva som forventes av dem.[52] Som oftest gjør de det.

2.3.4 Å behandle mennesker som, vel, mennesker

For innholdsleverandører betyr å behandle folk som mennesker ikke å behandle dem som fans. Som Kleon sier, «Hvis du vil ha fans, må du først være en fan».[53] Selv om du tilfeldigvis blir en av

---

[50] Ibid., 31.

[51] Shirky, Cognitive Surplus, 112.

[52] Surowiecki, Wisdom of Crowds, 124.

[53] Kleon, Show Your Work, 127.

de få som oppnår kjendisberømmelse, er det bedre om du husker at folk som følger arbeidet ditt, også er menneskelige. Cory Doctorow gjør et poeng av å svare på hver enkelt e-post noen sender ham. Amanda Palmer bruker store deler av tiden på nettet til å kommunisere med sitt publikum, og gjør et poeng av å lytte like mye som hun snakker.[54]

Den samme ideen gjelder for bedrifter og organisasjoner. I stedet for å automatisere sin kundeservice, gjør musikkplattformen Tribe of Noise et poeng av å sikre at deres ansatte har en personlig, en-til-en-interaksjon med brukere.

Når vi behandler folk som mennesker, vil de vanligvis behandle oss på samme måte. Det kalles karma. Men sosiale relasjoner er skjøre. Det er altfor lett å ødelegge dem hvis du gjør den feilen å behandle folk som anonyme kunder eller gratisarbeidere.[55] Plattformer som bruker innhold fra bidragsytere er spesielt i fare for å skape en dynamikk som utnytter. Det er viktig å finne måter å anerkjenne og betale tilbake verdien bidragsytere genererer. Det betyr ikke at du kan løse dette problemet bare ved å, i enkelhet, betale bidragsytere for deres tid eller bidrag. Så snart vi introduserer penger inn i et forhold — i det minste når det tar form av å betale en pengeverdi i bytte for en annen verdi - kan det dramatisk endre dynamikken.[56]

2.3.5 Legg frem dine prinsipper og hold deg til dem

Når du gjør ting med Creative Commons, fastslår du hvem du er og hva du gjør. Symbolikken er kraftig. Med Creative Commons-lisenser demonstrerer du tilslutning til et bestemt trossystem, som genererer goodwill og knytter likesinnede til arbeidet ditt. Noen ganger trekkes folk til innhold som er gjort med Creative Commons som en måte å demonstrere sin egen forpliktelse overfor verdisystemet til Creative Commons, som en politisk erklæring. Andre ganger vil folk identifisere seg med, og føle seg knyttet til innholdets separate sosiale oppgave. Ofte begge.

---

[54]Palmer, Art of Asking, 121.

[55]Ariely, Predictably Irrational, 87.

[56]Ibid., 105.

Uttrykket for dine verdier trenger ikke å være implisitt. Faktisk snakket mange av menneskene vi intervjuet om hvor viktig det er å angi dine førende prinsipper på forhånd. Lumen Learning tillegger mye av sin suksess på at de har vært frittalende om de grunnleggende verdiene som styrer hva de gjør. Som et kommersielt selskap, mener de at deres uttrykte forpliktelse overfor lavinntektstudenter og åpen lisensiering har vært avgjørende for deres troverdighet i OER-samfunnet (åpne pedagogiske ressurser) der de arbeider.

Når målet ditt ikke handler om å gjøre fortjeneste, stoler folk på at du ikke bare prøver å bruke verdien til din egen vinning. Folk merker når du har en hensikt som overskrider din egeninteresse.[57] Det tiltrekker engasjerte ansatte, motiverte bidragsytere, og bygger tillit.

2.3.6 Å bygge et fellesskap

Innhold gjort med Creative Commons blomstrer når allmenneie er bygd rundt det de gjør. Dette kan bety at et fellesskap samarbeider om å skape noe nytt, eller det kan være en samling av likesinnede som blir kjent med hverandre, og samles rundt felles interesser eller oppfatninger.[58] Til en viss grad bringer bruk av Creative Commons automatisk med seg elementer av fellesskap, med hjelp til å koble deg til likesinnede som gjenkjenner og trekkes til verdiene som symboliseres ved å bruke CC.

For å være bærekraftig må du jobbe hardt for å gi næring til fellesskapet. Folk må bry seg – om deg og hverandre. Én kritisk brikke i dette er å få frem følelsen av tilhørighet. Som Jono Bacon skriver i The Art of Community: «Hvis det ikke er tilhørighet, er det ikke noe fellesskap». For Amanda Palmer og bandet hennes betydde dette å lage og godta et inkluderende miljø der folk følte seg som del av deres «lille rare familie.»[59] For organisasjoner som Red Hat, betyr det å samle seg rundt felles oppfatninger eller mål. Som administrerende direktør Jim Whitehurst skrev i The Open Orga-

---

[57] Ibid., 36.

[58] Jono Bacon, The Art of Community, 2. utgave (Sebastopol, CA: O'Reilly Media, 2012), 36.

[59] Palmer, Art of Asking, 98.

nization: «Å etablere følelsesmessig tilknytning er spesielt viktig for bygging av de typer deltakende fellesskap som driver åpne organisasjoner».[60]

Fellesskap som jobber sammen krever nøye planlegging. Surowiecki skrev: «Det krever mye arbeid å få satt sammen gruppen. Det er vanskelig å sikre at folk jobber for gruppens interesse, og ikke i sin egen. Og når det er mangel på tillit mellom medlemmer av gruppen (som ikke bør overraske gitt at de egentlig ikke kjenner hverandre), blir en betraktelig del av energien kastet bort ved å prøve å avklare hverandres ærlige hensikter».[61] Å bygge ekte fellesskap forutsetter å gi folk i fellesskapet makt til å lage eller påvirke reglene som styrer fellesskapet.[62] Hvis reglene lages og innføres ovenfra og ned, føler folk at de ikke har noe å si, som igjen fører til at de trekker seg ut.

Fellesskap krever arbeid, men å arbeide sammen, eller ganske enkelt å være knyttet sammen rundt felles interesser eller verdier, er på mange måter hva deling betyr.

2.3.7 Gi mer til fellesskapet enn du tar

Tradisjonell markedstenkning tilsier at folk bør prøve å trekke ut så mye penger som mulig fra ressursene. Dette er egentlig det som definerer mye av den såkalte delingsøkonomien. I en artikkel på nettsiden til Harvard Business Review, kalt «The Sharing Economy Isn't about Sharing at All», forklarte forfatterne Giana Eckhardt og Fleura Bardhi hvordan anonyme markedsdrevne transaksjoner i de fleste delingsøkonomibedrifter bare er myntet på å tjene penger.[63] Som Lisa Gansky førte det i pennen i sin bok The Mesh, er delingsøkonomiens primære strategi å selge det samme produktet flere ganger ved å selge adgang i stedet eierskap.[64] Det er ikke deling.

---

[60]Whitehurst, Open Organization, 34.

[61]Surowiecki, Wisdom of Crowds, 200.

[62]Bollier, Think Like a Commoner, 29.

[63]Giana Eckhardt og Fleura Bardhi, «The Sharing Economy Isn't about Sharing at All», Harvard Business Review (nettsted), 28. januar 2015, `http://hbr.org/2015/01/the-sharing-economy-isnt-about-sharing-at-all`.

[64]Lisa Gansky, The Mesh: Why the Future of Business Is Sharing, ny utgave med ny epolog (New York: Portfolio, 2012).

Deling krever å legge til lik mengde verdi eller mer i økosystemet enn du tar ut. Du kan ikke bare behandle åpent innhold som en gratis ansamling ressurser å nyttegjøre deg av verdien av. En del av det å gi tilbake til økosystemet er å bidra med innhold tilbake til offentligheten med CC-lisenser. Det trenger ikke å være skaping av innhold; det kan være å øke verdien på andre måter. Den sosiale bloggingsplattformen Medium utgjør verdi for sitt fellesskap ved å fremme god oppførsel, resultatet er et nettsted med bemerkelsesverdig brukergenerert innhold av høy kvalitet, og begrenset forsøpling.[65] Opendesk bidrar til sine fellesskap ved å hjelpe sine designere å tjene penger, delvis ved å organisere og effektivt vise arbeidet deres på sin plattform.

I alle tilfeller er det viktig å åpent erkjenne hvor stor verdi du legger til, sett opp mot det du trekker veksel på som er laget av andre. Å være åpen om dette bygger troverdighet og viser du er en medvirkende deltaker i allmennseiet. Når din oppgave er å tjene penger, som også betyr å fordele økonomisk kompensasjon på en måte som gjenspeiler verdien andre har bidratt med, og gir mer til bidragsytere når verdien de bidrar med er større verdien du leverer.

2.3.8 Involver folk i det du gjør

Takket være Internett, kan vi utnytte talentene og ekspertisen til folk over hele verden. Chris Anderson kaller det «den lange halen» av talenter.[66] Men for å få samarbeid til å virke, må gruppen være effektiv i hva den gjør, og folk i gruppen må finne tilfredshet i å være involvert.[67] Dette er enklere å få til for noen typer kreative oppgaver enn andre. Grupper som er knyttet sammen på nettet samarbeider best når folk kan arbeide uavhengig og asynkront, og særlig i større grupper med løselig knyttede bånd, der bidragsytere kan gjøre enkle forbedringer uten å beslaglegge mye tid.[68]

---

[65]David Lee, «Inside Medium: An Attempt to Bring Civility to the Internet», BBC News, 3. mars 2016, http://www.bbc.com/news/technology-35709680.

[66]Anderson, Makers, 148.

[67]Shirky, Cognitive Surplus, 164.

[68]Whitehurst, forord til Open Organization.

Suksessen til Wikipedia viser at det å redigere et leksikon på nettet er akkurat typen aktivitet som er perfekt for massivt samarbeid fordi små, trinnvise redigeringer laget av en broket forsamling av folk som handler på egen hånd, er svært verdifullt i sum. Samme slags små bidrag vil være mindre nyttig for mange andre typer skapende arbeid, og folk iboende er mindre motivert til å bidra, når det ikke vises at deres innsats utgjør noen særlig forskjell.[69]

Det er lett å romantisere mulighetene for en global samlet innsats gjort mulig gjennom Internett, og faktisk, de vellykkede eksemplene på det er virkelig utrolige og inspirerende. Men i en rekke tilfeller, kanskje de fleste av dem – inngår ikke det å lage noe i fellesskap som en del av ligningen, selv med innsats bygget på CC-innhold. «Noen ganger trumfer verdien av profesjonelt arbeid amatørdeling eller en følelse av tilhørighet»[70], skrev Shirky. Lærebokutgiveren OpenStax, som distribuerer alt sitt materiale gratis med CC-lisensiering, er et eksempel på denne dynamikken. I stedet for å tappe fellesskapet for samlede bidrag til sine college-lærebøker, investerer de en betydelig mengde tid og penger på å utvikle faglig innhold. For individuelle innholdsleverandører, der det kreative arbeidet er grunnlaget for hva de gjør, er å lage noe i fellesskap kun sjelden en del av bildet. Selv musikeren Amanda Palmer, kjent for sin åpenhet og gode forhold til fansen, sa, «Det eneste området der jeg ikke var åpen for innspill var i skrivingen, musikken i seg selv».[71]

Mens tankene umiddelbart rettes mot å skape ting i fellesskap og remiksing når vi hører ordet samarbeid, kan du også involvere andre i kreative prosesser på mer uformelle måter, ved å dele halvferdige ideer og tidlige utkast, og ha direkte kontakt med de som følger med når en ruger ut ideer og får tilbakemeldinger. Såkalt «offentlighetslaging» åpner døren for å la folk føle seg mer involvert i ditt kreative arbeid.[72] Og det viser en ikke-beskyttende tilnærming til ideer og informasjon. Stephen Covey (berømt for The 7 Habits of Highly Effective People) kaller dette overflodsmentali-

---

[69] Shirky, Cognitive Surplus, 144.

[70] Ibid., 154.

[71] Palmer, Art of Asking, 163.

[72] Anderson, Makers, 173.

tet – å behandle ideer som noe det finnes rikelig av, og det kan skape et miljø der samarbeid blomstrer.[73]

Det er ikke bare en måte å involvere folk i hva du gjør. Det sentrale er å finne en måte for folk å bidra på deres betingelser, nødet av sin egen motivasjon.[74] Hvordan det arter seg, varierer vidt, avhengig av prosjektet. Ikke alle tiltak gjort med Creative Commons kan være Wikipedia, men enhver oppgave kan finne måter å invitere publikum med på hva som gjøres. Målet for alle former for samarbeid er å bevege seg bort fra å tenke på forbrukere som passive mottakere av innholdet ditt, og ta imot deres aktive deltagelse.[75]

---

[73]Tom Kelley og David Kelley, Creative Confidence: Unleashing the Potential within Us All (New York: Crown, 2013), 82.

[74]Whitehurst, forord til Open Organization.

[75]Rachel Botsman og Roo Rogers, What's Mine Is Yours: The Rise of Collaborative Consumption (New York: Harper Business, 2010), 188.

3. Creative Commons-lisensene

Alle Creative Commons-lisenser gir et grunnleggende sett tillatelser. Som minstemål kan et CC-lisensiert arbeid kopieres og deles i opprinnelig form for ikke-kommersielle formål, så lenge henvisning er gitt til den som har levert innholdet. Det er seks lisenser i CC sine lisenspakker som bygger på det grunnleggende settet med tillatelser, alt fra de mest restriktive (tillatelse av kun grunnleggende tilgang til å dele uforandrede kopier for ikke-kommersielle formål) til den mest romslige (gjenbrukere kan gjøre hva de vil med arbeidet, til og med for kommersielle formål, så lenge de krediterer opphavspersonen). Lisensene er bygget på opphavsrett, og dekker ikke andre typer rettigheter bidragsytere kan ha til sine arbeider, som patenter eller varemerker.

Her er de seks lisensene:

Attribusjonslisensen (CC BY) lar andre distribuere, remikse, justere og bygge videre på ditt arbeid, også kommersielt, så lenge de krediterer deg for det opprinnelige arbeidet. Dette er den mest imøtekommende lisensen som tilbys. Anbefalt for maksimal spredning og bruk av lisensiert materiale.

Med Attribution-Share-Alike-lisensen (CC BY-SA) kan andre mikse sammen på nytt, finjustere og bygge videre på ditt arbeid, selv til kommersielle formål, så lenge de krediterer deg og lisensierer sine nye bidrag med samme vilkår. Denne lisensen er ofte sammenlignet med «copyleft»-lisenser og andre fri programvarelisenser. Alle nye arbeider basert på ditt skal ha samme lisens, så alle avledede verk skal også tillate kommersielt bruk.

Attribution-NoDerivs-lisensen (CC BY-ND) tillater videre distribusjon, kommersielt og ikke-kommersielt, så lenge arbeidet leveres videre uendret og kreditert deg.

Attribution-NonCommercial-lisensen (CC BY-NC) lar andre remikse, finjustere, og ikke-kommersielt bygge videre på arbeidet. Selv om deres nye arbeider også må anerkjenne deg, trenger de ikke å lisensiere sine avledede arbeider på samme vilkår.

Attribution-NonCommercial-ShareAlike-lisensen (CC BY-NC-SA) lar andre remikse, finjustere og bygge på arbeidet ditt ikke-kommersielt, så lenge de krediterer deg, og lisensierer sine nye arbeider på samme vilkår.

Attribution-NonCommercial-NoDerivs-lisensen (CC BY-NC-ND) er den mest restriktive av våre seks viktigste lisenser, og tillater bare andre å laste ned dine verk, og dele dem med andre så lenge de krediterer deg, men de kan ikke endre dem eller bruke dem kommersielt.

I tillegg til disse seks lisenser, har Creative Commons to offentlige verktøy – en for innholdsleverandører og den andre for dem som håndterer samlinger av eksisterende arbeider der opphavsrettighetene til bidragsyterne har utløpt:

CC0 gjør det mulig for innholdsleverandører og rettighetshavere å tilegne sine arbeider til det verdensomspennende samling av verk i det fri («ingen rettigheter reservert»).

Creative Commons Public Domain Mark muliggjør merkingen, og å oppdage verk som allerede er fri for kjente opphavsrettsrestriksjoner.

I våre referansestudier bruker noen bare én Creative Commons-lisens, andre bruker flere. Attribution (funnet i tretten referansestudier) og Attribution-ShareAlike (funnet i åtte studier) var de vanligste. De andre lisenser forekom i rundt fire referansestudier, inkludert det offentlig-domene-verktøyet CC0. Noen organisasjoner vi undersøkte tilbyr både digitalt innhold og programvare. Ved å bruke fri programvare-lisenser for programvarekoden og Creative Commons-lisenser for digitalt innhold, forsterker de sitt engasjement og forpliktelse til å dele.

Det er en vidtfavnende misforståelse at de tre ikkekommersielle lisensene som CC tilbyr er de eneste alternativene for dem som ønsker å tjene penger på arbeidet sitt. Vi håper denne boka får frem at det er mange måter å gjøre bruk av Creative Commons-lisensierte tiltak bærekraftige. Å forbeholde de kommersielle rettigheter til seg selv er bare én av dem. Det er helt klart tilfelle at en lisens som tillater kommersiell bruk av verket ditt (CC BY, CC BY-SA, og CC BY-ND) hindrer noen tradisjonelle inntektsårer. Hvis du tar i bruk en Navngivingslisens (CC BY) for boken din, kan du ikke tvinge et filmselskap til å betale deg godtgjørelse for bruk hvis de gjør boken din til en helaftens film, eller forhindre et annet selskap å selge fysiske kopier av verket ditt.

Beslutningen om å velge en NonCommercial- (ikke-kommersiell) og/eller NoDerivs-lisens (ikke-derivate lisenser) resulterer i en vurdering av hvor mye du trenger å beholde kontrollen over det kreative arbeidet. NonCommercial- og NoDerivs-lisensene er måter å reservere en vesentlig del av det eksklusive knippet av rettigheter som opphavsrett sikrer innholdsleverandører. I noen tilfeller er å reservere disse rettighetene viktig for hvordan du bringer inn inntekter. I andre tilfeller bruker innholdsleverandørene NonCommercial- eller NoDerivs-lisensene fordi de ikke kan gi opp drømmen om å treffe den kreative storgevinsten. Musikkplattformen Tribe of Noise fortalte oss at NonCommercial-lisensene var populære blant brukerne deres fordi de fortsatt holdt på drømmen om at et større plateselskap ville oppdage arbeidet deres.

Andre ganger er beslutningen om å bruke en mer restriktiv lisens på grunn av bekymring for arbeidets integritet. For eksempel bruker det ikke-kommersielle TeachAIDS en NoDerivs-lisens for sine læremidler fordi dette medisinske emnet er særlig viktig å få riktig.

Det er ikke bare én riktig måte. NonCommercial- og NoDerivs-begrensningene gjenspeiler verdiene og preferansene til innholdsleverandørene om hvordan deres kreative arbeid skal gjenbrukes, akkurat som ShareAlike-lisensen gjenspeiler et annet sett med verdier, som er mindre om å kontrollere tilgangen til sitt eget arbeid og mer om å sikre at det som blir laget med deres arbeid, er tilgjengelig for alle på samme vilkår. Siden starten av allmenningene, har folk laget strukturer som hjalp til å regulere måten delte ressurser ble brukt på. CC-lisensene er et forsøk på å standardisere normer på tvers av alle domener.

Merk

For mer om lisenser, inkludert eksempler og tips om deling av verkene dine i den digitale allmenningen, start med Creative Commons-siden med tittelen «Del ditt verk» på `http://creativecommons.org/share-your-work/`.

Del II

Referansestudiene

De tjuefire referansestudiene i denne seksjonen ble valgt ut blant hundrevis av forslag fra hjelpere i Kickstarter, medarbeidere i Creative Commons og det globale Creative Commons-fellesskapet. Vi valgte åtti potensielle kandidater som representerte en blanding av bransjer, innholdstyper, inntektsstrømmer, og deler av verden. Tolv referansestudier ble valgt ut fra den gruppen etter avstemning blant Kickstarters hjelpere, og de andre tolv ble valgt av oss.

Vi gjorde bakgrunnsundersøkelser, og gjennomførte intervjuer for hver referansestudie, basert på det samme settet med grunnleggende spørsmål om innsatsen. Fokus for hver saksstudie er å fortelle historien om hvordan oppgaven løses, og hvilken rolle deling spiller i den, i hovedsak som måten det ble fortalt oss på av dem vi intervjuet.

4. Arduino

Arduino er en kommersiell og fri programvareplattform for et selskap tuftet på datautstyr og programvare. Grunnlagt i 2005 i Italia.

https://www.arduino.cc

Inntektsmodell: Betaling for fysiske kopier (salg av brett, moduler, skjermer og byggesett), lisensiering av et varemerke (avgifter betalt av dem som ønsker å selge Arduino-produkter med deres navn)

Dato for intervju: 4. februar 2016

Intervjuet: David Cuartielles og Tom Igoe, medgrunn-leggere

Profilen skrevet av Paul Stacey

I 2005, hos Interaction Design Institute Ivrea i Nord-Italia, trengte lærere og elever en enkel måte å bruke elektronikk og programmering på for raskt å lage prototyper for designideer. Musikere, kunstnere og designere trengte en plattform som ikke krevde ingeniørekspertise. En gruppe lærere og studenter, inkludert Massimo Banzi, David Cuartielles, Tom Igoe, Gianluca Martino og David Mellis, bygget en plattform som kombinerte ulike åpne kildekode-teknologier. De kalte det Arduino. Plattformen integrerte programvare, maskinvare, mikrokontroller og elektronikk. Alle aspekter av plattformen ble åpent lisensiert: Maskinvare og dokumentasjon med Attribution-Share-Alike-lisens (CC BY-SA), og programvare med GNU General Public License.

Kretskort fra Arduino kan lese inndata: Lys på en sensor, en finger på en knapp, eller en Twitter-melding, og snu den til utganger, aktivere en motor, slå på en LED, og publisere noe på nettet. Du sender et sett med instruksjoner til mikrokontrollen på kortet ved hjelp av Arduino programmeringsspråk og Arduino programvare (basert på fri programvare ved navn Processing, et programmeringsverktøy som brukes til å lage visuell kunst).

«Grunnene for å gjøre Arduino til åpen maskinvare er kompliserte», sier Tom. Delvis handlet det om å støtte fleksibilitet. Åpen maskinvare-egenskapene til Arduino gir brukere rett til å endre og lage mange forskjellige varianter, bygd på toppen av det grunnleggende laget. David sier dette «endte opp med å styrke plattformen langt utover det vi til og med hadde tenkt å lage».

En annen faktor for Tom var den forestående nedleggelsen av Ivrea designskole. Han hadde sett andre organisasjoner lukke dørene, og at alt arbeid og forskning bare forsvant. Åpen maskinvare sikret at Arduino ville overleve nedleggelsen av Ivrea. Lang levetid er den tingen Tom virkelig liker ved åpen maskinvare. Hvis nøkkelpersoner drar, eller selskapet avsluttes, lever et åpent maskinvareprodukt videre. «Bruk av åpen maskinvare gjør det enklere å stole på et produkt», etter Toms syn.

Da skolen lukket, startet David og noen av de andre Arduinogrunnleggerne et konsulentfirma og et tverrfaglig designstudio de kalte Tinker, i London. Tinker utviklet produkter og tjenester som bygde bro mellom det digitale og fysiske, og de lærte folk hvordan de skulle bruke ny teknologi på kreative måter. Inntekter fra Tinker ble investert i å opprettholde og styrke Arduino.

For Tom er del av Arduinos suksess at grunnleggerne gjorde seg selv til den første kunden av produktet sitt. De laget de produktene de selv personlig ønsket. Det var et spørsmål om «Jeg trenger denne tingen», ikke «Hvis vi lager denne, vil vi tjene mye penger». Tom bemerker at å være din egen første kunde, gjør deg mer trygg og overbevisende når produktet ditt skal selges.

Arduinos forretningsmodell har utviklet seg over tid – og Tom sier at modell er et stort ord for den. Opprinnelig ville de bare lage noen få kretskort, og få dem ut i verden. De startet med to hundre kort, solgte dem, og fikk et lite overskudd. De brukte det til å lage tusen til, som genererte nok inntekter til å lage fem tusen. I begynnelsen prøvde de bare å generere nok midler for å holde virksomheten gående fra dag til dag. Da de traff titusen-merket, begynte de å tenke på Arduino som selskap. Innen da var det klart at det var mulig å åpent dele utformingen og fortsatt produsere det fysiske produktet. Så lenge det er et kvalitetsprodukt, og selges til en rimelig pris, vil folk kjøpe det.

Arduino har nå et verdensomspennende fellesskap av produsenter, studenter og amatører, kunstnere, programmerere og fagfolk. Arduino tilbyr en wiki kalt Playground (en wiki er der alle brukere kan redigere og legge til sider, bidra til, og ha nytte av kollektive undersøkelser). Folk deler koden, kretsdiagrammer, veiledninger, gjør det selv-instruksjoner (DIY instructions: Do it yourself instructions) og tips og triks, og viser frem sine prosjekter. I tillegg er det et flerspråklig diskusjonsforum der brukere kan få hjelp til å bruke Arduino, diskutere temaer som robotikk, og komme med forslag til nye Arduino produktdesigner. I januar 2017 hadde 324 928 medlemmer laget 2 989 489 innlegg om 379 044 emner. Det verdensomspennende fellesskapet av bidragsytere har gitt en utrolig mengde tilgjengelig kunnskap til hjelp både for nybegynnere og eksperter.

Arduinos overgang fra et prosjekt til et selskap var et stort skritt. Andre bedrifter som lagde kretskort tok mye penger for dem. Arduino ville gjøre sine tilgjengelig til en lav pris for et bredt spekter av bransjer. Som med all forretning var priser nøkkelen. De ønsket priser som vil gi mange kunder, men som også var høy nok til å opprettholde virksomheten.

For en bedrift er det å ikke gå i minus ved slutten av året en suksess. Arduino kan ha en åpen lisensstrategi, men de er fortsatt en bedrift, og alt som er nødvendig for å kunne drive den vellykket, gjelder fortsatt. David forteller at «hvis du gjør disse andre tingene bra, kan det å dele slik fri programvare bare hjelpe deg».

Mens åpen lisensiering av design, dokumentasjon og programvare sikrer lang levetid, innebærer den også risiko. Det er en mulighet for at andre vil lage rimeligere utgaver, kloner og kopier. CC BY-SA lisensen betyr at hvem som helst kan lage kopier av deres kretskort, omforme dem, og til og med selge kretskort som kopierer designet. De trenger ikke å betale en lisensavgift til Arduino, eller be om tillatelse. Men hvis de gir ut kortet igjen med samme design, må de henvise til Arduino. Hvis de endrer utformingen, må de utgi den nye utformingen med samme Creative Commons-lisens for å sikre at den nye versjonen er like fri og åpen.

Tom og David sier at mange mennesker har bygget selskaper ut fra Arduino, med dusinvis av Arduino-derivater der ute. Men i motsetning til lukkede forretningsmodeller som kan vri penger ut av systemet over mange år fordi det ikke er konkurranse, så Arduinos grunnleggere konkurransen som et middel til å holder seg ærlige, og rettet mot et samarbeidsmiljø. En fordel med åpen fremfor lukket, er de mange nye idéer og design andre har bidratt med til Arduinos økosystem, idéer og design som Arduino og Arduinos allmennseie bruker og innlemmer i nye produkter.

Over tid har Arduino-produkter spredt seg, endret og tilpasset seg nye behov og utfordringer. I tillegg til enkle kretskort på inngangsnivå, er nye produkter lagt til – fra forbedrede kort med avansert funksjonalitet og raskere ytelse, til kort for å lage programmer til Internett av ting, iklebare ting og 3D-printing (3D-utskrift). Hele spekteret av offisielle Arduino-produkter inkluderer kort, moduler (en mindre formfaktor av klassiske kort), skjold (shield) (elementer som kan kobles til et kort for å gi den ekstra funksjoner) og byggesett.[1]

Arduinos fokus er på høykvalitetskort, bra utformet støttemateriell og forming av fellesskapet. Dette fokuset er én av nøklene til suksessen. Det å være åpen lar deg bygge et ekte fellesskap. David sier Arduinos fellesskap er en stor styrke, og noe som virkelig gjør en forskjell, som han sier; «det er god forretningsførsel». Da de begynte, hadde Arduino-gjengen nesten ingen anelse om hvordan man bygger fellesskap. De startet ved å gjennomføre mange arbeidsrettede møter, direkte med personer som bruker plattformen for å kontrollere at maskinvaren og programvaren var formålstjenlig i det å løse folks problemer. Fellesskapet vokste organisk etter dette.

En viktig beslutning for Arduino var å varemerke navnet. Grunnleggerne trengte en måte å garantere folk kjøp av et kvalitetsprodukt fra et selskap forpliktet til friprog-filosofi og kunnskapsdeling. Varemerking av Arduinos navn og logo gir den garantien, og hjelper kundene å enkelt identifisere produktene deres, samt produkter godkjent av dem. Hvis andre ønsker å selge kretskort med Arduino-navn og -logo, må de betale en liten avgift til Arduino. Dette gjør Arduino i stand til å skalere opp produksjon og distribusjon,

---

[1]http://www.arduino.cc/en/Main/Products

samtidig som det forsikres at Arduino-merket ikke skades av lav-kvalitetskopier.

Gjeldende offisielle produsenter er Smart-prosjekter i Italia, SparkFun i USA, og Dog Hunter i Taiwan/Kina. Dette er de eneste produsentene som tillates å bruke Arduino-logoen på brettene sine. Varemerkingen av merkevaren deres har gitt grunnleggerne en måte å beskytte Arduino på, bygge ut videre, finansiere utvikling av programvare og opplæring. Gebyret for varemerke-lisensiering ble Arduinos inntektsgenererende modell.

Hvilken utstrekning ting skulle åpnes i var ikke alltid noe grunnleggerne var helt enige om. David, som alltid gikk i bresjen for å åpne ting opp mer, hadde noen betenkeligheter om beskyttelse av Arduino-navnet, idet folk kanskje ville bli sure om de beskyttet deres merkevare. Det var et tidlig tilbakeslag med et prosjekt kalt Freeduino, men samlet, varemerking og merkevarebygging har vært et kritisk verktøy for Arduino.

David oppfordrer folk og bedrifter til å ta utgangspunkt i å dele alt, og deretter vurdere om det er noe som virkelig trenger beskyttelse, og hvorfor. Det er mange gode grunner til å ikke åpne bestemte elementer. Denne strategien for å dele alt, er den diametrale motsats til hvordan dagens verden opererer, der ingenting deles. Tom foreslår at en bedrift formaliserer hvilke elementer som er basert på åpen deling, og hvilke som er lukket. Et Arduino-blogginnlegg fra 2013 av en av grunnleggerne Massimo Banzi, med tittelen «Send In the Clones», er til stor hjelp for å forklare hele kompleksiteten hvilken effekt varemerkingen deres har hatt, ved å skille mellom offisielle kort og de som er kloner, avledet, kompatible og forfalskninger.[2]

For David er en spennende del av Arduino hvordan den gjør det mulig for så mange å tilpasse teknologi på mange forskjellige måter. Teknologi åpner alltid flere muligheter, men ikke alltid med fokus på å være enkel i bruk og å tilpasse. Det er der Arduino trer frem. Arduinos mål er «å lage ting som hjelper andre mennesker å lage ting».

Arduino har vært svært vellykket med å få teknologi og elektronikk ut til et større publikum. For Tom har Arduino handlet om «demokratisering av teknologi». Tom ser Arduinos fri programvare-strategi som å hjelpe verden å komme forbi tanken om at teknologi

---

[2]http://blog.arduino.cc/2013/07/10/send-in-the-clones/

må beskyttes. «Teknologi er en ferdighet som alle burde lære», sier Tom.

Til slutt, for Arduino, å bli åpne har vært bra for forretningen – bra for produktutvikling, bra for distribusjon, bra for prising og bra for produksjon.

84

5. Ártica

Ártica gir kurs på nettet og konsulenttjenester fokusert på hvordan du bruker digital teknologi til å dele kunnskap og muliggjøre samarbeid i kunst og kultur. Grunnlagt i 2011 i Uruguay.

http://www.articaonline.com

Inntektsmodell: Betaling for tilpassede tjenester

Dato for intervju: 9. mars 2016

Intervjuet: Mariana Fossatti og Jorge Gemetto, medgrunnleggere

Profilen skrevet av Sarah Hinchliff Pearson

Historien om Mariana Fossattis og Jorge Gemettos virksomhet, Ártica, er det beste eksempelet på Gjør det selv (DIY: Do it yourself). Ikke bare er de vellykkede gründere, nisjen deres lille virksomhet opererer i, er i hovedsak en de har bygget selv.

Drømmejobbene deres eksisterer ikke, så de laget dem.

I 2011 var Mariana en sosiolog som arbeider for en internasjonal organisasjon med å utvikle forskning og utdanning på nettet om jordbruksutviklingsoppgaver. Jorge var psykolog, som også arbeidet med utdanning på nett. Begge var bloggere og tunge brukere av sosiale medier, og begge hadde en lidenskap for kunst og kultur. Med sine ferdigheter i digital teknologi og nettlæring besluttet de å bruke dem på et område de likte. De lanserte Ártica, en bedrift som gir opplæring og rådgivning for folk og institusjoner som utvikler kunstneriske og kulturelle prosjekter på Internettet.

Ártica føles som en unik virksomhet i det tjueførste århundret. Det lille selskapet har en global tilstedeværelse på Internett uten fysiske kontorer. Jorge og Mariana bor i Uruguay, og de andre to fulltids ansatte, som Jorge og Mariana aldri har møtt personlig, bor i Spania. De startet ved å opprette en MOOC (et fleksibelt nettkurs, gratis og tilgjengelig for alle) om remiks-kultur og samarbeid innen kunsten, som ga dem en direkte vei til et internasjonalt publikum, og tiltrekke seg studenter fra hele Latin-Amerika og Spania. Med andre ord, det er den klassiske Internett-historien om å kunne koble seg direkte til publikum uten å være avhengig av portvoktere eller mellommenn.

Ártica tilbyr personlig tilpasset utdanning og konsulenttjenester, og hjelper kundene å gjennomføre prosjekter. Alle disse tjenestene er tilpasset. De kaller det en «artisan»-prosess på grunn av den tid og krefter det tar for å tilpasse sitt arbeid til de spesielle behovene til studenter og kunder. «Hver student eller kunde betaler for en bestemt løsning på hans eller hennes problemer og spørsmål», sier Mariana. I stedet for å selge tilgang til innholdet sitt, gir de det gratis, og tar betalt for den personlige tilpasningen.

Da de begynte, tilbød de et mindre antall kurs myntet på store målgrupper. «Gjennom årene har vi innsett at nettsamfunn er smalere enn vi trodde», sa Mariana. Ártica leverer nå flere mulige kurs og har færre påmeldinger på hver av dem. Dette betyr at de kan gi hver enkelte elev mer oppmerksomhet, og tilby kurs i mer spesialiserte emner.

Kurs på nettet er deres største inntektskilde, men de har også mer enn et dusin konsulentprosjekter hvert år, alt fra digitalisering til arrangementsplanlegging og markedsføringskampanjer. Noen av dem har en viss størrelse, spesielt når de jobber med kulturinstitusjoner, mens andre er mindre prosjekter på oppdrag fra enkeltartister.

Ártica søker også etter offentlig og privat finansiering til bestemte prosjekter. Noen ganger, selv om de ikke lykkes i å få støtte til et prosjekt som et nytt kurs eller en nettbok, går de videre fordi de tror på det. De har det standpunktet at hvert nytt prosjekt fører dem til noe nytt, hver ny ressurs de lager åpner nye dører.

Ártica lener seg tungt på at deres fritt tilgjengelige Creative Commons-lisensierte innhold vil trekke til seg nye studenter og kunder. Alt de lager, nettbasert utdanning, blogg-innlegg og videoer, utgis med en Attribution-ShareAlike-lisens (CC BY-SA). «Vi bruker en ShareAlike-lisens fordi vi vil gi størst mulig frihet til våre studenter og lesere, og vi ønsker også at friheten skal være viral», sa Jorge. For dem er det en grunnleggende verdi å gi andre rett til å gjenbruke og remikse innholdet. «Hvordan kan du tilby en nettbasert pedagogisk tjeneste uten å tillate å laste ned, lage og beholde kopier, eller skrive ut de pedagogiske ressursene?», sa Jorge. «Hvis vi ønsker å gjøre det best for våre studenter — de som stoler så mye på oss at de er villige til å betale oss via nettet uten å møte oss fysisk — vi er nødt til å tilby dem en balansert og etisk avtale.»

De tror også at å dele sine ideer og sin ekspertise åpent, hjelper dem å bygge omdømmet og synligheten sin. Folk deler og siterer deres arbeid ofte. For noen år siden plukket en utgiver selv opp en av nettbøkene deres, og distribuerte trykte kopier. Ártica ser gjenbruk av arbeidet deres som en vei til å åpne opp nye muligheter for sin virksomhet.

Denne troen på at åpenhet skaper nye muligheter reflekterer en annen tro - på tilfeldige lykketreff. Når de beskriver sin prosess når de lager innhold, snakker de om alle de spontane og organiske måtene de finne inspirasjon på. «Noen ganger starter samarbeidsprosessen med en samtale mellom oss, eller med venner fra andre prosjekter», sa Jorge. «Det kan være det første skrittet til et nytt blogginnlegg, eller et nytt enkelt innhold, som i fremtiden kan utvikle seg til et mer sammensatt produkt, som et kurs eller en bok.»

I stedet for å planlegge det de skal gjøre på forhånd, går de for en mer dynamisk kreativ prosess. «Dette betyr ikke at vi slipper å jobbe hardt for å få gode profesjonelle resultater, men utformingsprosessen er mer fleksibel», sa Jorge. De deler tidlig og ofte, og de justerer ut fra det de lærer, og utforsker og tester alltid nye ideer og måter å arbeide på. På mange måter er prosessen for dem like viktig som sluttproduktet.

Folk og relasjoner er også like viktige, noen ganger mer. «I den pedagogiske og kulturelle virksomheten, er det viktigere å ta hensyn til folk og prosesser, snarere enn innhold eller spesielle formater eller materialer», sa Mariana. «Materialer og innhold er flytende. Den viktige tingen er relasjonene.»

Ártica tror på kraften i nettverket. De søker å lage forbindelser mellom mennesker og institusjoner over hele verden, så de kan lære av dem og dele sine kunnskaper.

I hjertet av alt Ártica gjør, ligger et sett med verdier. «Godt innhold ikke er nok», sa Jorge. «Vi tror også at det er svært viktig i kultursektoren å ta et standpunkt for endel ting». Mariana og Jorge er aktivister. De forsvarer fri kultur (bevegelsen som fremmer frihet til å endre og distribuere kreativt arbeid), og arbeider for å vise skjæringspunktet mellom fri kultur og andre bevegelser for sosial rettferdighet. Innsatsen deres for å involvere mennesker i sitt arbeid, og aktivere kunstnere og kulturinstitusjoner til å bedre bruken av teknologi, er tett knyttet til deres holdninger. Til syvende og sist, det som driver deres arbeid er målet om å demokratisere kunst og kultur.

Ártica må selvfølgelig også tjene nok penger til å dekke sine utgifter. I stor grad er menneskelige ressurser den største utgiftsposten. De trekker veksler på samarbeidspartnere fra sak til sak, og leier inn oppdragstakere til bestemte prosjekter. Når det er mulig, trekker de veksler på kunstneriske og kulturelle ressurser i fellesskapet, og de stoler på fri programvare. Virksomheten deres er liten, effektiv og bærekraftig, og derfor er den en suksess.

«Det er mange mennesker som tilbyr kurs på nettet», sa Jorge. «Men det er lett å skille oss ut. Vi har en tilnærming som er veldig spesifikk og personlig». Árticas modell er forankret i det personlige på alle nivåer. For Mariana og Jorge betyr suksess å gjøre det som gir dem personlig formål og mening, og gjøre det bærekraftig og sammen med andre.

I sitt arbeid med yngre artister prøver Mariana og Jorge å understreke at denne modellen for suksess er like verdifull som det bildet av suksess vi får i media. «Hvis de bare søker etter den tradisjonell typen suksess så kommer de til å bli frustrert», sa Mariana. «Vi prøver å vise dem et annet bilde av hvordan suksess ser ut.»

6. Blender-instituttet

Blender Institute er et animasjonsstudio som lager 3D-filmer med programvaresystemet Blender. Grunnlagt i 2006 i Nederland.

`http://www.blender.org`

Inntektsmodell: Folkefinansiering (abonnementsbasert), betaling for fysiske kopier, varesalg

Dato for intervju: 8. mars 2016

Intervjuet: Francesco Siddi, produksjonsleder

Profilen skrevet av Sarah Hinchliff Pearson

For Ton Roosendaal, som skapte programvaresystemet Blender og de tilknyttede enhetene, er deling praktisk. Å gjøre programvaren sin for å lage 3D-innhold tilgjengelig under fri programvarelisens har vært fundamentalt for programmets utvikling og popularitet. Å bruke programvaren til å lage filmer lisensiert med Creative Commons, skjøv denne utviklingen ytterligere fremover. Deling gjør det mulig for folk å delta og samhandle med, og å bygge videre på, den teknologien og innholdet de lager på en måte som er til fordel for Blender og Blenders fellesskap helt konkret.

Hvert åpen-filmprosjekt Blender kjører, produserer en rekke åpne lisensierte resultater, ikke bare den endelige filmen selv, men alt kildematerialet også. Den kreative prosessen forbedrer også utviklingen av Blenders programvare fordi det tekniske teamet responderer direkte på behovene filmens produksjonsteam har, ved å lage verktøy og funksjoner som gjør livet deres enklere. Og, selvfølgelig, hvert prosjekt innebærer en lang, givende prosess der det kreative og tekniske fellesskapet arbeider sammen.

Heller enn bare å snakke om de teoretiske fordelene ved deling og fri kultur, er Ton veldig for å få til og lage fri kultur. Blenders produksjonsleder Francesco Siddi fortalte oss at, «Ton tror hvis du ikke lager innhold med dine egne verktøy, så gjør du ikke storverk.»

Blenders historie begynner i 1990, da Ton opprettet programvaren Blender. Opprinnelig var programvaren en intern ressurs for hans animasjonsstudio i Nederland. Investorer ble interessert i programvaren, så han begynte å markedsføre programvaren til publikum, og tilbød en gratis versjon i tillegg til en betalt versjon. Salget var skuffende, og hans investorer ga opp forsøket tidlig på 2000-tallet. Han gjorde en avtale med investorer – hvis han kunne skaffe nok penger, kunne han så gjøre Blender-programvaren tilgjengelig under GNU General Public License.

Dette var lenge før Kickstarter og andre nettsteder for folkefinansiering eksisterte, men Ton kjørte sin egen versjon av en folkefinansieringskampanje, og skaffet raskt pengene han trengte. Blender-programvaren ble fritt tilgjengelig å bruke for alle. Men bare å bruke General Public License til programvaren, var ikke nok til å få til et blomstrende fellesskap rundt den. Francesco fortalte oss: «Programvare med denne kompleksiteten er avhengig av mennesker og deres visjon om hvordan folk arbeider sammen. Ton er en fantastisk fellesskapsbygger og leder, og han har lagt ned mye arbeid i å fremme et fellesskap av utviklere slik at prosjektet kunne leve.»

Som ethvert vellykket fri programvareprosjekt utviklet Blender seg raskt fordi fellesskapet kunne gjøre feilrettinger og forbedringer. «Programvare bør være fritt tilgjengelig og mulig å endre», sa Francesco. «Ellers gjør alle det samme i skjul i ti år». Ton satt opp Blender Foundation til å følge med på og forvalte programvareutviklingen og vedlikeholdet.

Etter noen år begynte Ton å lete etter nye måter å fremme utviklingen av programvaren på. Han fikk ideen om å lage CC-lisensierte filmer med Blender-programvare. Ton la ut en forespørsel på nettet til alle interesserte og erfarne kunstnere. Francesco sa ideen var å få de beste artistene som var tilgjengelig, sette dem i en bygning sammen med de beste utviklerne, og få dem til å arbeide sammen.

De skulle ikke bare lage åpent lisensiert innhold av høy kvalitet, de skulle forbedre Blenders programvare i prosessen.

De gikk for folkefinansieringsmodellen for å subsidiere prosjektkostnadene. Med tjue personer arbeidende på fulltid i seks til ti måneder, var kostnadene betydelige. Francesco sa at folk ble forbløffet da folkefinansieringskampanjen deres lyktes. «Idéen om inntjening med CC-lisensiert materiale var overveldende for folk», sa han. «Reaksjonen var at 'Dette tror jeg ikke før jeg får se det'.»

Den første filmen, som ble utgitt i 2006, var et eksperiment. Det var så vellykket at Ton besluttet å sette opp Blender Institute, en enhet øremerket til å huse åpen-filmprosjekter. Blender Institute sitt neste prosjekt var en enda større suksess. Filmen Big Buck Bunny gikk viralt, og de animerte figurene ble plukket opp av markedsførere.

Francesco sa at over tid har Blender Institute-prosjektene blitt større og mer betydningsfulle. Det betyr at prosessen med å lage film har blitt mer kompleks ved å kombinere tekniske eksperter og kunstnere som har fokus på historiefortelling. Francesco sier prosessen er nesten på industriell skala på grunn av antallet bevegelige deler. Dette krever mye spesialisert hjelp, men Blender Institute har ingen problemer med å finne talentene de trenger for å bistå prosjekter. «Blender gjør knapt noen rekruttering til filmprosjekter fordi talenter dukker opp helt av seg selv», sa Francesco. «Så mange mennesker ønsker å samarbeide med oss, at vi ikke kan ansette dem alle på grunn av budsjettbegrensninger.»

Blender har hatt stor suksess med å skaffe penger fra sitt fellesskap gjennom årene. På mange måter har det blitt lettere å få det til over tid. Ikke bare er folkefinansiering blitt bedre kjent i offentligheten, men folk kjenner til, og stoler på at Blender leverer, og Ton har opparbeidet et rykte som en effektiv fellesskapsleder, og visjonær for arbeidet deres. «Det er et helt fellesskap som ser og forstår fordelen med disse prosjektene», sa Francesco.

Mens disse fordelene ved hvert åpen-filmprosjekt gir et overbevisende grunnlag for folkefinansieringskampanjer, fortalte Francesco oss at Blender Institute har funnet noen begrensninger i den standard folkefinansieringsmodellen der man legger frem et bestemt prosjekt og ber om finansiering. «Når et prosjekt er over, drar alle hjem», sa han. «Det er mye moro, men så slutter det. Det er et problem.»

For å gjøre arbeidet mer bærekraftig trengte de en måte for å motta kontinuerlig støtte, og ikke på prosjekt-for-prosjektbasis. Deres løsning er Blender Sky, en abonnementstype folkefinansieringsmodell som likner den nettbaserte folkefinansieringsplattformen Patreon. For ca. 10 euro hver måned får abonnenter tilgang til å laste ned alt det Blender Institute produserer – programvare, kunst, opplæring, og mer. Alle disse ressursene er tilgjengelige med en Attribution-lisens (CC BY), eller plassert i den offentlige sfæren (CC0), men de er opprinnelig gjort tilgjengelige kun for abonnenter. Blender Cloud lar abonnentene følge Blenders filmprosjekter mens de utvikles, og deler detaljert informasjon og innhold til bruk i den kreative prosessen. Blender Cloud har også omfattende opplæringsmateriell, biblioteker med rollemodeller og andre ressurser til bruk i ulike prosjekter.

Kontinuerlig økonomisk støtte fra Blender Cloud finansierer fem til seks heltidsansatte ved Blender Institute. Francesco sier at deres mål er å utvide sin abonnentbase. «Dette er vår frihet», fortalte han oss, «og for kunstnere er frihet alt».

Blender Cloud er den primære inntektskilden for Blender Institute. Blender Fundation er finanisert hovedsakelig av donasjoner, og pengene går til programvareutvikling og -vedlikehold. Inntektsstrømmene til Blender Institute og Foundation er bevisst holdt separat. Blender har også andre inntektsstrømmer, som Blenderbutikken, hvor folk kan kjøpe DVD-er, T-skjorter og andre Blenderprodukter.

Ton har jobbet med prosjekter knyttet til Blender-programvare i nesten tjue år. Gjennom det meste av denne tiden, har han vært opptatt av å gjøre programvaren og innholdet som er produsert med programvaren gratis og åpent. Å selge en lisens har aldri vært en del av forretningsmodellen.

Helt siden 2006 har han gjort filmer tilgjengelig sammen med alt tilhørende kildemateriale. Han sier han har knapt sett folk som har prøvd å fylle fotsporene til Blenders sko og forsøkt å tjene penger på innholdet. Ton mener dette er fordi den virkelige verdien av det de gjør, er i det kreative og i produksjonsprosessen. «Selv om du deler alt, alle dine originale kilder, kreves det mye talent, ferdigheter, tid og budsjett å gjenskape det du gjorde», sa Ton.

For Ton og Blender, går alt tilbake til hva du gjør.

7. Cards Against Humanity

Cards Against Humanity er et privat, for-fortjeneste selskap som lager et populært fest-spill ved samme navn. Grunnlagt i USA i 2011.

http://www.cardsagainsthumanity.com

Inntektsmodell: Betaling for fysiske kopier

Dato for intervju: 3. februar 2016

Intervjuet: Max Temkin, medgrunnlegger

Profilen skrevet av Sarah Hinchliff Pearson

Hvis du spør medgrunnlegger Max Temkin, er det ikke noe spesielt interessant med forretningsmodellen til Cards Against Humanity. «Vi lager et produkt. Vi selger det og tar betalt. Så bruker vi mindre penger enn vi tjener», sa Max.

Han har rett. Cards Against Humanity er et enkelt fest-spill, tuftet på spillet Apples to Apples. For å spille stiller en spiller et spørsmål, eller en fyll-inn-feltet-påstand fra et svart kort, og de andre spillerne sender sine morsomste hvite kort som svar. Haken er at alle kortene er fylt med grove, grusomme og ellers forferdelig ting. For den rette typen mennesker («fryktelige folk», ifølge Cards Against Humanitys reklame), blir dette et artig og morsomt spill.

Inntektsmodellen er enkel. Fysiske kopier av spillet blir solgt med fortjeneste, og det fungerer. Når dette blir skrevet, er Cards Against Humanity det bestselgende produktet blant alle leker og spill hos Amazon. Offisielle utvidelsespakker er tilgjengelig, og også flere offisielle temapakker samt internasjonale utgaver.

Men Cards Against Humanity er også tilgjengelig gratis. Alle kan laste ned en digital versjon av spillet fra nettsiden til Cards Against Humanity. Mer enn én million mennesker har lastet ned spillet etter at selskapet begynte å loggføre tallene.

Spillet er tilgjengelig med en Attribution-NonCommercial-ShareAlike-lisens (CC BY-NC-SA). Det betyr, i tillegg til å kopiere spillet, at alle kan lage nye versjoner av spillet så lenge de gjør det tilgjengelig på de samme ikke-kommersielle vilkårene. Muligheten til å tilpasse spillet, er som et helt nytt spill i seg selv.

Til sammen er disse faktorene – den krasse tonen til spillet og selskapet, gratis nedlasting, åpenhet for fans til å remikse spillet – det som gir spillet solid kultstatus.

Suksessen deres er ikke et resultat av en storstilt plan. Cards Against Humanity var det siste i en lang rekke spill og komedie-prosjekter Max Temkin og vennene hans satte sammen for egen fornøyelse. Som Max forteller historien, laget de spillet så de kunne spille det selv på nyttårsaften fordi de var for nerdete til å bli invitert i andres selskap. Spillet ble en hit, så de bestemte seg for å legge det ut på nettet som en gratis PDF. Folk begynte å spørre om de kunne betale for å få spillet trykket for dem, og til slutt bestemte de seg å kjøre en Kickstarter for å finansiere trykkingen. De satte Kickstarter-målet til 4 000 dollar – og fikk inn 15 000 dollar. Spillet ble utgitt offisielt i mai 2011.

Spillet fenget raskt, og populariteten har bare vokst med tiden. Max sier at de åtte grunnleggerne aldri hadde et møte hvor de bestemte seg for å gjøre dette til en kontinuerlig virksomhet. «Det skjedde bare av seg selv», sa han.

Men denne fortellingen om en «heldig tilfeldighet» står i mot-setning til markedsføringbegavelsen. Akkurat som spillet, er Cards Against Humanity sitt kjennemerke distanse og minneverdighet. Det er vanskelig å glemme en virksomhet som kaller sine ofte be-svarte spørsmål på hjemmesiden sin «Dine dumme spørsmål».

Som de fleste kvalitetssatirer består humoren av mer enn vul-garitet og sjokkeffekter. Selskapets markedsføring rundt Black Fri-day illustrerer dette spesielt godt. For dem utenfor USA er Black Friday begrepet for dagen etter Thanksgiving-helligdagen, den største handledagen i året. Det er en utrolig viktig dag for Cards

Against Humanity, slik den er det for alle forhandlere i USA. Max sa at de strevde med hva de skulle gjøre med Black Friday fordi de ikke ønsker å støtte det han kalte «forbruksorgien», som dagen er blitt til, spesielt siden den følger etter en dag som handler om å være takknemlig for hva du har. I 2013 besluttet de, etter rådslaging, å ha et «alt koster 5 dollar mer»-salg.

«Vi svettet natten før Black Friday, og lurte på om våre fans ville hate oss», sa han. «Men det fikk oss til å le, så vi gikk ut med det. Og folk tok helt klart humoren.»

Denne typen modig åpenhet gleder media, men enda viktigere, det engasjerer fansen. «En av de mest overraskende tingene du kan gjøre i kapitalismen er bare å være ærlig med folk», sa Max. «Det sjokkerer folk at det er åpenhet om hva du gjør.»

Max sammenlignet det også med en stor improvisasjonsscene. «Hvis vi gjør noe litt undergravende og uventet, ønsker publikum å være med på spøken.» Ett år laget de spøken Gi Cards Against Humanity 5 dollar, hvor folk bokstavelig talt betalte dem fem dollar uten grunn. Fansen ville gjøre spøken morsommere ved å gjøre den vellykket. De fikk inn 70 000 dollar på én dag.

Denne bemerkelsesverdige tilliten de har til sine kunder var det som inspirerte avgjørelsen om å bruke en Creative Commons-lisens på spillet. Å tiltro kundene dine gjenbruk og remiksing av arbeidet ditt krever en porsjon tæl. Cards Against Humanity er åpenbart ikke redd for å gjøre det uventede, men det finnes grenser selv ikke de ønsker å krysse. Før de brukte lisensen, sier Max de var bekymret for at noen fans ville tilpasse spillet til å inkludere alle vitser de forsettlig aldri laget fordi de gikk over streken. «Det skjedde, og verden gikk ikke under», sa Max. «Hvis det er den verste kostnaden ved å bruke CC, ville jeg betalt dét hundre ganger, fordi det er så mange fordeler.»

Et vellykket produkt inspirerer sine største fans til å lage remikser av det, men ikke-sanksjonerte tilpasninger flyr sannsynligvis under radaren. Creative Commons-lisensen gir tilhengere av Cards Against Humanity frihet til å bruke spillet, og kopiere, tilpasse, og åpent reklamere for det de har laget. I dag finnes det tusenvis av utvidelser fra tilhengere av spillet.

Max sa, «CC var et åpenbart valg for oss fordi det får mest folk involvert. Å gjøre spillet gratis og tilgjengelig med en CC-lisens førte til den utrolige situasjonen der vi er en av de best markedsførte spillene i verden, og vi har aldri brukt en krone på markedsføring.»

Selvfølgelig er det grenser for hva firmaet tillater kundene sine å gjøre med spillet. De valgte lisensen Attribution-NonCommercial-ShareAlike fordi den nekter folk å tjene penger på spillet. Det krever også at tilpasninger av spillet gjøres tilgjengelig med de samme lisensvilkårene hvis de deles offentlig. Cards Against Humanity vokter også sitt varemerke. «Vi mener at vi er de eneste som kan bruke vår merkevare og vårt spill til å tjene penger», sa Max. Rundt 99,9 prosent av tiden sender de bare en e-post til dem som utnytter spillet kommersielt, og så stopper det der. Det har bare vært en håndfull tilfeller der de har måttet hyre advokat.

Akkurat som det er mer enn det åpenbare i forretningsmodellen til Cards Against Humanity, kan det samme sies om selve spillet. For å være spillbare må alle hvite kort kunne fungere sammen med nok svarte kort. De åtte skribentene legger ned en utrolig mengde arbeid i å skape nye kort til spillet. «Vi har dagelange diskusjoner om bruk av komma», sa Max. «Den tilbakelente tonen i kortene gir folk inntrykk av at det er enkelt å skrive dem, men det er faktisk mye arbeid og ordkløveri.»

Det betyr at å lage dem sammen med fansen deres, virkelig ikke virker. Selskapet har en innleveringsmulighet på hjemmesiden sin, og de får inn tusenvis av forslag, men det er sjelden at et innsendt kort kommer med. De åtte første forfatterne er og blir de viktigste bidragsytere til nye grupper tilleggskort, og andre nye produkter utgitt av selskapet. Interessant nok er kreativiteten i kundebasen deres egentlig bare en ressurs for selskapet, først når det opprinnelige arbeidet er ferdig og publisert, og idet folk lager sine egne tilpasninger til spillet.

På tross av all sin suksess, er de som lager Cards Against Humanity bare delvis motivert av penger. Max sier de alltid har vært interessert i Walt Disney sin filosofi om økonomisk suksess. «Vi lager ikke vitser og spill for å tjene penger – vi tjener penger slik at vi kan lage flere vitser og spill», sa han.

Selskapet har faktisk gitt mer enn fire millioner dollar til forskjellige veldedighetsorganisasjoner og formål. «Kort er ikke vår plan for livet», sa Max. «Vi har andre interesser og hobbyer. Vi er opptatt av andre ting som skjer i våre liv. Mye av aktivismen vi har deltatt i springer ut fra at vi bruker ting fra resten av livene våre og kanaliserer noe av spillets spenningen inn i det.»

Å se penger som drivstoff i stedet for det endelige målet, er det som har gjort dem i stand til, uten reservasjon, å favne om Creative Commons-lisensiering. CC-lisensiering endte opp som et forstandig markedsføringsgrep for selskapet, men likevel, å gi opp den eksklusive kontrollen over sitt arbeid betyr nødvendigvis å gi opp noe av mulighetene til å hente ut mer penger fra kunder.

«Det er ikke riktig for alle å legge ut alt med CC-lisens», sa Max. «Hvis du har som eneste mål å tjene masse penger, så er ikke CC beste strategi. Denne forretningsmodellen tilsvarer imidlertid med dine verdier, og hvem du er og hvorfor du lager ting.»

8. The Conversation

The Conversation er en uavhengig kilde for nyheter, hentet fra akademiske og forskningsamfunnet og levert direkte til publikum over Internett. Grunnlagt 2011 i Australia.

http://theconversation.com

Inntektsmodell: Betaling fra innholdsleverandørene (universiteter betaler kontingent for å ha sine fakulteter som forfattere), ekstern prosjektfinansiering

Dato for intervju: 4. februar 2016

Intervjuet: Andrew Jaspan, grunnlegger

Profilen skrevet av Paul Stacey

Andrew Jaspan tilbrakte flere år som redaktør for store aviser, inkludert The Observer i London, The Sunday Herald i Glasgow og The age i Melbourne, Australia. Han opplevde selv nedgangen for avisene, inkludert fallet i inntekter, og permitteringer, og konstant press for kostnadsreduksjon. Etter at han forlot The Age i 2005, forsvant ikke hans bekymring for fremtidens journalistikk. Andrew forpliktet seg til å koke opp en alternativ modell.

På det tidspunktet han forlot jobben som redaktør av Melbourne Age, undret Andrew seg på hvor borgerne ville få nyheter forankret i fakta og bevis snarere enn i mening eller ideologi. Han mente det fortsatt var etterspørsel etter journalistikk med dybde og substans, men var bekymret for økende fokus på det spekulative.

Mens han var i avisen «The Age», var han blitt venner med en prorektor ved et universitet i Melbourne, som oppmuntret ham til å snakke med gløgge folk på hele lærestedet – en astrofysiker, en nobelprisvinner, forskere fra geovitenskap, økonomer ... Disse var dyktige folk som han ønsket var mer involvert i å informere verden om hva som skjer, og rette feilene som dukker opp i media. De var imidlertid uvillige til å engasjere seg i massemedia. Ofte forsto ikke journalister hva de sa, eller valgte ensidig ut hvilket aspekt av en historie som ble fortalt, og publiserte en versjon som fagfolkene følte var feil eller feilkarakterisert. Aviser ønsker å tiltrekke seg et stort publikum. Forskere vil kommunisere seriøse nyheter, funn og innsikter. Det er ikke en perfekt overensstemmelse (match). Universiteter har massive lagre med kunnskap, forskning, visdom og ekspertise. Men mye av dette ligger bak en vegg de har laget selv – det er metaforene om en inngjerdet hage og elfenbenstårnet, og i mer bokstavelig forstand, betalingsveggen. Bredt sagt er universiteter en del av samfunnet, men frakoblet det. De er en enorm offentlig ressurs, men ikke så bra på å presentere sin kompetanse til det bredere publikum.

Andrew trodde han kunne hjelpe til med å koble akademikere til den offentlige arenaen igjen, og kanskje bidra til at samfunnet finner løsninger på større problemer. Han tenkte på å koble profesjonelle redaktører med universitet og forskere, til å arbeider én-til-én for å forbedre alt fra fortellingsstruktur til overskrift, bildetekster og sitater. Redaktørene kan bidra til å gjøre noe som er akademisk, til noe forståelig og lesbart. Dette ville vært en hovedforskjell fra tradisjonell journalistikk – emneeksperten ville fått en sjanse å se artikkelen, og gi den en endelig godkjenning før den blir publisert. Sammenlign dette med journalister som bare plukker og velger sitater, og skriver hva enn de måtte ønske.

De han snakket med likte denne idéen, og Andrew gikk i gang med å skaffe penger og støtte ved hjelp av Commonwealth Scientific og Industrial Research Organisation (CSIRO), University of Melbourne, Monash University, University of Technology Sydney, og University of Western Australia. Disse grunnleggende samarbeidspartnere så verdien av en uavhengig informasjonskanal som også ville bli et utstillingsvindu for talent og kunnskap i universitets- og forskningssektoren. Med deres hjelp, i 2011, ble Conversation lansert som en uavhengig nyhetsside i Australia. Alt som publiseres i Conversation lisensieres åpent med Creative Commons.

Conversation er grunnlagt på den oppfatning at forankringen av et fungerende demokrati er tilgang til uavhengig, informativ journalistikk med høy kvalitet. Conversations mål er at folk skal få en bedre forståelse av aktuelle saker og komplekse problemstillinger – og forhåpentligvis også høyne kvaliteten på den offentlige diskusjonen. Conversation ser seg selv som en kilde til pålitelig informasjon til vårt felles beste. Kjerneoppgaven deres er enkel: Å gi leserne en pålitelig kilde til bevisbasert informasjon.

Andrew jobbet hardt for å gjenoppfinne en metodikk for å lage pålitelig, troverdig innhold. Han innførte strenge nye arbeidsrutiner, prinsipper og koder for utføringen.[1] Disse inkluderer full åpenhet om hvem hver forfatter er (med sin relevante kompetanse); hvem som finansierer forskningen deres; og om det er noen potensielle eller faktiske interessekonflikter. Viktig er det også hvor innholdet kommer fra, og selv om det kommer fra universitets- og forskningssamfunnet, må det fremdeles være helt åpent. Conversation befinner seg ikke bak betalingsmur. Andrew tror at tilgang til informasjon er et likhetsspørsmål – alle skal ha tilgang, som tilgang til rent vann. Conversation er forpliktet til et åpent og gratis Internett. Alle bør ha gratis tilgang til innholdet deres, kunne dele det, eller publiserere det på nytt.

Creative Commons hjelper til med disse målene; artiklene publiseres med Attribution-NoDerivs-lisens (CC BY-ND). Det er fritt tilgjengelig for andre å viderepublisere et annet sted så lenge henvisning er gitt, og innholdet ikke er endret. I fem år har mer enn tjueto tusen nettsteder republisert innholdet. Conversations nettsted får om lag 2,9 millioner unike sidevisninger pr. måned, men gjennom viderepublisering har de trettifem millioner lesere. Dette kunne ikke blitt gjort uten Creative Commons-lisensen, og etter Andrews syn, er Creative Commons sentral i alt Conversation gjør.

Når leserne kommer over Conversation, virker det som om de liker det de finner, og anbefaler det til venner, kolleger, og sine nettverk. Leserskaren har primært vokst gjennom jungeltelegrafen. Selv om de ikke har salg og markedsføring, fremmer de sitt arbeid gjennom sosiale medier (inkludert Twitter og Facebook), og ved å være en akkreditert leverandør til Google News.

Det er vanlig for grunnleggerne av alle selskaper å spørre seg selv hva slags selskap det skal være. Det ble raskt klart for grunnleggerne av Conversation at de ønsket å opprette et offentlig gode

---

[1]http://theconversation.com/us/charter

i stedet for å tjene penger på informasjonen. De fleste medieselskaper arbeider med å samle så mange øyne som mulig for salg av annonser. Conversation-stifterne ønsket ikke den modellen. De har ingen reklame og er et ikke-for-profitt-foretagende.

I dag er det ulike utgaver av Conversation for Afrika, Storbritannia, Frankrike og USA, i tillegg til en for Australia. Alle fem versjonene har egne redaksjonelle kolofoner, eget rådgivende styre og eget innhold. Conversations globale virtuelle redaksjon har omtrent nitti ansatte som arbeider med trettifem tusen akademikere fra over seksten hundre universiteter over hele verden. Conversation ønsker å jobbe med universitetsforskere fra enda flere deler av verden.

I tillegg har hver utgave sitt eget sett av finansieringspartnere, strategiske partnere og finansielle bidragsytere. De har mottatt finansiering fra stiftelser, bedrifter, institusjoner og individuelle donasjoner, men Conversation beveger seg mot betalt medlemskap fra universiteter og forskningsinstitusjoner for å videreføre virksomheten. Dette ville sikre den nåværende tjenesten, og hjelpe til med å forbedre dekning og funksjoner.

Når forskere ved medlemsuniversiteter skriver en artikkel, så er det en viss bygging av universitetets varemerke knyttet til artikkelen. På nettsiden til Conversation, så står betalende medlemsuniversiteter oppført som «medlemmer og sponsorer». Tidlige deltagere presenteres som «stiftelsesmedlemmer», med plass i det redaksjonelle rådgivende styre.

Akademikere betales ikke for sine bidrag, men får fri redigeringsbistand fra en profesjonell (fire til fem timer i gjennomsnitt per stykke). De får også tilgang til et stort publikum. Hver forfatter og medlemsuniversitet har tilgang til en spesiell analyseoversikt der de kan se hvor langt en artikkel rekker ut. Beregningene omfatter hva folk kvitrer, kommentarene, landene lesekretsen representerer, hvor artikkelen er viderepublisert, og antall lesere per artikkel.

Conversation planlegger å utvide analyseverktøyet til å vise ikke bare spredning, men innvirkning. Dette sporer aktiviteter, atferd og hendelser som følge av publikasjonen, inkludert ting som at en fagperson blir bedt om å være med på en forestilling for å diskutere sitt bidrag, holde en tale på en konferanse, samarbeide, sende et bidrag til en journal og konsultere et selskap om et emne.

Disse gjennomslags- og rekkeviddeberegningene viser fordelene ved medlemskap. Med Conversation kan universiteter engasjere offentligheten, og vise at de er verdifulle.

Med sitt slagord, «Akademisk standhaftighet, journalistisk finesse», representerer Conversation en ny form for journalistikk som bidrar til bedre informerte borgere, og forbedret demokrati rundt om i verden. Dets åpne forretningsmodell og bruk av Creative Commons viser hvordan det er mulig å bygge opp både et offentlig gode, og skaffe operasjonelle inntekter samtidig.

9. Cory Doctorow

Cory Doctorow er en science fiction-forfatter, aktivist, blogger og journalist med base i USA.

`http://craphound.com` og `http://boingboing.net`

Inntektsmodell: Betaling for fysiske kopier (boksalg), betal-hva-du-vil, salg av rettigheter til bokoversettelser

Dato for intervju: 12. januar 2016

Profilen skrevet av Sarah Hinchliff Pearson

Cory Doctorow hater begrepet «forretningsmodell», og han er ubøyelig på at han ikke er en merkevare. «For meg er merkevarebygging idéen om at du kan ta en ting som har visse kvaliteter, fjerne kvalitetene og så gå i gang med å selge det», sa han. «Jeg holder ikke på for å prøve å finne ut hvordan man blir en merkevare. Jeg gjør det som egger meg i det å arbeide et utallig antall timer fordi det er det aller viktigste jeg vet hvordan skal gjøres.»

Cory kaller seg entreprenør. Han liker å si at hans suksess kom fra å gjøre ting folk tilfeldigvis liker, for så å ikke være i veien når de deler det.

Han er science fiction-forfatter, aktivist, blogger og journalist. Han begynte med sin første roman, Down and Out in the Magic Kingdom, i 2003, med sitt arbeid publisert med en Creative Commons-lisens. Cory er medredaktør av det populære CC-lisensierte nettstedet Boing Boing, der han skriver om teknologi, politikk, opphavsrett og programvarepatenter. Han har også skrevet flere sakprosabøker, inkludert den nyeste «Information Doesn't

Want to Be Free», om måtene innholdsprodusenter kan skaffe seg et levebrød i Internett-alderen.

Cory tjener primært penger ved å selge fysiske bøker, men han tar også betalt på foredragsarrangementer, og eksperimenterer med betal-hva-du-vil-modeller for sitt arbeid.

Mens Corys omfattende fiksjonsforfatterskap har en stor tilhengerskare, er han like godt kjent for sin aktivisme. Han er en frittalende motstander av at restriktiv opphavsretts- og digitale restriksjonsmekanismer (DRM-teknologi) brukes til å låse innhold, fordi han mener begge undergraver innholdsprodusenters- og offentlighetens interesser. Han er spesialrådgiver for Electronic Frontier Foundation, hvor han er involvert i en rettssak som utfordrer den amerikanske lovens beskyttelse av DRM. Cory sier at hans politiske arbeid ikke er direkte inntektsbringende, men hvis han ga det opp, tror han at han vil miste troverdighet, og enda viktigere, tape pågangsmotet som driver ham til å lage innhold. «Mitt politiske arbeid er et annet uttrykk for den samme kunstnerisk-politiske trangen», sa han. «Jeg mistenker at hvis jeg sluttet med tingene som ikke gir inntekter, ville oppriktigheten forsvinne fra det jeg gjør, og kvaliteten som gjør at folk liker det jeg gjør, ville bli borte.»

Cory har lykkes økonomisk, men penger er ikke hans viktigste motivasjon. I begynnelsen i boka «Information Doesn't Want to Be Free» understreker han hvor viktig det er å ikke bli kunstner, hvis målet ditt er å bli rik. «Å velge kunsten fordi du ønsker å bli rik er som å kjøpe lodd, fordi du vil bli rik», skrev han. «Det kan fungere, men det vil nesten helt sikkert ikke gjøre det. Men selvfølgelig, det er alltid noen som vinner på lodd.» Han erkjenner at han er en av de heldige få som «får det til», men han sier han vil skrive samme hva. «Jeg er nødt til å skrive», skrev han. «Lenge før jeg skrev for å få mat på bordet og tak over hodet, skrev jeg for å holde meg selv frisk.»

Akkurat som penger ikke er hovedmotivasjonen hans for å skape, er ikke penger hovedmotivasjonen hans for å dele. For Cory er å dele verkene sine med Creative Commons-lisens et moralsk imperativ. «Det føltes moralsk riktig», sa han om sin beslutning om å ta i bruk Creative Commons-lisenser. «Jeg følte at jeg ikke bidro til den overvåkningskulturen og sensuren som er laget for å prøve å stoppe kopieringen.» Med andre ord symboliserer bruken av CC-lisenser hans verdensbilde.

Han føler også at det finnes et solid kommersielt grunnlag for lisensiering av sine verk med Creative Commons. Selv om han erkjenner at han ikke har vært i stand til å gjøre et kontrollert eksperiment for å sammenligne de kommersielle fordelene ved lisensiering med CC opp mot å reservere alle rettigheter, så mener han at han har solgt flere bøker ved å bruke en CC-lisens enn han ville ha gjort uten. Cory sier at hans mål er å overbevise folk om at de skal betale ham for arbeidet hans. «Jeg startet med å ikke kalle dem tyver», sa han.

Cory startet bruken av CC-lisenser like etter at de ble formulert og publisert. Da hans første novelle kom ut, sa han at science fiction-sjangeren var misbrukt av folk som lastet ned og delte bøker uten lov. Da han i samråd med sin forlegger tok dem som gjorde dette på nett i nærmere øyesyn, skjønte de at det så mer ut som bokmarkedsføring. «Jeg visste at det var en symbiose mellom en entusiastisk leserskare og suksess som skribent», sa han. «På den tiden tok det åtti timer å gjøre en papirbok om til tekst igjen med (OCR – optical character recognition), noe som krever mye innsats. Jeg besluttet å spare dem tiden og energien, og gi ut boken min gratis i et format som var beregnet for spredning.»

Cory innrømmer at satsingen hans var ganske liten da han først tok i bruk Creative Commons-lisenser. Han måtte bare selge to tusen eksemplarer av boka si for å gå i null. Folk sa ofte at han kun var i stand til å nytte CC-lisensiering med hell på dette tidspunktet, fordi han var i startfasen. Nå sier de at det er som følge av hans etablerte forfatterskap.

"Faktum er", sier Cory, "at ingen har funnet en måte å hindre folk fra å kopiere ting de liker". Snarere enn å opptre naturstridig, gjør han sine verk delbare av natur. «Å ikke stå i veien for folk som vil dele sin kjærlighet til deg med andre mennesker høres opplagt ut, men det er oppsiktsvekkende mange som gjør det», sa han.

Ved å gjøre sitt arbeid tilgjengelig med CC-lisenser kan han se på sine mest ihuga tilhengere som sine ambassadører. «Å være åpen for tilhenger-aktivitet gjør deg til en del av samtalen om hva tilhengere gjør med dine verk, og hvordan de kommuniserer med det», sa han. Corys egen nettside framhever regelmessig kule ting hans publikum har gjort med verkene hans. Ulikt selskaper som Disney, som tenderer til å ikke ha direkte kontakt med sine tilhengeres aktiviteter, har han en nær sameksistens med sitt publikum.

«Å engasjerer publikumet ditt kan ikke garantere suksess», sa han. «Og Disney er et eksempel å merke seg, idet det tross alt er det mest vellykkede selskapet i den kreative industrien. Dog regner jeg med at sannsynligheten for å bli som Disney er heller liten, så jeg bør ta all den hjelp jeg kan få.»

Hans første bok ble publisert med den mest restriktive Creative Commons-lisensen, Attribution-NonCommercial-NoDerivs (CC BY-NC-ND). Den tillater kun helhetlig kopiering for ikke-kommersielle formål. Hans senere arbeider kom ut under Attribution-NonCommercial-ShareAlike-lisensen (CC BY-NC-SA), som gir folk retten til å endre hans arbeider for ikke-kommersielle formål, men bare hvis de deler på like lisensvilkår. Før han utgir sitt arbeid under en CC-lisens som tillater bearbeidelser, selger han alltid retten til å oversette boka til andre språk til en kommersiell forlegger først. Han ønsker å nå nye potensielle kjøpere i andre deler av verden, og tror det er vanskeligere å få folk til å betale for oversettelser hvis det allerede finnes uprofesjonelle oversettelser tilgjengelig gratis.

I sin bok «Information Doesn't Want to Be Free», sammenligner Cory sin filosofi med løvetannen. De produserer tusener av frø hver vår, og de blåses for alle vinder i alle retninger. Strategien er å maksimalisere antall tilfeldigheter som må på plass for at den skal kunne videreføre sin herkomst. Likeledes sier han at det finnes mange der ute som ønsker å kjøpe kreative arbeider, eller kompensere forfattere for dem, på en eller annen måte. «Desto flere steder dine verk kan finne sitt publikum, desto større er sjansen for at en potensiell kunde skal dukke opp», skrev han. «Kopiene andre lager av verkene mine koster meg ingenting, og gjør det mulig at jeg vil få noe tilbake.»

Bruken av CC-lisens på verkene sine øker sjansen for at de skal deles viden rundt om på nettet. Han unngår DRM (Digital rights management) – og er åpen på at han er mot praksisen – av lignende grunner. DRM binder et verk til én plattform. Denne digitale låsen medfører i sin tur at forfatterne mister kontroll over egne verk, og levner kontrollen til plattformen. Han kaller det Corys første lov: «Hver gang noen putter en lås på noe som tilhører deg, og ikke ønsker å gi deg nøkkelen, er den ikke der i hensikt å gagne deg».

Cory jobber med det utgangspunkt at kunstnere har gevinst av at det er flere, snarere enn færre, steder der verkene deres er tilgjengelig. Internett har åpnet opp disse mulighetene, men DRM er utformet for å begrense dem. «På den ene siden kan vi i god tro gjøre vårt arbeid tilgjengelig for et bredt publikum», sa han. «På den andre siden gjør formidlerne vi tradisjonelt har gått til det vanskeligere å unngå dem». Cory ser hele tiden etter måter å nå ut til sitt publikum uten å måtte stole på store plattformer som ønsker å ta over kontrollen over verkene hans.

Cory sier at hans nettbaserte e-boksalg har vært lavere enn sine konkurrenters, og han mener noe av det skriver seg til bruken av CC-lisensiering, idet det gjør arbeidene tilgjengelige gratis. Han tror dog at folk er villige til å betale for innhold de liker, selv når det er tilgjengelig gratis, så lenge det er enkelt å gjøre. Han traff helt blink i bruken av Humble Bundle, en plattform som tillater folk å betale det de vil, for DRM-frie versjoner av et knippe arbeider. Han planlegger å sette sitt eget betal-hva-du-vil -eksperiment ut i livet snart.

Tilhengere er i særdeleshet villig til å betale når de føler seg personlig knyttet til artisten. Cory arbeider hardt for å knytte slike personlige bånd. Én måte han gjør dette på er å personlig besvare hver eneste e-post han får. «Hvis du ser på historien til artister, vil du se at de fleste dør i elendighet», sier han. «Det betyr at vi artister selv må finne måter å forsørge oss på, når publikums smak tar en annen retning, når åndsverksrettigheter ikke lenger gir inntekter. Å sikre sin fremtidige artistiske karriére handler på mange måter om å holde kontakten med dem som har blitt rørt av dine verker.»

Corys realisme når det gjelder hvor vanskelig det er å leve av kunsten gjør seg ikke gjeldende som pessimisme når det gjelder internettalderen. Isteden sier han at det faktum at det er vanskelig å livnære seg som artist, ikke er noe nytt. «Det som er nytt», skriver han i sin bok, «er hvor mange måter det går an å lage ting på, og hvordan man får dem inn i andre folks sinn og hender».

Det har aldri vært lettere å rette tankene i løvetannens baner.

10. Figshare

Figshare er et selskap som er basert på fortjeneste, og tilbyr et online (nettbasert) oppbevaringssted der forskere kan bevare og dele resultatet av sin forskning, inkludert tall, datasett, bilder og videoer. Grunnlagt i 2011 i Storbritannia.

`http://figshare.com`

Inntektsmodell: Plattform som tilbyr betalte tjenester til innholdsleverandører

Dato for intervju: 28. januar 2016

Intervjuet: Mark Hahnel, grunnlegger

Profilen skrevet av Paul Stacey

Figshares mål er å endre den vitenskapelige publiseringens fremside gjennom forbedret formidling, gjenkjenning og gjenbruk av akademisk forskning. Figshare er et oppbevaringssted hvor brukere kan gjøre alle resultatene av sin forskning tilgjengelig — fra plakater og presentasjoner til datasett og kode — på en måte som er lett å oppdage, sitere og dele. Brukerne kan laste opp alle filformater, som deretter kan forhåndsvises i en nettleser. Forskningsresultater formidles på en måte som den gjeldende modellen for vitenskapelig disiplinpublisering ikke tillater.

Figshares grunnlegger, Mark Hahnel, får ofte spørsmål om hvordan han tjener penger? Hvordan vet vi at du er her om fem år? Kan du, som er for fortjeneste, være å stole på? Svarene har utviklet seg over tid.

Mark sporer opprinnelsen til Figshare tilbake til da han som student skulle ta sin Ph.D.-eksamen i stamcellebiologi. Hans forskning involverte å arbeide med videoer av stamceller i bevegelse. Men da han skulle publisere sin forskning, var det umulig for ham å også publisere videoer, figurer, diagrammer og datasett. Dette var frustrerende. Mark trodde at å publisere sin forskning fullstendig, ville føre til flere sitater, og være bedre for hans karriere.

Mark anser seg ikke som noen avansert programmerer. Beleilig nok hadde ting som skybasert regnekraft (databehandling) og wikier blitt allemannseie, og han trodde det ville vært mulig å putte sitt forskningsarbeid på nett, og dele det med alle. Dernest begynte han å arbeide med en løsning.

Det var to nøkkelbehov: Lisensene måtte gjøre dataene mulig å sitere, samt å gi dem varige identifikatorer – nettadresser som alltid peker tilbake til originalobjektet for å sikre at forskningen kan siteres på lang sikt.

Mark valgte digitale objektidentifikatorer (DOI-er) for å møte behovet for vedvarende identifikatorer. I DOI-systemet blir et objekts metadata lagret som en serie nummer i DOI-navnet. Å referere til et objekt ved sitt DOI er mer stabilt enn å bruke nettadressen, fordi plasseringen av et objekt (nettsiden eller -adressen) ofte kan endre seg. Mark gikk i partnerskap med DataCite for å tilby DOI-er for forskningsdata.

Når det gjelder lisenser, valgte Mark Creative Commons. Miljøene for åpen tilgang og tilsvarende forskning brukte allerede, og anbefalte Creative Commons. Basert på hva som skjedde i de kretsene, og Marks samtaler med sine fagfeller, gikk han for CC0 (tilsvarende offentlig eie) for datasett og CC BY (Attribution) for figurer, videoer og datasett.

Mark begynte å bruke DOI-er og Creative Commons for egen forskning. Han hadde en vitenskapsblogg der han skrev om det, og gjorde all dataen åpen. Folk startet å kommentere på bloggen hans at de ønsket å gjøre det samme. Så han åpnet det opp for dem også.

Folk likte grensesnittet og den enkle prosessen for å laste opp. Spørsmålene kom så om hvorvidt avhandlinger, prosjektfinansieringssøknader og kode kunne deles. Innlemming av kode bød på nye spørsmål vedrørende lisensiering, siden Creative Commons-lisensene ikke brukes for programvare. For å tillate deling av programvarekode brukte Mark MIT-lisensen, men GNU- og Apachelisenser kan også brukes.

Mark trengte investeringer for å gjøre dette til et skalerbart produkt. Etter noen mislykkede forsøk på å skaffe finansiering, viste britiske Digital Science interesse, men insisterte på en mer levedyktig forretningsmodell. Digital Science bidro med en innledende investering, før de sammen kom opp med en freemium-aktig forretningsmodell.

Under freemium-modellen laster akademikere gratis opp forskningen sin til Figshare for lagring og deling. Hvert forskningsobjekt er lisensiert med Creative Commons, og mottar en DOI-lenke (DOI: Digital object identifier). I premium-alternativet blir forskere krevet en avgift for gigabyte med privat lagringsplass, og for private nettsteder designet for et bestemt antall partnere i et forskningssamarbeid, som er ideelt for større grupper og geografisk spredte forskningsgrupper. Figshare oppsummerer sine verdimål for forskere som «Du beholder eierskapet. Du lisensierer det. Du krediteres. Vi sørger bare for at det varer».

Figshare ble lansert i januar 2012. (Fig i Figshare står for tall.) Ved å bruke investeringsfond fikk Mark til betydelige forbedringer i Figshare. For eksempel kan forskere raskt forhåndsvise forskningsfilene i en nettleser uten å laste dem ned først, eller forutsette en tredjeparts programvare. Journaler (tidsskrifter) som fortsatt i stor grad publiserte artikler som statiske ikke-interaktive PDF-filer, ble interessert i å få Figshare til å gi dem denne funksjonaliteten.

Figshare utvidet sin forretningmodell til å omfatte tjenester for tidsskrifter. Figshare begynte å leie ut plass til store datamengder tilknyttet tidsskriftenes nettartikler. Disse tilleggsdataene forbedret kvaliteten på artiklene. Å sette ut denne tjenesten til Figshare gjorde at utgiverne slapp å utvikle denne funksjonaliteten som en del av sin egen infrastruktur. Data som Figshare huser har også en lenke tilbake til artikkelen, noe som gir flere videreklikk og høyere lesertall – en fordel både for tidsskriftsutgivere og forskere. Figshare bidrar nå med infrastruktur til forskningsdata for en rekke utgivere medregnet Wiley, Springer Nature, PLOS, og Taylor og Francis, for å nevne noen, og har overbevist dem om å bruke Creative Commons-lisenser for dataene.

Regjeringer tildeler betydelige offentlige midler til forskning. Parallelt med lanseringen av Figshare begynte regjeringer over hele verden å be om at forskning de finansierer, er åpen og tilgjengelig. De påla forskere og akademiske institusjoner å administrere og spre sine forskningsresultater bedre. Institusjoner som vil overholde dette nye mandatet ble interessert i Figshare. Figshare har igjen diversifisert (spredt) sin forretningsmodell, og lagt til tjenester for institusjoner.

Figshare tilbyr nå en rekke avgiftsbaserte tjenester til institusjoner, inkludert sin egen miniutgave av Figshare for institusjoner (kalt Figshare for Institutions) som gir et sikkert rom for institusjonenes forskningsdata i skyen. Tjenestene inkluderer ikke utleie av plass, men databeregninger, dataformidling og administrasjon av brukergrupper. Figshares arbeidsflyt og tjenestene de tilbyr for institusjoner, tar hensyn til behovene til bibliotekarer og administratorer, samt av forskerne.

Som med forskere og utgivere, oppmuntret Figshare-institusjoner om å dele sin forskning med CC BY (Attribution) og data med CC0 (for offentligheten). Bidagsytere som forutsetter at forskere og institusjoner bruker åpen lisensiering, tror på sosialt ansvar og fordelene ved å gjøre forskning tilgjengelig for alle. Å publisere forskning på denne åpne måten er kommet til å bli kalt «open access», åpen adgang. Men ikke alle bidragsytere spesifiserer CC BY; noen institusjoner vil tilby forskere et valg, inkludert mindre liberale lisenser som CC BY-NC (Attribution-NonCommercial), CC BY-SA (Attribution-ShareAlike) eller CC BY-ND (Attribution-NoDerivs).

For Mark skapte dette en konflikt. På den ene siden er prinsippene og fordelene av åpen vitenskap i hjertet av Figshare, og Mark mener CC BY er den beste lisensen for dette. På den annen side sa institusjoner at de ikke ville bruke Figshare med mindre det tilbys et utvalg av lisenser. Han nektet i utgangspunktet å tilby noe utover CC0 og CC BY, men etter å ha sett et CERN-prosjekt med åpen kildekode tilby alle Creative Commons-lisensene uten noen negative konsekvenser, bestemte han seg å følge etter.

Mark tenker på å lage en Figshare-studie, som sporer forskningsformidling med Creative Commons-lisens, og samle beregninger av visninger, referanser, og nedlastinger. Da kan du se hvilken lisens som genererer den største effekten. Hvis data viste at CC BY er mer slagkraftig, tror Mark at flere og flere forskere og institusjoner vil gjøre den til sin valgte lisens.

Figshare har et programmeringsgrensesnitt (API - Application

Programming Interface) som gjør det mulig å hente data fra Figshare, og bruke det i andre programmer. Som eksempel delte Mark et Figshare-datasett som viste publiseringsabonnementskostnader betalt av høyere utdanningsinstitusjoner i Storbritannia til ti store publiseringsforlag.[1] Figshare sitt API muliggjør bruk av den dataen i et program av en helt annen forsker, som konverterer dataen til en visuelt interessant graf, hvilket enhver seer kan endre ved å endre variablene.[2]

Gratisversjonen av Figshare har medført et fellesskap av akademikere, som ved jungeltelegrafen og presentasjoner har formidlet og spredt forståelse for Figshare. For å forsterke og belønne fellesskapet etablerte Figshare et Advisor-program (rådgiverprogram), gir dem som spredte Figshare med hettegensere og T-skjorter, tidlig tilgang til nye funksjoner, og reiseutgifter, når de innledet om programmet utenfor sitt område. Disse rådgiverne hjalp også Mark med hvilken lisens som var aktuell til programvarekoder, og om universiteter skulle tilbys muligheten til å bruke Creative Commons-lisenser.

Mark sier at suksessen handler delvis om å være på rett sted til rett tid. Han tror også at oppdelingen av Figshare sin modell over tid har vært nøkkelen til suksess. Figshare tilbyr nå et helhetlig tjenestetilbud til forskere, forleggere, og institusjoner.[3] Hvis han hadde begrenset seg til inntjening fra «premium»-abonnementer, tror han det ville blitt vanskelig for Figshare.Til å begynne med var deres hovedbrukere akademikere i starten og slutten av karrieren. Det har kun vært fordi kronerullerne krevde åpen lisensiering at Figshare nå brukes av allmenningen.

I dag har Figshare over 26 millioner sidevisninger, over 7.5 millioner nedlastninger, over 800 000 opplastninger fra brukere, over 2 millioner artikler, over 500 000 samlinger, og over 5000 prosjekter. 60 prosent av trafikken deres kommer fra Google. Et søsterselskap kalt Altmetric sporer bruken av Figshare av andre, inkludert Wikipedia og nyhetskilder.

Figshare bruker inntektene de genererer fra sine premium-abonnenter, tidsskriftsutgivere og institusjoner til å finansiere og

---

[1] http://figshare.com/articles/Journal_subscription_costs_FOIs_to_UK_universities/1186832

[2] http://retr0.shinyapps.io/journal_costs/?year=2014&inst=19,22,38,42,59,64,80,95,136

[3] http://figshare.com/features

utvide det de kan tilby til forskere gratis. Figshare har offentlig holdt seg til sine prinsipper, ved å holde den gratis tjenesten gratis, og kreve bruk av CC BY og CC0 fra begynnelsen. Fra Marks perspektiv er det derfor folk stoler på Figshare. Mark ser nye konkurrenter som vokser frem, og bare er der for pengenes skyld. Hvis Figshare bare var der for pengene, ville de ikke bry seg om å tilby en gratis versjon. Figshares prinsipper, og forsvar for åpenhet, er en viktig faktor. Ser en fremover, mener Mark at Figshare ikke bare er en støtte for åpen tilgang til forskning, men at den gjør folk i stand til å samarbeide og gjøre nye funn.

11. Figure.NZ

Figure.NZ er en veldedig bistandsorganisasjon som lager en nettbasert dataplattform myntet på å gjøre data gjenbrukbar og enkel å forstå seg på.

http://figure.nz

Inntektsmodell: Plattform som tilbyr betalte tjenester til skapere, bidragsytere, sponsing

Dato for intervju: 3. mai 2016

Intervjuet: Lillian Grace, grunnlegger

Profilen skrevet av Paul Stacey

I forskningsartikkelen «Harnessing the Economic and Social Power of Data», presentert på New Zealand Data Futures Forum i 2014,[1] sa Figure.NZ sin grunnlegger Lillian Grace at det er tusenvis av verdifulle og relevante datasett fritt tilgjengelige for oss akkurat nå, men de fleste bruker dem ikke. Hun tenkte gjerne at dette betydde at folk ikke bryr seg om å være informert, men etter hvert har hun kommet til at hun tok feil. Nesten alle ønsker å bli informert om saker som betyr noe – ikke bare for dem, men også for deres familier, deres lokalsamfunn, deres virksomheter og landet deres. Men det er stor forskjell mellom tilgangen og tilgjengeligheten på informasjon. Data er spredt over tusenvis av nettsteder, og ligger i databaser og regneark som det krever både tid og dyktighet å sette seg inn i. For å bruke data når det skal tas en beslutning

---

[1] http://www.nzdatafutures.org.nz/sites/default/files/NZDFF_harness-the-power.pdf

må du vite hvilket spesifikt spørsmål du skal stille, identifisere en kilde som har samlet inn dataene, og håndtere komplekse verktøy for å trekke ut og vise frem informasjonen i datasettet. Lillian etablerte Figure.NZ for å gjøre data virkelig tilgjengelig for alle, med spesielt fokus på New Zealand.

Lillian fikk idéen til Figure.NZ i februar 2012 mens hun jobbet for New Zealand Institute, en tenketank opptatt av økt økonomisk velstand, sosial velferd, miljøkvalitet og miljøproduktivitet for New Zealand og for nyzealendere. Når hun holdt foredrag i lokalsamfunn og for næringsdrivende, innså Lillian at «hvert eneste tema vi tok opp ville vært lettere å håndtere, hvis flere hadde forstått de bakenforliggende fakta». For å kunne forstå grunnleggende fakta kreves dog noen ganger data og forskning man gjerne må betale for.

Lillian begynte å forestille seg et nettsted som løftet frem data til visuell form som kunne lett forstås, og som var fritt tilgjengelig. Det ble innledningsvis lansert som Wiki New Zealand, da den opprinnelige idéen var at folk kunne bidra med sine data og bilder via en wiki. Men få personer hadde grafer som kunne brukes og deles, og det var ingen standarder eller sammenheng mellom dataene og det visuelle. Da Lillian innså at wiki-modellen ikke fungerte, tok hun prosessen med data aggregering, konservering og visuell presentasjon hjem, og investerte i teknologien for å automatisere noe av det. Wiki New Zealand ble Figure.NZ, og innsatsen ble snudd mot å gi tjenester til dem som ønsker å åpne sine data, og presentere dem visuelt.

Hvordan fungerer det? Figure.NZ datakilder fra andre organisasjoner, inkludert bedrifter, offentlige dataarkiv, etater og akademikere. Figure.NZ importerer og ekstraherer data, og deretter validerer og standardiserer det – med et klart øye for hva som vil være best for brukere. Deretter gjør de data tilgjengelige med en rekke standardiserte skjemaer, lesbare både for mennesker og maskiner, og med innholdsinformasjon om kildene, lisensene og typer data. Figure.NZ har et diagramdesignverktøy som lager enkel strek-, linje-, og område-grafikk fra en hvilken som helst datakilde. Grafene posteres til Figure.NZ sitt nettområde, og de kan også eksporteres i en rekke formater for utskrift eller til Internett-bruk. Figure.NZ gjør sine data og grafer tilgjengelige med navngivelseslisens (CC BY). Dette gjør at andre kan bruke, endre, remikse og distribuere Figure.NZ-data og -grafer så lenge de henviser til den opprinnelige kilden og Figure.NZ.

Lillian karakteriserer avgjørelsen om å bruke Creative Commons som et naivt hell. Det ble først anbefalt henne av en kollega. Lillian brukte tid til å se på hva Creative Commons tilbyr, og syntes det så bra ut, var klart, og appellerte til sunn fornuft. Det var lett å bruke, og enkelt for andre å forstå. Over tid har hun innsett hvor heldig og viktig denne beslutningen viste seg å bli. New Zealands regjeringen har en åpen tilgang og et lisensieringsrammeverk kalt NZGOAL, som gir veiledning for etater og organer når de legger ut opphavsrettsbeskyttet og ikke-opphavsrettsbeskyttet arbeid og materiale.[2] Målet er å standardisere lisensiering av arbeid regjeringen har opphavsrett til, og hvordan det kan gjenbrukes igjen, og det gjør den med Creative Commons-lisenser. Som et resultat er 98 prosent av alle forvaltningsorganers data Creative Commons-lisensiert, noe som passer fint til Figure.NZs beslutning.

Lillian mener gjeldende idéer om hva som er en bedrift er relativt nye, bare hundre år eller så. Hun er overbevist om at 20 år fra nå, vil vi se nye og ulike modeller for forretningsforetak. Figure.NZ er definert som en veldedig stiftelse. Den er formålsdrevet, men bestreber seg også å betale folk godt, og tenke som en bedrift. Lillian ser veldedig status som grunnleggende forutsetning for hensikten og formålet med Figure.NZ. Hun tror Wikipedia ikke ville fungert hvis det skulle drives for fortjenesten, og tilsvarende, Figure.NZs ideelle status sikrer at folk som har data, og folk som ønsker å bruke dem, at de kan stole på motivene til Figure.NZ. Folk ser dem som vokter og pålitelig kilde.

Selv om Figure.NZ er en sosial geskjeft hvis data og diagrammer er lisensiert gratis i allmennhetens tjeneste, har de gjort seg flid i å ikke bli ansett som en gratistjeneste viden rundt. Lillian tror hundrevis av millioner dollar brukes av myndigheter og organisasjoner for å samle data. Imidlertid blir veldig lite penger brukt på å gjøre den tilgjengelig, forståelig og nyttig i beslutningsøyemed. Myndigheter bruker noe av dataen for å forme praksis, Lillian tror dog om dette at det er nyttet i for liten grad, og at den potensielle verdien er mye høyere. Figure.NZ fokuserer på å løse dette problemet. De tror at en andel av pengene avsatt til innsamling

---

²http://www.ict.govt.nz/guidance-and-resources/open-government/
new-zealand-government-open-access-and-licensing-nzgoal-framework/

av data, bør gå til det formål å gjøre den nyttig og verdiskapende. Hvis myndighetene ønsker borgernes forståelse for hvorfor gitte beslutninger tas, og bli mer oppmerksomme på hva de driver med, hvorfor ikke forvandle innsamlet data til forståelig grafikk? Det kan sågar være en måte for myndighetene, eller enhver organisasjon, å finne sin posisjon i markedet, gjøre seg forskjellig, og knytte sin merkevare til det hele.

Figure.NZ bruker mye tid på å forsøke å forstå motivasjonen til de som samler inn data, og for å identifisere kanalene der de kan gi verdi. Hver eneste del av forretningsmodellen har vært fokusert på hvem som kommer til å få verdi fra dataene og de visuelle fremstillingene.

Økonomisk sett arbeider Figure.NZ flere veier. De gir kommersielle tjenester til organisasjoner som vil gjøre sine data offentlig tilgjengelig , ved bruk av Figure.NZ som publiseringsplattform. Folk som ønsker å publisere åpent, setter pris på Figure.NZs evne til å gjøre det raskere, enklere, og bedre enn de kan selv. Kunder oppfordres til å hjelpe sine brukere med å finne, bruke og gjøre ting med dataene som tilgjengeliggjøres på Figure.NZs nettsted. Kundene kontrollerer hva som blir lagt ut, og lisensbetingelsene (selv om Figure.NZ anbefaler Creative Commons-lisensen). Figure.NZ betjener også brukere som ønsker en bestemt ansamling diagrammer som er opprettet, for eksempel til deres hjemmeside eller årsrapport. Å ta betaling av organisasjoner som vil gjøre sine data tilgjengelige, gjør det mulig for Figure.NZ å gjøre sitt nettsted gratis for alle brukere, og virkelig demokratisere data.

Lillian bemerker at dagens status for de fleste data er forferdelig, og ikke godt forstått av folkene som sitter på dem. Dette gjør det noen ganger vanskelig for kunder og Figure.NZ å skjønne hva det koster å importere, standardisere og vise frem dataene på en formålstjenlig måte. For å hanskes med dette bruker Figure.NZ «høytillitskontrakter», der kunder avser en viss del av budsjettet sitt til oppgaven som Figure.NZ så fritt disponerer, så lenge de rapporterer flittig om hva de har produsert, slik at kunden ser nytteverdien. Strategien har hjulpet til med å bygge tillit og åpenhet om hvilke ressurser som må til for å gjennomføre arbeid som aldri har blitt gjort før.

Et annet forretningsområde for Figure.NZ er det Figure.NZ kaller partnere. ASB BANK og Statistics New Zealand er partnere som støtter det Figure.NZ gjør. Som ett eksempel kan det nevnes at deres støtte har gjort Figure.NZ i stand til å opprette Business Figures, en spesiell måte for selskaper å finne nyttige data uten å måtte vite hvilke spørsmål de skal stille.[3]

Figure.NZ har også faste bidragsytere.[4] De donerer til formål de bryr seg om, noe som gjør Figure.NZ direkte i stand til å samle data på akkurat disse områdene. Givere har ikke innvirkning på hva som tas med eller ekskluderes.

Figure.NZ godtar også filantropiske donasjoner, som brukes til å tilby mer innhold, gjøre mer bruk av teknologi, forbedre tjenester, eller hvis mål er å byttehandle støttefunksjoner. Som en veldedig operasjon, er donasjoner skattefritatt.

Figure.NZ har fått ny form og størrelse med tiden. Med datainnsamling og utrenskning av data, i visuell tjeneste, alt innomhus, har man utviklet dyptgående ekspertise i å standardisere tilfeldige datastiler, for å gjøre dem nyttige. Lillian skjønte at Figure.NZ enkelt kunne bli et varehus for sytti mennesker som gjør data. Hun synes vekst ikke nødvendigvis er bra. Størrelse går ofte ut over effektivitet. Lillian setter kunstige begrensninger for vekst, tvinger organisasjonen til å tenke annerledes, og bli mer effektiv. Snarere enn vekst innomhus, vokser de og bygger opp eksterne tilknytninger.

Nettsiden til Figure.NZ viser grafikk og data fra en rekke kategorier, inkludert kriminalitet, økonomi, utdanning, sysselsetting, energi, miljø, helse, informasjon og kommunikasjonsteknologi, industri, turisme og mange andre. En søkefunksjon hjelper brukere å finne tabeller og grafer. Figure.NZ utøver ikke analyse eller tolkning av data eller bilder. Deres mål er å lære folk å tenke, ikke å tenke for dem. Figure.NZ ønsker å skape intuitive opplevelser, ikke brukermanualer.

Figure.NZ mener at data og bilder skal være nyttige. De gir sine kunder en mal for samling av data, og lærer dem hvorfor det er viktig, og hvordan den brukes. De har begynt å legge mer vekt på å spore hva brukerne av deres nettsted vil. De får også forespørsler fra sosiale medier og via e-post om å dele data om et bestemt emne, for eksempel «kan du dele dataene for vannkvalitet»? Hvis de har data, reagerer de raskt; hvis ikke, prøver de å identifisere organi-

---

[3]http://figure.nz/business/
[4]http://figure.nz/patrons/

sasjonene som kan ha dem, og bygger en bro slik at dataene kan legges inn på Figure.NZ sitt nettsted. Samlet sett søker Figure.NZ å være et sted for folk der de kan være nysgjerrige, og ha tilgang til å tolke data om emnene de er interessert i.

Lillian har en grundig og kløktig visjon for Figure.NZ som langt overgår det å bare sørge for åpne datatjenester. Hun sier ting er annerledes nå. «Vi pleide å leve i en verden hvor det var veldig vanskelig å nå ut med informasjon. I den verdenen lå de beste framtidsutsiktene i å ha gode ledere som ved å ha tilgang til informasjon kunne treffe beslutninger på vegne av andre, om det så var på vegne av et land eller selskaper.»

«Men nå lever vi i en verden der det er enkelt å dele informasjon og kommunisere viden rundt. Fremtiden vi går i møte i den verdenen vi er i nå, er best tjent med at alle kan ta gode beslutninger basert på god informasjon».

«Bruk av tall og data til å fatte gode beslutninger basert på god informasjon er et av områdene der manglene er størst. Vi bruker virkelig ikke tall som en del av vår tenkning og forståelse ennå».

«En del av årsaken er at dataene er spredt på hundrevis av steder. I tillegg, for det meste, er dyp tenkning basert på data forbeholdt eksperter, fordi folk flest ikke har dataanalyseferdigheter. Det var en gang en tid da mange innbyggere i samfunnet ikke kunne lese eller skrive. Men som samfunn, er vi nå kommet dit hen at lese- og skriveferdigheter bør være allemannseie. Vi har ennå ikke adoptert en lignende forutsetning for tall og ferdigheter vedrørende dataanalyse. Vi tror fortsatt at kun noen få spesialutdannede mennesker kan analysere og tenke med tall.»

«Figure.NZ er muligens den første organisasjonen som hevder at alle kan bruke tall i sin tenkning, og har bygget en teknologisk plattform på tillit og et nettverk av relasjoner for muliggjøring av dette. Det som er å se på Figure.NZ er titusenvis av grafer, kart og data.»

«Figure.NZ ser dette som et slags nytt alfabet som kan hjelpe folk å analysere det de ser rundt seg. En måte å bli reflektert og informert om samfunnet. Et middel til å delta i samtaler som former beslutningsprosesser som overskrider personlig erfaring. Den langsiktige verdien og effekten lar seg vanskelig måle, men målet er å hjelpe borgeres forståelse og få dem til å samarbeide på mer opplyste måter for å forme fremtiden.»

Lillian ser at Figure.NZs modell har et globalt potensiale. Men foreløpig er fokusen deres å få Figure.NZs til å fungere i New Zealand, og få «nettverkseffekten» til å rulle - at brukere dramatisk øker egen og andres nytteverdi gjennom sin bruk av tjenesten. Creative Commons er i kjernen av det som gjør denne nettverkseffekten mulig.

12. Knowledge Unlatched

Knowledge Unlatched er et veldedig samfunnsinteresse-selskap som bringer biblioteker sammen for å finansiere utgivelser av bøker med åpen tilgang. Grunnlagt 2012 i Storbritannia.

http://knowledgeunlatched.org

Inntektsmodell: Folkefinansiering (spesialisert)

Dato for intervju: 26. februar 2016

Intervjuet: Frances Pinter, grunnlegger

Profilen skrevet av Paul Stacey

Seriegründer dr. Frances Pinter har vært helt i front når det gjelder nyskapning i forlagsbransjen i nesten førti år. Hun grunnla det britiske Knowledge Unlatched som hadde som mål å gi åpen tilgang til vitenskapelige bøker. Slik Frances ser det, fungerer ikke dagens system for publisering av vitenskaplige bøker for alle, og spesielt ikke når det gjelder monografier i humaniora og samfunns-vitenskap. Knowledge Unlatched har bestemt seg for å endre dette, og har arbeidet sammen med biblioteker for å skape en bærekraftig alternativ modell for publisering av vitenskapelige bøker, deling av kostnadene for monografier (utgitt med Creative Commons-lisens) og, på lang sikt, spare kostnader. Siden lanseringen, har Knowledge Unlatched mottatt flere priser, inkludert IFLA/Brill Open Access-prisen for 2014, og en Curtin University Commersial Innovation Award-pris for innovasjon i utdanning i 2015.

Dr. Pinter har tilhørt akademisk publisering i brorparten av sin karriere. Omtrent for ti år siden ble hun kjent med grunnleggeren av Creative Commons, (Lawrence Lessig,) og ble interessert i Creative Commons som verktøy for både å beskytte innhold på nettet, og spre det gratis til brukere.

Ikke lenge etter drev hun et prosjekt i Afrika som overbeviste utgivere i Uganda og Sør-Afrika om å legge noe av innholdet sitt på nettet gratis med en Creative Commons-lisens, for å se hva som skjedde. Salget gikk opp, ikke ned.

I 2008 valgte Bloomsbury Academic, et nytt forlag under Bloomsbury Publishing i Storbritannia, å la henne stå for oppstarten av dette forlaget i London. Som en del av lanseringen overbeviste Frances Bloomsbury om å differensiere ved å legge ut monografier gratis på nettet med en Creative Commons-lisens (BY-NC eller BY-NC-ND, dvs. Navngivelse-IkkeKommersiell eller Navngivelse-IkkeKommersiell-IngenBearbeidelser). (ND-lisensen har senere blitt trukket tilbake fra offisielt hold siden det ikke er en fri lisens, og effektivt sett gjorde begrepet "CC-lisens" fånyttes.) Dette ble sett på som risikabelt, ettersom den største kostnaden for utgivere er å få en bok frem til trykningsstadiet. Hvis alle kunne lese den elektroniske boken gratis, ville det ikke være salg av trykte bøker i det hele, og kostnadene forbundet med å få boken trykket går tapt. Overraskende nok fant Bloomsbury at salg av trykte versjoner av disse bøkene var 10 til 20 prosent høyere enn normalt. Frances fant det interessant at den gratis Creative Commons-lisensierte boken på nettet fungerer som et markedsføringsredskap for det trykte formatet.

Frances begynte å se på kundens interesse i tre former av boken: 1) Creative Commons-lisensierte gratis online-bok i PDF-skjemaet, 2) den trykte boken, og 3) en digital versjon av boken på en aggregator-plattform med forbedrede funksjoner. Hun tenkte på dette som «iskrem model»: gratis PDF var vaniljeiskrem, den trykte boken var en softis, og den forbedrede e-boken var en iskrem sundae.

Etter en stund, hadde Frances en åpenbaring: Hva hvis det var en måte å få biblioteker til å garantere for kostnadene ved å gjøre disse bøkene trykningsklare, altså dekke faste kostnader for å få frem den første digitale kopien? Så kan man enten få ned kostnadene for den trykte boken, eller gjøre en hel haug med interessante ting med den trykte boken og e-boken - kjeksisen eller iskuler med pynt.

Denne ideen likner betalingen for artikkelhåndteringen som tidsskifter med åpen publisering krever av forskere for å dekke publiseringskostnadene. Frances begynte å tenke på en koalisjon av biblioteker som betalte kostnadene frem til trykking – en «bokhåndteringsavgift» – og gi alle i verden en åpen publiseringsversjon av bøker utgitt med en Creative Commons-lisens.

Denne idéen tok virkelig tak i henne. Hun hadde egentlig ikke et navn for det, men begynte å snakke om det, og lage presentasjoner for å se om det var noe interesse. Jo mer hun snakket om det, jo mer ble folk enige om at det hadde appell. Hun tilbød en flaske champagne for alle som kunne komme opp med et godt navn for idéen. Hennes mann kom opp med Knowledge Unlatched, og etter to år for å opparbeide interesse, besluttet hun å gå videre og starte et «community interest company» (et engelsk begrep for non-profit samfunnsforetak) i 2012.

Hun beskriver forretningsmodellen i en artikkel med tittel Knowledge Unlatched: Toward an Open and Networked Future for Academic Publishing:

1. Utgivere tilbyr utgivelser for salg som avspeiler opprinnelige kostnader bare via Knowlegde Unlatched.

2. Frittstående bibliotek velger titler enten som individuelle titler eller som samlinger (slik de gjør fra bibliotekleverandører i dag).

3. Utvalgene deres blir sendt til Knowledge Unlatched der de titlene som kan kjøpes spesifiseres og prisene angis.

4. Prisen, kalt Title Fee (satt av utgivere og forhandlet frem av Knowlegde Unlatched), betales til utgivere for å dekke faste kostnader for å publisere hver av titlene som ble valgt av et minimumsantall biblioteker for å få dekket Title Fee-gebyret.

5. Forlagene gjør de utvalgte titler tilgjengelige med Open Access (med en åpen lisens som Creative Commons eller lignende), og får så utbetalt Title Fee-beløpet som er den summen som er innbetalt fra bibliotekene.

6. Forlag gjør trykte bøker, e-Pub og andre digitale versjoner av valgte titler tilgjengelig for medlemsbiblioteker til rabattert pris, noe som avspeiler deres bidrag til Title Fee, og ansporer til medlemskap.[1]

---

[1] http://www.pinter.org.uk/pdfs/Toward_an_Open.pdf

Første runde av denne modellen resulterte i en samling på 28 gjeldende titler fra tretten anerkjente vitenskapelige forlag. Målet var å få med to hundre bibliotek i samarbeidet. Kostnaden av pakken pr. bibliotek hadde et øvre tak på 1680 amerikanske dollar, som er en gjennomsnittspris på 60 dollar pr. bok, men til slutt var det nesten tre hundre bibliotek som delte på utgiftene, og pr. bok kom de ned i under 43 dollar pr. bok.

Creative Commons-versjoner av alle 28 bøker er fremdeles fritt tilgjengelig på nett.[2] De fleste bøker er lisensiert med CC BY-NC eller CC BY-NC-ND. Forfatterne har kopiretten, ikke forleggeren, og forhandler valg av lisens som del av publiseringsavtalen. Frances har merket seg at de fleste forfattere ønsker å beholde kontroll over kommersiell og videre bruk av deres arbeid. Forleggere lister opp bøkene i sine kataloger, og tillegg av ikke-kommersiell begrensning i Creative Commons-lisens betyr at forfatterne fortsetter å motta salær (royalty) for salg av fysiske kopier.

Det er tre kostnadsvariabler å ta høyde for i hver runde: Den sammenlagte kostnaden pålagt av forleggerne, total kostnad for ervervelse av alle bøkene for bibliotekene, og individuell pris pr. bok. Avgiften forleggerne tar for hver tittel er fast, og Knowledge Unlatched beregner totalbeløpet for alle bøkene samtidig. Kostnaden for én ordre for hvert bibliotek er satt «i verste fall», basert på et minimum av deltagende biblioteker. Kostnaden reduserer deretter for hvert ekstra bibliotek som deltar.

Den andre runden, som også har latt seg gjennomføre, åpnet tilgangen til 78 bøker fra 26 forleggere. I denne runden eksperimenterte Frances med størrelsen og formen på det som ble tilbudt. Bøker ble pakket i åtte pakker, delt inn pr. emne (inkludert antropologi, historie, litteratur, media og kommunikasjon, og politikk), på omkring 10 bøker pr. pakke. Tre hundre biblioteker verden over må forplikte seg til minst seks av åtte pakker for at det skulle bli åpen tilgang. Gjennomsnittskostnaden pr. bok var snaut 50 dollar. Denne prosessen for å gi åpen tilgang tok omtrent ti måneder. Det startet med en rekke telefonsamtaler til forleggerne for å få rede på titler, dernest forming av en ansvarsgruppe fra bibliotekhold for å velge titler, innhenting av forfattersamtykke, avtaleskriving med bibliotekene, tilhørende fakturering, og til sist, gjøre tilgjengelig.

---

[2] http://collections.knowledgeunlatched.org/collection-availability-1/

Mest langtekkelig var prosessen med å få bibliotekene til å sette til side og sende midler. Det tar omkring fem måneder, siden bibliotekets innkjøp er prisgitt innkjøpssykluser, budsjettrunder, og møtevirksomhet i bibliotekkomiteen.

Knowledge Unlatched informerer og rekrutterer biblioteker på sosiale media, e-postlister, listetjenere, og bibliotekforbund. Av de tre hundre bibliotekene som deltok i første runde, fant 80 prosent av dem veien til runde to, og det er anslagsvis 80 nye som deltar. Knowledge Unlatched arbeider ikke bare med enkeltstående biblioteker, men også konsortier, noe som har fått enda flere biblioteker med i laget.

Knowledge Unlatched utvider tilbudet, til 150 nye titler i andre halvdel av 2016. Tidligere innlemmelser er også med, og i 2017 vil journaler komme til også, med fri tilgang på alt.

De (Knowledge Unlatched) har aktivt valgt, som første boktype, å gjøre monografier tilgjengelig. Monografier er grunnleggende og viktige, men det er også vanskelig å fortsette i den lukkede standard publiseringsmodellen.

Kostnaden for utgiveren for ervervelse av første digitale kopi av en monografi er mellom 5000 dollar til 50 000 dollar. En god monografi beløper seg til mellom 10 000 til 15 000 dollar. Monografier selger vanligvis ikke mange eksemplarer. Hvis tallene i tidligere tider var 3000, kan man som motsats regne 300 i vår tid. Det gjør unnfanging, tilgjengeliggjøring, av monografier til lavrisikosport for forleggere. I første runde tok det fem måneder å få med tretten av dem, i andre runde gikk det ikke mer enn en måned for å få tjueseks.

Forfatterne tjener vanligvis ikke mye i godtgjørelse for bruk fra monografier. Royalty varierer fra ingenting, til 5 til 10 prosent av det som kommer inn. Verdien for forfatteren er oppmerksomheten de får. Når boken deres blir lest, øker omtalen. Åpen tilgang gjennom frikjøpsunnfangelse genererer mange flere nedlastinger og derfor mer oppmerksomhet. (På hjemmesiden til Knowledge Unlatched, finner du intervjuer med de tjueåtte forfatterne fra den første omgangen i beskrivelsen av erfaring og fordelene ved å delta.)[3]

Bibliotekenes budsjetter blir stadig presset, delvis på grunn av veksten i journalabonnementer. Selv uten budsjettbegrensninger,

---

[3] http://www.knowledgeunlatched.org/featured-authors-section/

beveger akademiske biblioteker seg vekk fra å kjøpe fysiske kopier. Katalogoppføringen i et akademisk bibliotek er vanligvis en lenke til dit boken måte ligge. Eller, hvis de har nok elektronisk lagringsplass, kan de laste ned den digitale filen til sin digitale kildebrønn. Bare som et neste alternativ vurderer de å anskaffe en trykt bok, og hvis de gjør det, kjøper de den separat fra den digitale versjonen.

Knowlegde Unlatched tilbyr biblioteker et overbevisende økonomisk argument. Mange av de deltakende bibliotekene ville ha kjøpt en kopi av monografien uansett, men istedenfor å betale 95 dollar for en trykket bok eller 150 dollar for en digital flerbrukskopi, betaler de 50 dollar for åpen tilgang. Det koster dem mindre, og det åpner boken ikke bare for de deltakende bibliotekene, men for hele verden.

Ikke bare er økonomien fornuftig, men det er helt på linje med bibliotekets oppgaver. De deltakende bibliotekene betaler mindre enn de ville ha gjort i den lukkede modellen, og boken med åpen tilgang er tilgjengelig for alle biblioteker. Mens dette betyr at biblioteker som ikke deltar kan bli sett på som gratispassasjerer i bibliotekverdenen, er velstående biblioteker vant til å betale mer enn fattigere biblioteker, og aksepterer at en del av pengene deres brukes til å støtte åpen tilgang. «Gratispassasjer» er mer som et samfunnsansvar. Ved utgangen av mars 2016 ble bøkene i førsterunden lastet ned nesten åtti tusen ganger i 175 land.

For utgivere, forfattere og bibliotekarer er Knowledge Unlatched-modellen for monografier en vinn-vinn-situasjon.

I første runde ble Knowledge Unlatcheds kostnader dekket av eksterne prosjektmidler. I andre runde tar de sikte på å vise at modellen er bærekraftig. Biblioteker og utgivere betale hver en serviceavgift på 7,5 prosent som går til Knowlegde Unlatcheds driftskostnader. Med planer om å utvide i senere omganger, regner Frances med at de kan få dekket kostnadene fullt ut når de frikjøper to hundre bøker om gangen. I fortsettelsen vil Knowledge Unlatched investere i teknologi og prosesser. Fremtidige planer inkluderer frikjøp av tidsskifter og eldre bøker.

Frances mener at Knowlegde Unlatched finner nye måter å sette pris på faglig innhold på. Det handler om å vurdere hvor mange mennesker som kan finne, få tilgang til og bruke innholdet uten at betaling kommer i veien. Knowledge Unlatched åpner nye muligheter og atferd i den digitale verden. I Knowlegde Unlatched-modellen er den innholdsskapende prosessen akkurat det samme som den alltid har vært, men økonomien er forskjellig. For Frances er Knowledge Unlatched knyttet til fortiden, men på vei inn i fremtiden, en utvikling snarere enn en revolusjon.

13. Lumen Learning

Lumen Learning, et kommersielt selskap rettet inn mot opplæring av utdanningsinstitusjoner i bruk av åpne pedagogiske ressurser (OER - open educational resources). Grunnlagt 2013 i USA.

http://lumenlearning.com

Inntektsmodell: Betaling for tilpassede tjenester, ekstern prosjektfinansiering

Dato for intervju: 21. desember 2015

Intervjuet: David Wiley og Kim Thanos, medgrunnleggere

Profilen skrevet av Paul Stacey

Etablert av den åpne utdanningsvisjonære dr. David Wiley og utdanningsteknologistrateg Kim Thanos, skal Lumen Learning forbedre studieresultater, bringe nye ideer til pedagogikken, samt gjøre utdanning rimeligere ved å tilrettelegge det å ta i bruk åpne pedagogiske ressurser. I 2012 slo David og Kim seg sammen om et ekstern prosjektfinansiert prosjekt kalt Kaleidoscope Open Course Initiative.[1] Det involverte en rekke helt åpne generelle utdanningskurs, fordelt på åtte videregående skoler, hovedsakelig med elever i risikosonen. Målet var å redusere lærebokskostnadene, og samarbeide for å forbedre kursene for å hjelpe elevene å lykkes. David og Kim overskred disse målene: Kostnaden for nødvendige lærebøker erstattet med OER, ble redusert til null dollar, og gjennomsnittlig

---

[1]http://lumenlearning.com/innovative-projects/

studentsuksess økte med fra 5 til 10 prosent, sammenlignet med tidligere år. Etter en ny runde med finansiering, deltok til sammen mer enn tjuefem institusjoner som alle nyttiggjorde seg av dette prosjektet. Det endret yrkesfremtiden for David og Kim å se den virkningen dette initiativet hadde for lavinntektselever. David og Kim søkte ytterligere finansiering fra Bill og Melinda Gates Foundation, som ba dem om å lage en plan for å utvikle sitt arbeid, slik at det ble økonomisk bærekraftig. Det ble da besluttet å opprette Lumen Learning.

David og Kim vekslet mellom hvorvidt dette skulle organiseres basert på nonprofit eller fortjeneste. Nonprofit ville gjøre det mer tilpasset utdanningssektoren, men betydde at de i tilfelle stadig måtte være på jakt etter penger, og søke tilskudd fra velgjørere. Slike donasjoner krever også at pengene brukes på bestemte måter for bestemte resultater. Hvis du lærer ting underveis som endrer forutsetningen for hvordan du tenker donasjonen skal brukes, er det ofte ikke mye fleksibilitet til å gjøre det.

Men bygd på fortjeneste, vil de måtte overbevise utdanningsinstitusjoner om å betale for hva Lumen hadde å tilby. På den positive siden ville de har mer kontroll over hva de skal gjøre med inntekter og investeringspenger; de kunne ta avgjørelser om å investere eller bruke dem på forskjellig måte basert på situasjonen og skiftende muligheter. Til slutt valgte de fortjenestemodellen, en annen modell og tilnærming til en økonomisk bærekraftig utvikling.

Helt fra starten posisjonerte David og Kim Lumen Learning som en måte å hjelpe institusjoner til å bruke åpne pedagogiske ressurser eller OER. OER er undervisning, læring og forskningsressurser, alle i forskjellige medier i det offentlige rom, eller er utgitt med en åpen lisens som tillater andres frie bruk og gjenbruk.

Opprinnelig inngikk Lumen egendefinerte kontrakter med hver institusjon. Dette var komplisert og utfordrende å administrere. Men gjennom denne prosessen oppsto det mønstre som tillot dem å skalere opp en rekke tilnærminger og tilbud. I dag tilpasser de ikke så mye som de pleide, og i stedet pleier de å jobbe med kunder som kan bruke hyllevaren deres. Lumen erfarer at institusjoner og lærere generelt er veldig flinke til å se verdien i det som Lumen bidrar med, og er villig til å betale for den. Å hjelpe vanskeligstilte elevgrupper har gjort Lumen veldig pragmatisk: De beskriver hva de tilbyr i kvantitative termer - med tall og fakta, og på en måte som er svært elev-fokusert. Lumens Learning hjelper høyskoler og universiteter –

- å erstatte dyre lærebøker i kurs med mange påmeldinger med OER;

- og fra første dag gi lærestedets studenter tilgang til Lumens helt tilpassbare OER kursmateriell gjennom institusjonens system for læringshåndtering;

- måle forbedringer i studentsuksess med beregninger som gjennomstrømning, utholdenhet, og kursfullførelse; og

- samarbeide med fakultetet for å gjøre kontinuerlige forbedringer i OER basert på kunnskap om studentens studiefremgang.

Lumen har utviklet en rekke åpne, Creative Commons-lisensierte kursopplegg for mer enn seksti fag. Alle kurs er fritt og offentlig tilgjengelig rett fra deres hjemmeside. De kan kopieres og brukes av andre så lenge de gir henvisning til Lumen Learning, og følger betingelsene i Creative Commons-lisensen.

Så finnes det også tre typer medfølgende tjenester som koster penger. Ett alternativ, som Lumen kaller Candela courseware, tilbyr å bli knyttet sammen med institusjonens læringsbehandligssystem, teknisk og pedagogisk støtte, og sporing av effektivitetsgrad. Candela courseware koster institusjonene ti dollar pr. deltagende student.

Et andre alternativ er Waymaker, som tilbyr tjenestene i Candela, men utvider med personaliserte læringsteknologier, som studieplaner, automatiserte meldinger, og vurderinger, og hjelper instruktører med å finne og støtte studentene som trenger det mest. Waymaker-utdanningsløp koster 25 dollar pr. deltagende student.

Den tredje forretningsførselen i emning er tilbud om støtte og veiledning for institusjoner og offentlige systemer som søker å utvikle fullstendige OER-grader. Ofte kalles de Z-grader, disse programmene som eliminerer læringsmiddelskostnader for studenter i alle tilknyttede (både påkrevde og valgfrie) fag som utgjør graden ved å erstatte kommersielle skolebøker og andre dyre ressurser med OER.

Lumen tjener penger ved å ta betalt for sine verdiøkende verktøy og tjenester på toppen av gratiskursene deres, akkurat som solenergiselskaper tilbyr verktøy og tjenester som hjelper folk å bruke en kilde som er gratis. Lumens forretningsmodell fokuserer på å få institusjonene til å betale, ikke studentene. Med prosjekter før Lumens tid, lærte David og Kim at studenter som har tilgang til alt skolemateriell fra dag én, lykkes bedre. Hvis studentene skulle ha betalt, ville Lumen måtte ha begrenset tilgangen. Helt fra starten var deres holdning at de ikke ville putte materialet bak en betalingsmur. Lumen investerer ingenting i teknologier og prosesser for å begrense tilgangen — ingen digitale rettighetsbegrensninger, ingen tidsbomber. Selv om dette har vært en utfordring fra et forretningsmessig perspektiv, har det, sett i forhold til fri tilgang, generert masse velvilje i samfunnet.

Som oftest finansieres utviklingen av fagene deres av læringsinstitusjonen Lumen har kontakt med. Ved konstruksjon av nye fag, jobber Lumen typisk med fakultetet som etter hvert vil stå for opplæringen i de nye kurset. De er ofte del av institusjonen som betaler Lumen, men noen ganger må Lumen utvide staben og kontakte fakultetet fra andre institusjoner. Først identifiserer fakultetet læringsverdien av faget. Lumen søker så opp, ordner og rensker den beste OER de kan finne i så henseende, som fakultetet så vurderer.

Noen ganger liker fakultetet den OER som finnes, men ikke presentasjonen av den. Den åpne lisensieringen lar Lumen plukke og velge blant bilder, videoer og andre medier for å tilpasse og skreddersy faget. Lumen lager nytt innhold for å dekke svakheter i det som finnes der allerede. Kartotekførsel av elementer og tilbakemelding for studenter om fremgangen er områder der innhold ofte må lages. Når et fag først er laget, putter Lumen det på sin plattform med alle henvisninger og lenker til opprinnelige kilder, og alt av Lumens innhold blir gitt en henvisning – Attribusjon (CC BY)-lisens.

Å kun bruke OER bidro til førstehåndserfaring med hvordan forskjellige lisenser fungerer sammen. En vanlig strategi med OER er å plassere Creative Commons-lisens og henvisningsinformasjon i nettsidens bunntekst, som er den samme på alle sider. Dette fungerer dog ikke helt ved sammenblanding av forskjellig OER.

Å remikse OER fører ofte med seg flere henvisninger, på hver side av hvert fag – tekst fra ett sted, bilder fra et annet, og videoer fra et tredje. Noen er lisensert som henvisning (CC BY) (Attribution (CC BY)), andre ting som Henvisning-På-Like-Vilkår (CC BY-SA) (Attribution-ShareAlike (CC BY-SA)) . Hvis informasjonen legges i selve fagteksten, finner man det fra fakultetshold ofte vanskelig å endre, og studentene ser på det som en distraksjon. Lumen har håndtert denne utfordringen ved å samle lisens og henvisninger som metadata, for å få det til å vises på slutten av hver side.

Lumens engasjement for åpen lisensiering og lavinntektsstudenter har ført til sterke relasjoner med institusjoner, åpenutdanningsentusiaster og donatorer. Personer i nettverket deres økte generøst Lumens synlighet ved presentasjoner, jungeltelegrafen, og anbefalinger. Noen ganger overstiger antall generelle henvendelser Lumens salgskapasitet.

For å styre etterspørselen og lykkes med prosjekter er strategien deres å være proaktiv og fokusere på hva som skjer i høyere utdanning i ulike regioner i USA, og følge med på hva som skjer på systemnivå, og som passer til hva Lumen kan tilby. Et godt eksempel er Virginias offentlige college-system, som bygger opp Z-grader. David og Kim sier det er ni andre amerikanske stater med lignende aktivitet på systemnivå, der Lumen satser strategisk med fokus på sin innsats. Der det er prosjekter som krever mange ressurser for Lumens del, prioriterer de dem som vil ha innvirkning på størst antall elever.

Som bedrift er Lumen forpliktet til åpenhet. Det er to hovedanliggender det ikke forhandles om: Lumens bruk av CC BY, den frieste av Creative Commons-lisensene, for alt materiale de lager; og tilgang fra første dag for elever. Å ha klare vilkår gjør det også mulig å samarbeide med utdanningssektoren for å løse andre utfordringer, og arbeide med institusjoner for å identifisere nye forretningsmodeller som realiserer institusjonens mål, mens bærekraften i Lumen beholdes.

Åpenhet betyr også at Lumens åpne undervisningsressurser (OER) nødvendigvis må være ikke-eksklusive og ikke-rivaliserende. Dette representerer flere store utfordringer for forretningsmodellen: Hvorfor skulle en investere i noe som folk ville være forbeholdne med å betale for? Hvordan sikrer man at investeringen i den mangfoldige utdanningssektoren lager i OER, ikke blir utnyttet? Lumen mener at vi alle trenger å være klar over hvordan vi drar nytte av, og bidrar til dette åpne samfunnet.

I OER-sektoren er det eksempler på organisasjoner, og til og med institusjoner, som fungerer som gratispassasjerer. Noen bare tar og bruker åpne ressurser uten å betale noe eller bidrar med noe tilbake. Andre gir tilbake minimumsbeløpet så de kan redde ansikt.

Bærekraft vil kreve at de som bruker åpne ressurser, gir tilbake et beløp som synes rimelig, eller til og med gir tilbake generøst.

Lumen sporer institusjoner som går inn og bruker det gratis innholdet. De kontakter disse institusjonene i forkant med et anslag over hvor mye elevene sparer, og oppmuntrer dem til å bytte til en betalt modell. Lumen forklarer fordelene med en betalt modell: Et mer interaktivt forhold til Lumen; integrasjon med institusjonens læringsplattform; garantert støtte for fakultet og studenter; og fremtidig bærekraft med finansiert støtte til utvikling og forbedring av den OER-en de bruker.

Lumen arbeider hardt for å være en god deltaker i OER-samfunnet. For David og Kim er en god deltaker en som gir mer enn man tar, legger til ting av unik verdi, og er veldig gjennomsiktig for hva de tar fra dette samfunnet, hva de gir tilbake, og hva de tar penger for. Lumen mener dette er byggesteinene i en bærekraftig modell, og tilstreber en riktig balanse av alle disse faktorene.

Lisensiering med CC BY av alt innholdet de produserer er en viktig del av å gi mer verdi enn de tar. De har også jobbet hardt for å finne den rette strukturen for deres verdiøkning, og hvordan de skal pakkes på en måte som er forståelig, og som kan gjentas.

I høstesemesteret 2016 hadde Lumen åttiseks ulike åpne kurs, samarbeid med nittito institusjoner, og hadde mer enn syttifem tusen elev- og student-påmeldinger. Lumen fikk tidlig oppstartsfinansiering fra Bill og Melinda Gates Foundation, Hewlett Foundation, og Shuttleworth Foundation. Siden da har Lumen også trukket til seg investorfinansiering. De siste tre årene har Lumen vært omtrent 60 prosent donasjonsfinansiert, 20 prosent med inntekter og 20 prosent finansiert av engelinvestorer. Fremover er strategien deres å erstatte donasjoner med inntekter.

Ved å lage Lumen Learning, sier David og Kim at de har landet på løsninger de aldri hadde forestilt seg, og det er fortsatt mye læring. For dem er åpne forretningsmodeller et voksende felt, der vi alle lærer gjennom deling. Deres viktigste anbefalinger for andre som ønsker å basere seg på åpne modeller, er å forplikte seg til å åpne ressursene offentlig, og la folk vite hvor du står, og ikke vike tilbake. Det er et spørsmål om tillit.

14. Jonathan Mann

Jonathan Mann er en sanger og låtskriver som er mest kjent som «en-sang-om-dagen»-fyren. Han holder til i USA.

http://jonathanmann.net og http://jonathanmann.bandcamp.com

Inntektsmodell: Betaling for tilpassede tjenester, Betal-hva-du-vil, folkefinansiering (abonnementsbasert), betaling for personlige versjoner (inntekter fra foredrag og musikalske opptredener)

Dato for intervju: 22. februar 2016

Profilen skrevet av Sarah Hinchliff Pearson

Jonathan Mann tenker på sin forretningsmodell som «luring» – å gripe nesten enhver anledning han ser for å tjene penger. Hoveddelen av inntekten hans kommer fra å skrive sanger på oppdrag for folk og bedrifter, men han har en rekke inntektskilder. Han har tilhengere på (den ufrie) folkefinansieringssiden Patreon. Han får annonseinntekter fra (de ufrie) tjenestene YouTube og Bandcamp, der han legger ut all sin musikk. Han får inntekter fra å holde foredrag om kreativitet og motivasjon. Han er blitt engasjert til større konferanser for å skrive sanger som oppsummerer hva innlederne har sagt i konferansens program.

Hans gründeregenskaper er kombinert med en vilje til å handle raskt. En perfekt illustrasjon på hans evne til å handle raskt kom i 2010 da han leste at Apple hadde en konferanse dagen etter for å rette opp i et rot knyttet til iPhone 4. Han besluttet å skrive og sende en sang om iPhone 4 den dagen, og dagen etter fikk han en telefon fra de PR-ansvarlige hos Apple som ville bruke og fremme hans video på Apple-konferansen. Sangen gikk viralt, og erfaringen ga ham oppslag i Time magazine.

Jonathans vellykkede «luring» handler også om god gammeldags utholdenhet. Han holder på i det åttende året på rad med å skrive en sang hver dag. Han holder Guinness verdensrekord for sammenhengende daglig låtskriving, og han er viden kjent som «en-sang-om-dagen»-fyren.

Han falt inn i denne rollen, helt naturlig, ved å gripe en tilfeldig mulighet en venn varslet ham om for syv år siden, en hendelse kalt Fun-A-Day (Moro-hver-dag), der folk forventes å skape et kunstverk hver dag i trettien dager i strekk. Han hadde behov for et nytt prosjekt, så han bestemte seg for å skrive og legge ut en sang hver dag. Han la til en videokomponent til sangene fordi han visste at det var mer sannsynlig at folk så på en video på nettet enn bare lyttet til lydfiler.

Han hadde en virkelig en god tid da han tok utfordringen med tretti-en-dager. Så han bestemte seg for å se om han kunne fortsette med det i ett år. Han har aldri stoppet. Han har skrevet og lagt ut en ny sang bokstavelig talt hver dag, syv dager i uken, siden han startet prosjektet i 2009. Når han ikke skriver sanger som oppdrag for klienter, skriver han sanger om hva han har i tankene den dagen. Sangene hans er fengende og mest muntre, men inneholder ofte minst en undertone av et dypere tema eller mening. Noen ganger er de svært personlige, som sangen han skrev sammen med den forrige kjæresten for å kunngjøre bruddet. Regn eller solskinn, syk eller frisk, Jonathan skriver og legger ut en sang hver eneste dag. Hvis han er på et fly, eller ellers uten tilgang til Internett innen tidsfristen, forbereder han seg, og får noen andre til å legge ut sangen for ham.

Over tid ble en-sang-om-dagen-jobben grunnlaget for levebrødet hans. I begynnelsen tjente han pengene på to måter. Først ved å delta på et bredt spekter av konkurranser, og vinne en håndfull. Dernest ved at sporadiske gikk sangene og videoene i varierende grad viralt, noe som sørget for flere seere ,og igjen til flere mennesker som ønsket at han skulle skrive sanger for dem. I dag tjener han mesteparten av pengene sine på den måten.

Hans nettsted forklarer hans opptreden som «å ta ethvert budskap fra superenkelt til det helt kompliserte, og formidle budskapet til en dyptfølt, morsom og uvanlig sang». Han tar 500 dollar for å produsere en sang og 300 dollar for en akustisk sang. Han har vært leid inn for produktlanseringer, bryllup, konferanser og til og med oppstartskampanjer som den som finansierte produksjonen av denne boken.

Jonathan kan ikke huske når akkurat han først hørte om Creative Commons, men han begynte å bruke CC-lisenser til sine sanger og videoer så snart han oppdaget dette alternativet. «CC virker som et så åpenbart valg», sier Jonathan. «Jeg forstår ikke hvordan noe annet kunne være fornuftig. Det virker så åpenbart at du skulle ønske at ditt arbeid skulle kunne deles.»

Sangene hans er i hovedsak markedsføring av tjenestene hans, og det er åpenbart at jo mere sangene spres, jo bedre. Å bruke CC-lisenser hjelper til med å smøre hjulene, lar folk få vite at Jonathan både tillater, og oppfordrer dem til å kopiere og samhandle med, og remikse musikk han lager. «Hvis du lar noen lage en coverlåt, remikse låten, eller bruke deler av låten, så er det akkurat slik musikk skal fungere», sier Jonathan. «Det er slik musikk har fungert helt fra starten. Vår meg-meg, min-min-kultur har undergravd det.»

Det er noen folk som lager sin egen variant av sangene hans ganske regelmessig, og han ville aldri be dem slutte med det. Men han innser at det er mye mer han kunne gjort for å bygge et fellesskap. «Det er jo godt kjent hvordan bygge sitt publikum på nettet, og generelt sett gjør jeg ingenting av dette», sa Jonathan.

Han har en fangruppe som han har kontakt med på Bandcamp, men det er ikke hans hovedfokus. «Jeg har et kjernepublikum som har hengt rundt veldig lenge, noen fra før jeg har laget en sang om dagen», sa han. «Det endrer seg også litt over tid, der noen kommer innom og får det de trenger, før de går videre.» Å fokusere mindre på å bygge et fellesskap enn andre artister er fornuftig, gitt at Jonathans primære inntektskilde er å skrive egendefinerte sanger for klienter.

Jonathan vet hva som er enkelt for ham, og utnytter disse ferdighetene. Ved å skrive nye låter hver dag, innså han at han hadde evner for å gjøre kompliserte temaer om til enkle begreper, og ta dem i bruk i musikk. I hans sang «Hvordan velge et hovedpassord» forklarte Jonathan prosessen med å lage et trygt passord i en dum, enkel sang. Han ble ansatt for å skrive sangen av en klient som ga ham et langt teknisk blogginnlegg der han kunne hente informasjon. Som en god (og sjelden) journalist oversatte han tekniske begreper til noe forståelig.

Når han har fått i oppdrag å skrive en sang for en klient, ber han dem først om å sende en liste med samtalepunkter og annen informasjon som de ønsker å ha med i sangen. Han legger alt dette inn i en tekstfil, og begynner å flytte rundt på ting, klippe og lime, til budskapet begynner å komme frem. Det første han prøver å få taket på er kjernen i budskapet og å utvikle refrenget. Så ser han etter koblinger eller deler som kan rime. Hele arbeidsprosessen ligner på god journalistikk, men sluttproduktet er selvfølgelig en sang og ikke nyheter. «Det er noe med å bli utfordret og tvunget til å ta informasjon som ikke ser ut som om den skal synges om, eller ser ut til å passe i en sang», sa han. «Jeg synes at denne kreative utfordringen er veldig tilfredsstillende. Jeg liker å fordype meg i den prosessen.»

Jonathan innrømmer at i en ideell verden ville han bare skrive musikken han ønsket å skrive, heller enn hva kunder ansetter ham for å skrive. Men hans forretningsmodell handler om å utnytte sin styrke som låtskriver, og han har funnet en måte å holde det interessant for seg selv.

Jonathan bruker nesten hver eneste mulighet han har til å tjene penger på kunsten sin, men han har grenser han ikke vil overskride. Han vil ikke skrive sanger om ting han fundamentalt ikke tror på, og det prinsippet har til tider ført til at han har avslått jobber. Han vil heller ikke gå for langt fra sin naturlige stil. «Min stil er tullete, så jeg kan egentlig ikke hjelpe folk som ønsker noe superseriøst», sier Jonathan. «Jeg gjør det jeg gjør veldig lett, og det er en del av hvem jeg er». Jonathan har av samme grunn latt være å ta på seg å skrive reklamesnutter. Han er best på å bruke sin egen unike stil i stedet for å etterligne andres.

Jonathans forpliktelse til en-sang-om-dagen eksemplifiserer kraften i vanens makt og vedvarende pågangsmot. Etablert visdom om kreativ produktivitet, medregnet råd i bøker som bestselgeren The Creative Habit av Twyla Tharp, understreker rutinemessig hvor viktig ritual og handling er. Ingen planlegging kan erstatte verdien av enkel praksis og det å bare gjøre. Jonathan Manns arbeid er en levende legemliggjøring av disse prinsippene.

Når han snakker om sitt arbeid, snakker han om hvor mye en-sang-om-dagen-prosessen har endret ham. Mer enn å se et hvilket som helst arbeid som edelt, og bli sittende fast i å gjøre det perfekt, har han blitt komfortabel med bare å gjøre det. Hvis sangen i dag er en miss, kan morgendagens sang bli bedre.

Jonathan synes å ha inntatt denne mentaliteten om sin karrière på mer generelt plan. Han eksperimenterer stadig med måter å leve på, mens han deler sitt arbeid så mye som mulig, og ser hva som holder vann. Selv om han har prestasjoner han er stolt av, som å være i Guinness rekordbok, eller å ha fått sin sang brukt av Steve Jobs, sier han at han aldri føler seg virkelig vellykket.

«Suksess føles som om det er slutt», sa han. «Til en viss grad vil en kreativ person aldri noensinne føle seg helt fornøyd, fordi da vil så mye av det vedkommende driver med være borte.»

15. Noun-prosjektet

Noun-prosjektet er et kommersielt selskap som tilbyr en nettplattform som viser visuelle ikoner fra et globalt nettverk av designere. Stiftet i 2010 i USA.

http://thenounproject.com

Inntektsmodell: Betaling av et transaksjonsgebyr, betaling for tilpassede tjenester

Dato for intervju: 6. oktober 2015

Intervjuet: Edward Boatman, medgrunnlegger

Profilen skrevet av Paul Stacey

Noun-prosjektet oppretter og deler visuelt språk. Det er millioner som bruker symboler fra Noun-prosjektet til å forenkle kommunikasjon på tvers av grenser, språk og kulturer.

Den opprinnelige idéen til Noun-prosjektet fikk medgrunnlegger Edward Boatman da han var student på skolen for arkitekturdesign. Han hadde alltid laget mange skisser, og begynte å trekke på det som fascinerte ham som barn; som tog, redwood-trær (kjempesequoiatrær) og bulldosere. Han begynte å tenke på hvor flott det ville være om han hadde et enkelt bilde eller lite ikon for hvert enkelt objekt eller begrep i verden.

Når Edward dro til jobben i et arkitektfirma, måtte han lage en mengde presentasjonsoppsett for klienter. Men å finne høykvalitetskilder for symboler og ikoner var vanskelig. Han kunne ikke finne noe nettsted som kunne skaffe dem. Kanskje kunne hans idé om å lage et ikon-bibliotek faktisk hjelpe dem som var i lignende situasjoner.

Med sin partner, Sofya Polyakov, begynte han å samle symboler til et nettsted, og skrive en forretningsplan. Inspirasjonen kom fra boken «Professoren og galningen», som nedtegner bruken av folkefinansiering for å lage Oxford English Dictionary i 1870. Edward begynte å forestille seg folkefinansiering av ikoner og symboler fra frivillige designere over hele verden.

Så ble Edward permittert i nedgangstiden, noe som viste seg å være en viktig katalysator. Han bestemte seg å gi sin idé en sjanse, og i 2010 lanserte Edward og Sofya Noun-prosjektet med en Kickstarter-kampanje, den gang Kickstarter var i sin barndom.[1] De trodde det ville være en god måte å introdusere deres idé for det globale nettsamfunnet. Målet var å få inn 1 500 dollar, men på tjue dager de fikk over 14 000 dollar. Da skjønte de at idéen deres hadde potensiale til å bli noe mye større.

De laget en plattform der symboler og ikoner kan lastes opp, og Edward begynte å rekruttere talentfulle designere til å bidra med sine utforminger, en prosess som han beskriver som relativt lett å selge. Mange designere har gamle tegninger som bare samlet «digitalt støv» på harddiskene sine. Det er lett å overbevise designerne om endelig å dele dem med verden.

Noun-prosjektet har i dag om lag syv tusen designere fra hele verden. Men ikke alle innleveringer er tillatt. Noun-prosjektet har en kvalitetskontroll som betyr at bare de beste arbeidene blir en del av samlingen. De sørger for å gi oppmuntrende, konstruktive tilbakemeldinger når de avviser et arbeid, som bibeholder og bygger videre på forholdet de har med sitt globale fellesskap av designere.

Creative Commons er en integrert del i Noun-prosjektet sin forretningsmodell; denne beslutningen ble inspirert av Chris Andersons bok Free: The Future of Radical Price, som ga Edward idéen om at du kan bygge en forretningsmodell rundt gratis innhold.

Edward visste at han ønsket å tilby et gratis visuelt språk samtidig som det ble gitt noe beskyttelse og belønning for bidragsytere. Det er en spenning mellom disse to målene. For Edward bringer Creative Commons-lisensene denne idealismen og forretningsmu-

---

[1] http://www.kickstarter.com/projects/tnp/building-a-free-collection-of-our-worlds-visual-sy/description

ligheten elegant sammen. Han valgte Attribution (CC BY)-lisensen, som betyr at folk kan laste ned ikoner gratis, og endre dem, og også bruke dem kommersielt. Kravet om å henvise til den opprinnelige kreative personen sikrer at skaperen kan bygge et omdømme, og få global anerkjennelse for sitt arbeid. Hvis de bare vil tilby et ikon som folk kan bruke uten å gi noen kreditt for det, kan de bruke CC0 til å legge arbeidet ut i det offentlige rom.

Noun-prosjektets forretningsmodell og hvordan de får inntekter har utviklet seg veldig over tid. Deres opprinnelige plan var å selge T-skjorter med ikoner, som Edward i ettertid sier var en forferdelig idé. De fikk en masse e-post fra folk som sa de elsket ikonene, men som lurte på om de kunne betale et gebyr i stedet for å oppgi kilde. Reklamebyråer ønsket (blant andre) å holde markedsføring og presentasjonsmateriale rent og uten kildereferanse. «Det var da vi så lyset», sa Edward.

De spurte sitt globale nettverk av designere om de ville være åpne for å motta en beskjeden godtgjørelse i stedet for referanse. Designere så det som en vinn-vinn-situasjon. Idéen om at du kan tilby design gratis og ha et globalt publikum, og kanskje til og med tjene litt penger, var ganske spennende for de fleste designere.

Noun-prosjektet adopterte først en modell der å bruke et symbol uten å gi referanse ville koste 1,99 dollar per ikon. Modellens andre trinn er å legge til en abonnementskomponent, der det vil være en månedlig avgift opp til et visst antall ikoner - ti, femti, hundre eller fem hundre. Imidlertid likte ikke brukere disse skarpe telle-alternativene. De foretrakk å prøve ut mange lignende ikoner for å se hva som fungerte best før de til slutt velger den de ville bruke. Så Noun-prosjektet flyttet over til en ubegrenset modell, der brukerne har ubegrenset tilgang til hele biblioteket for en fast månedsavgift. Denne tjenesten kalles NounPro og koster 9,99 dollar per måned. Edward sier denne modellen fungerer bra: Bra for kunder, bra for skapere, og bra for plattformen.

Kundene begynte så å be om en maskinelt forståelig grense-snitt (API - Application Programming Interface), som ville la andre programmer få direkte tilgang til Noun-prosjektets ikoner og symboler. Edward visste at ikonene og symbolene ville være verdifulle i mange ulike sammenhenger, og at det var umulig på forhånd å vite hvilke, så de bygde et API med mye fleksibilitet. De visste at de fleste API-klientprogrammene ønsker å bruke ikonene uten navngiving, og API-et ble derfor bygget med mål om å ta betalt for bruk. Du kan gratis bruke det som kalles «Playgound API» for å teste hvordan det passer med det du skal bruke det til, men for å ta det i bruk i et produksjonsmiljø vil kreve kjøp av API Pro-utgaven.

Noun-prosjektet deler inntektene med sine internasjonale designere. For engangskjøp deles inntektene 70 prosent til designer og 30 prosent til Noun-prosjektet.

Inntektene fra premiumkjøp (abonnement og API-alternativene) deles litt annerledes. På slutten av hver måned, deles den totale inntekten fra abonnementer på Noun-prosjektets samlede antall nedlastinger, noe som gir en pris pr. nedlasting; - for eksempel kan det bli 0,13 dollar pr. nedlasting for denne måneden. For hver nedlasting deles inntektene 40 prosent til designer og 60 prosent til Noun-prosjektet. (For API-bruk er det pr. bruk, i stedet for pr. nedlasting.) Noun-prosjektets andel er høyere denne gangen, ettersom det stiller opp med en større andel av tjenesten til brukeren.

Noun-prosjektet prøver å være helt åpne om hvilken struktur godtgjøringen har.[2] De pleier å overkommunisere dette overfor innholdsleverandørene da tillitsbygging har høyeste prioritet.

For de fleste innholdsleverandører som bidrar til Noun-prosjektet er det ikke en fulltidsjobb, men noe som kommer i tillegg. Edward kategoriserer månedslønnen for leverandørene i tre hovedkategorier: Nok penger til å kjøpe øl, nok til å betale regningene, og de mest vellykkede av alle, nok til å betale husleien.

Noun-prosjektet lanserte nylig en ny app kalt Lingo. Designere kan bruke Lingo til å organisere ikke bare sine egne ikoner og symboler i Noun-prosjektet, men også sine egne bilder, illustrasjoner, brukergrensesnittutforminger, og så videre. Du bare drar visuelle elementer direkte inn i Lingo og lagrer dem. Lingo fungerer også for team slik at folk kan dele bilder med hverandre og søke gjennom sine kombinerte samlinger. Lingo er gratis til personlig bruk. I en pro-versjon for 9,99 dollar pr. måned kan du legge til gjester. En team-versjon til 49,95 dollar pr. måned lar opptil til tjuefem gruppemedlemmer samarbeide - og vise, bruke, redigere og legge til nye ressurser i andres samlinger. Og hvis du abonnerer på NounPro, kan du åpne Noun-prosjektet direkte fra Lingo.

Noun-prosjektet gir massevis av verdi bort gratis. En svært stor andel av deres omtrent en million medlemmer har en gratis kon-

---

[2]http://thenounproject.com/handbook/royalties/#getting_paid

to, men det er fortsatt mange betalte kontoer fra digital designere, reklame- og designbyråer, lærere og andre som trenger å kommunisere idéer visuelt.

For Edward er «å lage, dele og feire verdens visuelle språk» det viktigste ved hva de gjør; det er deres uttalte formål. Det skiller dem fra andre som tilbyr grafikk, ikoner eller bildesamling.

Noun-prosjektets designere er enige. Når det kartlegges hvorfor de deltar i Noun-prosjektet, rangerer designere sine grunner slik: 1) for å støtte Noun-prosjektets hovedoppgave, 2) for å fremme sin egen personlige merkevare, og 3) for å tjene penger. Det er påfallende å se at pengene kommer på tredjeplass og hovedoppgaven først. Hvis du ønsker å engasjere et globalt nettverk av bidragsytere, er det viktig å ha et oppdrag utover det å tjene penger.

Etter Edvards syn er Creative Commons sentral i deres hovedoppgave med å dele og gi sosial nytte. Å bruke Creative Commons gjør Noun-prosjektets oppdrag genuint, og innledningsvis genererte det mye trekkraft og troverdighet. CC kommer med et innebygd fellesskap med brukere og tilhengere.

Som Edward fortalte oss: «Undervurder ikke kraften i et engasjert fellesskap rundt produktet eller firmaet ditt. De vil kjempe for deg når du blir hengt ut i media. Hvis du velger å ta i bruk Creative Commons, så tar du første steg for å bygge et flott fellesskap og få kontakt med et virkelig fantastisk fellesskap som kommer med på kjøpet. Men du må fortsette å fremme dette fellesskapet med andre initiativer, og fortsette å gi det næring.»

Noun-prosjektet fremmer den andre motivasjonen til dem som laget det; å fremme en personlig merkevare – ved å koble hvert ikon og symbol til designerens navn og profilside. Hver profil viser hele samlingen deres. Brukerne kan også søke i ikonene etter designerens navn.

Noun-prosjektet bygger også fellesskap gjennom Iconathoner – hackathon/utviklersamlinger med fokus på ikoner.[3] I samarbeid med en sponsororganisasjon kommer Noun-prosjektet opp med et tema (f.eks. bærekraftig energi, matbank, gerilja-dyrking, menneskerettigheter) og en liste over ikoner som trengs. Designere blir så invitert til å lage ikoner på arrangementet, og resultatet gjøres om til vektortegninger og legges til Noun-prosjektet med

---

[3] http://thenounproject.com/handbook/royalties/#getting_paid

CC0-lisens slik at de kan brukes gratis av alle.

Å gi en gratis produktversjon som tilfredsstiller mange kunders behov, har faktisk gjort det mulig for Noun-prosjektet å bygge en betalt versjon med en serviceorientert modell. Noun-prosjektets suksess ligger i å skape tjenester og innhold som er en strategisk blanding av gratis og betalt,og samtidig være tro mot sitt oppdrag – å skape, dele og feire verdens visuelle språk. Å integrere Creative Commons i modellen har vært nøkkelen til å nå dette målet.

16. Open Data-instituttet

Open Data Institute er et uavhengig nonprofit foretak som kobler, utstyrer og inspirerer folk rundt om i verden til å innovere med data. Grunnlagt i 2012 i Storbritannia.

http://theodi.org

Inntektsmodell: Stipendier og offentlig finansiering, betaling for tilpassede tjenester, donasjoner

Intervjudato: 11. november 2015

Intervjuet: Jeni Tennison, teknisk direktør

Profilen skrevet av Paul Stacey

Det London-baserte Open Data Institute (ODI) ble etablert av Sir Tim Berners-Lee og Sir Nigel Shadbolt i 2012, og tilbyr datatrening, arrangementer, konsulenttjenester og forskning. For ODI er Creative Commons-lisenser sentrale både når de lager sin egen forretningsmodell og de kundene deres lager. CC BY (Attribution), CC BY-SA (Attribution-ShareAlike), og CC0 (plassert i det offentlige rom), alle har en avgjørende rolle i ODIs oppgave å hjelpe folk rundt om i verden å innovere med data.

Data underbygger planlegging og beslutningsprosesser på alle samfunnsområder. Værdata hjelper bønder til å å vite når de skal plante sine avlinger, flytidsdata fra flyselskaper hjelper oss å planlegge vår reise, data om lokale boliger informerer om byplanleggingen. Når disse dataene ikke bare er nøyaktige og i rett tid, men er åpne og tilgjengelige, åpnes nye muligheter. Åpne data kan være en ressurs for bedrifter til å bygge nye produkter og tjenester. De kan hjelpe regjeringer til å måle fremgang, forbedre effektiviteten og målrette investeringer. Det kan hjelpe borgere til å forbedre sine liv ved å bedre forstå hva som skjer rundt dem.

Open Data Institute sin forretningsplan for 2012 – 2017 starter med å beskrive visjonen om å etablere seg som et verdensledende senter, og å forske og være nyskapende med mulighetene som åpner seg med den britiske regjeringens åpne datapolitikk. (Regjeringen var en pioner i åpen politikk og åpne-data-initiativer.) Den fortsetter med å si at ODI vil –

- demonstrere den kommersielle verdien av åpne offentlige data, og hvordan åpen data-politikk berører dette;

- utvikle eksempler på de økonomiske fordelene – og forretningsmodeller for åpne data;

- hjelpe britiske bedrifter å bruke åpne data; og

- vise hvordan åpne data kan forbedre offentlige tjenester.[1]

ODI er veldig klar på hvordan de ønsker å lage åpne forretningsmodeller, og definere hva dette betyr. Jeni Tennison, ODIs tekniske direktør, sier det slik: «Det er et helt åpent økosystem — fri programvare, åpen regjering, åpen tilgang til forskning — og et helt økosystem av data. ODIs arbeid dekker begge, med vekten på der de overlapper — med åpen data». ODIs særlige fokus er å vise åpne datas potensiale til å gi inntekter.

Som et uavhengig ikkekommersielt foretak sikret ODI seg 10 millioner britiske pund over fem år fra den britiske regjeringen via Innovate UK, et byrå som fremmer innovasjon innen vitenskap og teknologi. Med denne finansiering må ODI sikre seg tilsvarende midler fra andre kilder, der noen ble oppnådd ved en investering fra Omidyar Network på 4,75 millioner dollar.

Jeni startet som utvikler og teknisk arkitekt for data.gov.uk, den britiske regjeringens banebrytende åpne-data-initiativ. Hun hjalp til med å gjøre datasett fra regjeringens avdelinger tilgjengelige som åpne data. Hun begynte i ODI i 2012 i oppstartfasen, som en av seks personer. Nå er det rundt seksti ansatte.

ODI bestreber seg på at halvdelen av det årlige budsjett skal komme fra UKs regjering og donasjoner fra Omidyar, og den andre

---

[1] http://e642e8368e3bf8d5526e-464b4b70b4554c1a79566214d402739e.r6.
cf3.rackcdn.com/odi-business-plan-may-release.pdf

halvdelen fra prosjekt-basert forskning og kommersielle oppdrag.
Etter Jenis syn, har denne balansen i inntektskilder gitt noe stabilitet, men den holder dem også motivert til å gå ut og generere
tilsvarende inntekter som svar på behov i markedet.

På den kommersielle siden genererer ODI inntekter ved medlemskap, opplæring og rådgivning.

Du kan delta i ODI som personlig eller kommersielt medlem. Individuelle medlemskap er betal-hva-du-kan, med alternativer fra £
1 til £ 100. Medlemmer mottar nyhetsbrev og relatert kommunikasjon, og rabatt på ODIs kurs og årssamling, og de kan vise et ODItilhengermerke på sin hjemmeside. Kommersielle medlemskap er
delt inn i to klasser: Små og mellomstore bedrifter og ideelle organisasjoner som betaler £ 720 pr. år, og selskaper og offentlige
organisasjoner som betaler £ 2200 året. Kommersielle medlemmer
har større muligheter til å koble seg til og samarbeide, utnytte fordelene med åpne data, og åpne opp for nye forretningsmuligheter.
(Alle medlemmer er listet på nettsiden deres.)[2]

ODI gir standardiserte opplæringskurs i åpne data der alle kan
melde seg på. Den opprinnelige idéen var å tilby et intensivt og
akademisk kurs i åpne data, men det ble raskt klart at det ikke var
noe marked for det. I stedet tilbød de fem dagers lange opplæringskurs som var tilgjengelig for alle, og som senere er redusert til tre
dager. Nå varer det mest populære kurset én dag. Kursavgiften, i
tillegg til tiden det tar, kan være en barriere for deltakelse. Jeni
sier: «De fleste av dem som har råd vet ikke at de trenger det. De
fleste som vet at de trenger det, har ikke råd». Offentlige organisasjoner gir noen ganger rabattkuponger til sine ansatte, slik at de
kan delta som en form for faglig utvikling.

ODI tilpasser opplæring for klienter også, som det er større
etterspørsel etter. Tilpasset opplæring oppstår vanligvis gjennom
et etablert forhold til en organisasjon. Treningsprogrammet er basert på en definisjon av åpen-datakunnskap som gjelder for organisasjonen, og ferdighetene som trengs av de øverste ledere, administrasjon og teknisk personale. Opplæringen har en tendens til å
generere stor interesse og engasjement.

Opplæring om åpne data er også en del av ODIS årssamling, der
foredrag og presentasjoner viser frem resultater fra ODI og medlemmer fra hele økosystemet. Billetter til arrangementet er offent-

---

[2] http://directory.theodi.org/members

lig tilgjengelig, og hundrevis av besøkende og organisasjoner er til stede og deltar. I 2014 var det fire tematiske spor (fagområder) og over 750 deltakere.

I tillegg til medlemskap og trening utfører ODI rådgiving og bistand med teknisk datastøtte, teknologiutvikling, endringsledelse, politikk og på andre områder. ODI har gitt råd til store kommersielle organisasjoner, små bedrifter og internasjonale myndigheter. I øyeblikket er fokus på regjeringen, men ODI arbeider med å skifte mer til kommersielle organisasjoner.

I kommersiell forstand syntes følgende verdistandpunkter å gi gjenklang:

- Data-drevet innsikt. Bedrifter trenger data utenfra for å få mer innsikt. Bedrifter kan generere verdi, og mer effektivt følge sine egne mål når de også åpner opp sine egne data. Store data er et hett tema.

- Åpen nyskapning. Mange store bedrifter er klar over at de ikke innoverer godt. En måte de kan skape noe nytt på er å åpne opp sine data. ODI oppmuntrer dem til å gjøre det, selv om det avdekker problemer og utfordringer. Nøkkelen er å invitere andre til å hjelpe, og samtidig opprettholde organisatorisk uavhengighet.

- Samfunnsansvar. Mens dette klinger for bedrifter, advarer ODI mot å ha det som den eneste grunnen for å gjøre data åpne. Hvis en virksomhet bare tenker åpne som en måte å være gjennomsiktig og ansvarlig på, kan de gå glipp av effektivitet og muligheter.

I sine første år ønsket ODI å fokusere utelukkende på Storbritannia. Men i sitt første år ønsket store delegasjoner med besøkende myndigheter, fra over 50 land, å lære mer om den britiske regjeringens åpen-datapraksis, og hvordan ODI mente denne kunne omdannes til økonomiske verdier. De ble leid inn som en tjenesteleverandør for internasjonale organisasjoner, som førte til behovet om å sette opp internasjonale ODI-«avleggere».

Noder er linsensiering av ODI regionalt eller på bynivå. Arrangert av eksisterende (for-fortjeneste eller ideelle) organisasjoner, opererer de lokalt, men er en del av det globale nettverket. Hver ODI-node vedtar et charter, et sett med styrende prinsipper og regler som ODI driver. De utvikler og leverer opplæring, kobler mennesker og virksomheter gjennom medlemskap og arrangementer, og kommuniserer åpen-datahistorier fra sin del av verden. Det er tjuesju ulike noder i nitten land. ODI-noder betaler en liten avgift for å være en del av nettverket, og bruke varemerket.

ODI driver også programmer for å bistå gründerforetak i Storbritannia og Europa for å utvikle bærekraftig virksomhet rundt åpne data, der de tilbyr veiledning, gir råd,opplæring, og til og med skaffer kontorlokaler. [3]

En stor del av ODIs forretningsmodell dreier seg om å bygge fellesskap. Medlemskap, opplæring, konferanser, konsulenttjenester, noder og oppstartsprogrammer oppretter et stadig voksende nettverk av åpne-databrukere og -ledere. (Faktisk har ODI selv noe som kalles Open Data Leaders Network.) For ODI er fellesskapet nøkkelen til suksess. De vier mye tid og krefter til å bygge det ut, ikke bare på Internett, men gjennom det som skjer ansikt til ansikt.

ODI har laget et nettbasert verktøy som organisasjoner kan bruke til å vurdere de juridiske, praktiske, tekniske og sosiale aspektene av deres åpne data. Hvis det er av høy kvalitet, kan organisasjonen oppnå ODIs Open Data Certificate, et globalt anerkjent merke som signaliserer at deres åpne data er nyttige, pålitelige, tilgjengelige, synlige og støttet.[4]

Atskilt fra kommersielle aktiviteter, genererer ODI finansiering med forskningsmidler. Forskning omfatter å dokumentere virkningen av åpne data, å utvikle åpne-dataverktøy og standarder, og hvordan du skalerer opp utplasseringen av åpne data.

Creative Commons 4.0-lisenser dekker databaserettigheter, og ODI anbefaler CC BY, CC BY-SA, og CC0 for datautgivelser. ODI oppfordrer utgivere av data å bruke Creative Commons-lisenser i stedet for å lage nye egne «åpne lisenser».

For ODI er åpenhet kjernen i det de gjør. De legger i tillegg ut med fri programvarelisens, programkoden til ethvert program de skriver, og publikasjoner og rapporter gis ut med CC BY eller CC BY-SA-lisenser. ODIs oppgave er å koble sammen og utstyre folk verden over slik at de kan skape noe nytt med data. Å spre historier, forskning, veiledning og kode med åpne lisenser er avgjørende for å klare den oppgaven. Det viser også at det er fullt mulig å generere bærekraftige inntektsstrømmer som ikke er avhengig av

---

[3]http://theodi.org/odi-startup-programme;   http://theodi.org/open-data-incubator-for-europe

[4]http://certificates.theodi.org

restriktiv lisensiering av innhold, data eller kode. Folk betaler for å få opplæring av ODI-eksperter, ikke for innholdet av opplæringen; folk betaler for råd ODI gir dem, ikke for metodikken de bruker. Å produsere åpent innhold, data og kildekode hjelper til med å etablere troverdighet, og fører videre til de betalte tjenestene som tilbys. Ifølge Jeni er «den største lærdommen vi har fått, er at det er fullt ut mulig å være åpen, få kunder og tjene penger».

For å tjene som bevis for en vellykket åpen forretningsmodell og avkastning på investeringer, har ODI et offentlig skjermbilde med nøkkelindikatorer for leveranse. Her er noen beregninger fra 27. April 2016:

- Totalsummen kontantinvesteringer åpnet opp som direkte investeringer i ODI, konkurransefinansiering, direkte kontrakter, partnerskap og inntekt som ODI-noder og ODI-oppstart har generert siden de ble med i ODI-programmet: £ 44,5 millioner (pund)

- Antall aktive medlemmer og noder over hele verden: 1350

- Totalt salg siden ODI startet: £ 7.44 millioner (pund)

- Totalt antall unike personer nådd siden ODI startet, personlig og på nettet: 2,2 millioner

- Totalt antall åpne datasertifikater opprettet: 151 000

- Totalt antall personer trent av ODI og nodene siden ODI startet: 5 080[5]

---

[5] http://dashboards.theodi.org/company/all

17. OpenDesk

Opendesk er et inntektsbasert selskap som tilbyr en nett-plattform som kobler sammen møbeldesignere verden over med kunder og lokale beslutningstakere som virke-liggjør designene. Grunnlagt i 2014 i Storbritannia.

http://www.opendesk.cc

Inntektsmodell: Betaling med et transaksjonsgebyr

Intervjudato: 4. november 2015

Intervjuet: Nick Ierodiaconou og Joni Steiner, med-grunnleggere

Profilen skrevet av Paul Stacey

Opendesk er en nettplattform som kobler møbeldesignere ver-den over ikke bare med kunder, men også med lokale registrerte produsenter som bringer designene til liv. Opendesk og designeren får en del av hvert salg fra produsentene.

Medgrunnlegger Nick Ierodiaconou og Joni Steiner studerte og arbeidet sammen som arkitekter. De laget også produkter. Den første klienten deres var Mint Digital, som var interessert i åpne lisenser. Nick og Joni utforsket digital fabrikasjon, og Mints inter-esse for åpen lisensiering fikk dem til å tenke på hvordan fripro-gramvareverden kan samhandle og anvendes for fysiske varer. De forsøkte å utforme noe for sin klient som også var reproduserbart. Som de sa, besluttet de å «tilby oppskriften, men ikke varene». De brukte fri programvare til utformingen, ga den en fri lisens, og fikk den produsert lokalt, nær klienten. Dette var starten på idéen om

Opendesk. Idéen til Wikihouse – et annet åpent prosjekt rettet mot tilgjengelig bolig for alle – startet som diskusjoner rundt det samme bordet. De to prosjektene gikk til slutt separate veier, Wikihouse ble ideell stiftelse, og Opendesk, et kommersielt selskap.

Da Nick og Joni startet arbeidet med å opprette Opendesk, var det mange spørsmål om distribuert produksjon hadde livets rett. Ingen gjorde det på en måte som engang var nær å være realistisk eller konkurransedyktig. Designfellesskapet hadde intensjonen, men å oppfylle denne visjonen var fortsatt langt unna.

Og nå vokser denne sektoren, og Nick og Joni er svært interessert i kommersialiseringsaspektene ved den. Som en del av å finne en forretningsmodell, begynte de å undersøke immaterielle rettigheter og alternativer for lisensiering. Det var et tornefullt område, spesielt for design. Akkurat hvilke deler av et design er det mulig å beskytte som åndsverk opphavsrettslig? Hva er patenterbart? Hvordan kan tillatelse for digital deling og distribusjon veies mot designerens ønske om å fortsatt beholde eierskap? Til slutt bestemte de at det ikke var nødvendig å gjenoppfinne hjulet, og avgjorde å bruke Creative Commons.

Da de utformet Opendesk-systemet, hadde de to mål. De ønsket at alle, hvor som helst i verden, skulle kunne laste ned design slik at det kunne gjøres lokalt, og de ønsket en levedyktig modell som var til fordel for designere når deres design ble solgt. Det viste seg innfløkt å etablere en forretningsmodell.

De brukte mye tankvirksomhet i tre retninger; potensialet for sosial deling, å tillate designere å velge sin lisens, og effekten disse valgene ville ha på forretningsmodellen.

I støtten for sosiale deling, argumenterte Opendesk aktivt for (men krever ikke) åpen lisensiering. Og Nick og Joni er bryr seg ikke om hvilken Creative Commons-lisens som brukes. Det er opp til designeren. De kan være proprietære eller valgt fra hele pakken med Creative Commons-lisenser, og selv bestemme seg for hvor åpen eller lukket de ønsker å være.

For det meste elsker designere tanken på å dele innhold. De forstår at du får positive tilbakemeldinger når du blir referert til, det Nick og Joni kalte «omdømme-glød». Og Opendesk gjør en fantastisk jobb med å profilere designere.[1]

Mens designere i hovedsak synes personlig deling er greit,

---

[1] http://www.opendesk.cc/designers

er det et problem at noen tar design og produksjon av møbler i bulk, mens designeren ikke sitter igjen med noen fordeler. Så de fleste Opendesk-designere velger Attribution-NonCommercial-lisensen (CC BY-NC).

Alle kan laste ned et design og lage produktet selv, forutsatt at det ikke er for kommersielt bruk, og det har vært mange nedlastinger. Eller brukere kan kjøpe produktet fra Opendesk, eller fra en registrert produsent i Opendesks nettverk, på forespørsel. Nettverket av Opendesks produsenter består for tiden av dem som benytter digital fabrikasjon med en datastyrt CNC-maskin (Computer Numeric Control) som lager former av treplater etter spesifikasjonene i designfilen.

Skapere drar nytte av å være en del av nettverket til Opendesk. Å lage møbler for lokale kunder er betalt arbeid, og Opendesk genererer oppdrag for dem. Joni sa: «Å finne et helt nettverk og et fellesskap av skapere var ganske enkelt fordi vi bygget en hjemmeside hvor folk kunne skrive inn hva de var i stand til å gjøre. Vi har virkelig hatt fremdrift ved å bygge fellesskapet ved å lære av skaperfellesskapet». Opendesk har nå samarbeid med hundrevis av skapere i land over hele verden.[2]

Produsentene er en viktig del av Opendesks forretningsmodell. Modellen deres bygger på sitater fra produsentene. Her er hvordan det vises på Opendesks nettsted:

Når kundene kjøper et Opendesk-produkt direkte fra en registrert produsent, betaler de:

- Produksjonskostnadene som angitt av produsenten (som dekker materiale og lønnskostnader slik at produktet kan bli produsert, og mulige ekstra monteringskostnader)

- en designavgift til designeren (en designavgift som betales til designeren hver gang designet deres brukes)

- en prosentsats avgift til Opendesk-plattformen (den støtter infrastrukturen og den kontinuerlige utviklingen av plattformen som trengs for å bygge ut markedsplassen vår)

- en prosentsats til kanalen der salget er gjort (for øyeblikket er dette Opendesk, men i fremtiden ønsker vi å åpne denne opp for tredjeparts selgere som kan selge Opendesk-

---

[2] http://www.opendesk.cc/open-making/makers/

produkter gjennom egne kanaler. Dette dekker salgs- og markedsføringsavgifter for den kanalen det gjelder)

- en lokal leveransekostand (levering er vanligvis belastet fra produsenten, men i noen tilfeller kan den bli betalt til en tredjepart som står for leveringen)

- kostnader for eventuelle tilleggstjenester kunden velger, som montering på stedet (tilleggstjenester er skjønnsmessige – i mange tilfeller vil produsentene gjerne ha med montering på stedet, og designere kan tilby skreddersydde designalternativer)

- lokale merverdiavgifter (avhengig av hvor kunden og produsenten er)[3]

De går så i detalj om hvordan produsentens tilbud settes sammen:

Når en kunde ønsker å kjøpe en Opendesk, får de et åpent oppsett av avgifter inkludert produksjonskostnadene, designgebyr, Opendesk-plattformavgift og kanalavgifter. Hvis en kunde velger å kjøpe ved å komme i direkte kontakt med en registrert lokal produsent som bruker en nedlastet Opendesk-fil, er produsenten ansvarlig for at designgebyret, Opendesks plattformavgift og kanalavgifter er inkludert i alle tilbud på salgstidspunktet. Prosentavgifter er alltid basert på de underliggende produksjonskostnadene, og er vanligvis fordelt som følger:

- produksjonskostnader: fabrikasjon, etterbehandling, og andre kostnader som angitt av produsenten (unntatt eventuelle tjenester som levering eller montering på stedet)

- designavgift: 8 prosent av produksjonskostnadene

- plattformavgift: 12 prosent av produksjonskostnadene

- kanalavgift: 18 prosent av produksjonskostnadene

- merverdiavgift (mva.): gjeldende (avhenger av produkt og hvor salget skjer)

Opendesk deler inntektene med fellesskapets designere. Ifølge Nick og Joni, er en typisk designeravgift på rundt 2,5 prosent, så Opendesks 8 prosent er mer generøs, og gir en høyere verdi til designeren.

---

[3]http://www.opendesk.cc/open-making/join

Opendesks nettsted har bakgrunnshistorier om designere og beslutningstakere. Denis Fuzii publiserte design for Valovi Chair fra sitt studio i São Paulo. Hans design er lastet ned over fem tusen ganger i nittifem land. I.J. CNC Services er Ian Jinks, en profesjonell produsent med base i Storbritannia. En stor andel av hans virksomhet kommer fra Opendesk.

For å administrere ressurser og forbli effektiv har Opendesk så langt fokusert på en svært smal nisje – hovedsakelig kontormøbler med en estetikk preget av enkelhet, og som bruker bare én type materiale og én produksjonsteknikk. Dette tillater dem å være mer strategiske, og gi mer forstyrrelse i markedet ved å få ting i salg raskt med konkurransedyktige priser. Det gjenspeiler også deres visjon om å skape reproduserbare og funksjonelle produkter .

På sin hjemmeside beskriver Opendesk hva de gjør som «åpen produksjon»: «Designere får en global distribusjonskanal. Produsenter får lønnsomme jobber og nye kunder. Du får designprodukter uten designerprislapp, et mer sosialt og miljøvennlig alternativ til masseproduksjon, og en rimelig måte å kjøpe skreddersydde produkter på».

Nick og Joni sier at kunder liker det faktum at møblene har et kjent opphav. Folk liker at møblene deres er designet av en viss internasjonal designer, men er laget av en produsent i lokalsamfunnet. Det er en fin historie å fortelle. Den skiller absolutt Opendesks møbler fra vanlige masseproduserte varer fra en butikk.

Nick og Joni har en fellesskapsbasert tilnærming til å definere og utvikle Opendesk, og forretningsmodellen for «åpen produksjon». De er de engasjerende strategene og utøverne som kjennetegner denne nye bevegelsen. De har et eget Open Making-nettsted, som omfatter et manifest, en feltveiledning og en invitasjon til å bli involvert i Open Making-fellesskapet.[4] Folk kan sende inn idéer og diskutere prinsipper og forretningspraksis de ønsker å se brukt.

Nick og Joni snakket mye med oss om åndsverk (Intellectual Property (IP)) og kommersialisering. Mange av designerne deres frykter tanken på at noen skulle ta en av deres design-filer, og lage og selge et uendelig antall møbler med den. Som en konsekvens, velger de fleste Opendesk-designere Attribution-NonCommercial lisensen (CC BY-NC).

---

⁴http://openmaking.is

Opendesk etablerte et sett av prinsipper for hva fellesskapet vurderer som kommersiell og ikke-kommersiell bruk. Deres hjemmeside fastslår:

Det er en utvetydig kommersiell bruk når noen:

- krever en avgift eller får en fortjeneste når man lager en Opendesk
- selger (eller baserer en kommersiell tjeneste på) en Opendesk

Det følger av dette at ikke-kommersiell bruk er når du lager et Opendesk-produkt selv, uten å få en kommersiell fordel eller en økonomisk kompensasjon. For eksempel kvalifiserer disse som ikke-kommersielle:

- du er en med din egen CNC-maskin, eller har tilgang til en delt CNC-maskin, og vil personlig kutte til og lage noen få møbler selv
- du er en student (eller lærer) og bruker design-filer til pedagogiske formål eller opplæring (og har ikke tenkt å selge de som blir laget)
- du jobber ideelt og får møbler skåret ut av frivillige, eller av ansatte i digitale verktøyrom, eller i åpne brukerrom

Hvorvidt folk teknisk sett gjør ting som impliserer immaterielle rettigheter, har Nick og Joni funnet at folk har en tendens til å etterkomme ønskene til skaperne basert på rettferdighetsfølelse. De har funnet ut at atferdsøkonomi kan erstatte noen av de vanskelige juridiske spørsmålene. I sin forretningsmodell prøver Nick og Joni å redusere fokuset på immaterielle rettigheter, og bygge en åpen forretningsmodell som fungerer for alle interessenter – designere, kanaler, produsenter og forbrukere. For dem ligger verdien Opendesk skaper i «åpenhet», ikke i immaterielle rettigheter.

Oppgaven til Opendesk er å relokalisere produksjonen, noe som endrer måten vi tenker på om hvordan varer blir laget. Kommersialisering er integrert i formålet deres, og de har startet beregningen av hvor vellykket det er, ved å spore hvor mange produsenter og designere som får inntektsgivende arbeid gjennom Opendesk.

Som en global plattform for å produsere lokalt, har Opendesks forretningsmodell vært bygd på ærlighet, åpenhet og inkludering. Som Nick og Joni beskriver det, legger de ut idéer som får trekkraft - og deretter stoler de på folk.

18. OpenStax

OpenStax er en ideell organisasjon som gir gratis, åpent lisensierte lærebøker for innledende collegekurs med mange innregistrerte, og Advanced Placement-kurs. Grunnlagt i 2012 i USA.

http://www.openstaxcollege.org

Inntjeningsmodell: Donasjonfinansiering, betaling for tilpassede tjenester, betaling for fysiske kopier (lærebok-salg)

Dato for intervju: 16. desember 2015

Intervjuet: David Harris, sjefsredaktør

Profilen skrevet av Paul Stacey

OpenStax er en fortsettelse på et program kalt Connexions, som ble startet i 1999 av dr. Richard Baraniuk, Victor E. Cameron-professor i elektonikk og datavitenskap ved Rice University i Houston, Texas. Frustrert av begrensningene til tradisjonelle lærebøker og kurs, ønsket dr. Baraniuk å gi forfattere og elever en måte å dele og fritt tilpasse pedagogisk materiell, det vil si kurs, bøker og rapporter. I dag er Connexions (nå kalt OpenStax CNX) et av verdens beste biblioteker med læremidler som kan tilpasses, alle lisensiert med Creative Commons og tilgjengelig for alle, hvor som helst, når som helst – gratis.

I 2008, i en topplederrolle på WebAssign mens han så på måter å redusere risikoen som fulgte med å stole på utgivere, begynte David Harris å undersøke åpne pedagogiske ressurser (OER), og oppdaget Connexions. Et og et halvt år senere mottok Connexions en donasjon for å øke bruken av OER slik at den kunne oppfylle behovene til elever som ikke hadde råd til lærebøker. David gikk om bord for på være spydspiss i dette arbeidet. Connexions ble Open-Stax CNX; oppgaven å lage åpne lærebøker ble OpenStax College, nå ganske enkelt kalt OpenStax.

David hadde med seg en dyp forståelse av den beste praksisen for å publisere, sammen med kompetanse om hvor utgivere var ineffektive. Etter Davids syn er fagfellevurdering og høye standarder for kvalitet, kritisk viktig om du enkelt vil skalere. Bøkene må ha en logisk innretning og rekkefølge, de må eksistere som en helhet og ikke som stykker, og de må være lett å finne. Arbeidsgruppehypotesen for lanseringen av OpenStax var å produsere en nøkkelferdig lærebok profesjonelt, ved å investere i innsats først, med en forventning om at dette ville føre til rask vekst gjennom enkel nedstrøms tilpasninger av fakulteter og studenter.

I 2012 ble OpenStax College lansert som et ideelt foretak med mål å produsere høy kvalitets, fagfellevurderte fullfarge lærebøker som skulle være tilgjengelig gratis for de ti mest benyttede collegekursene i landet. I dag nærmer det seg raskt dette antallet. Det finnes data som beviser suksessen til deres opprinnelige anslag for hvor mange studenter de kunne hjelpe, og hvor mye penger de kunne hjelpe til med å få spart.[1] Profesjonelt produsert innhold skalerer raskt. Alt uten at noen sto for salget!

OpenStax lærebøker er alle Attribution (CC BY)-lisensiert, og hver lærebok er tilgjengelig som PDF, e-bok, eller som websider. De som ønsker en fysisk kopi, kan kjøpe en til en overkommmelig pris. Gitt kostnaden for utdanning og studentbelåningen i Nord-Amerika, er lærebøker som er gratis eller meget rimelige svært attraktivt. OpenStax oppfordrer studenter til å snakke med sine professorer og bibliotekarer om disse lærebøker, og argumentere for at de blir brukt.

Lærere inviteres til å prøve ut ett enkelt kapittel fra en av lærebøkene med studentene. Hvis det går bra, blir de oppfordret til å ta i bruk hele boken. De kan bare lime inn en URL-adresse i deres kurspensum, for fri og ubegrenset tilgang. Med kopi av CC BY-lisensen, står lærerne fritt til å sløyfe kapitler, lage endringer, og

---

[1] http://news.rice.edu/files/2016/01/0119-OPENSTAX-2016Infographic-lg-1tahxiu.jpg

tilpasse hvilken som helst bok til deres behov.

Enhver lærer kan legge inn korrigeringer, foreslå eksempler på vanskelige begreper, eller bli frivillig som redaktør eller forfatter. Mange lærere vil også ønske supplerende materiale som kan følge med en lærebok. OpenStax gir også lysarkpresentasjoner, samlinger av tester, nøkler til svar, og så videre.

Institusjoner kan fremheves ved å tilby studentene en rimeligere utdanning gjennom bruk av OpenStax lærebøker: Det er til og med en lærebok-sparekalkulator som de kan bruke for å se hvor mye elevene ville spare. OpenStax holder en løpende liste over institusjoner som har tatt i bruk sine lærebøker.[2]

I motsetning til tradisjonelle utgiveres monolittiske tilnærming med å kontrollere immateriell eiendomsrett, distribusjon, og så mange andre aspekter, har OpenStax tatt i bruk en modell med åpen lisensiering, og stoler på et omfattende nettverk av samarbeidspartnere.

Up-front finansiering (forhåndsfinansiering) av en profesjonelt produsert nøkkelferdig fullfarge-lærebok er dyrt. For denne delen av modellen er OpenStax avhengig av filantropi. De har i utgangspunktet vært finansiert av stftelsene: Vilhelm og Flora Hewlett, av Laura og John Arnold, Bill og Melinda Gates, The 20 Million Minds, Maxfield, Calvin K. Kazanjian og Rice-universitetet. Utvikling av flere titler og dertil egnet teknologi vil trolig fortsatt komme til å kreve filantropisk investering.

Men pågående arbeid vil ikke lene seg på donasjoner, men i stedet på inntekter via et økosystem av over 40 partnere, der en partner tar kjerneinnhold fra OpenStax, og legger til funksjoner som den kan skape inntekter fra. For eksempel tar WebAssign, et online lekse- og vurderingverktøy, den fysiske boken og legger til algoritmegenererte fysikkproblemer med problemspesifikke tilbakemeldinger, detaljerte løsninger og opplæringstøtte. Mot et gebyr er WebAssigns ressurser tilgjengelige for studenter.

Et annet eksempel er Odigia, som har endret OpenStax-bøker til interaktive læringserfaringer, og laget flere verktøy for å måle og fremme studentengasjement. Odigia lisensierer sin læringsplattform til institusjoner. Partnere som Odigia og WebAssign gir en prosentandel av inntektene de tjener tilbake til OpenStax, som avgifter til å støtte Odigas formål. OpenStax har allerede publisert

[2]http://openstax.org/adopters

revisjoner av sine titler, slik som Introduction to Sociology 2e, der disse midlene er brukt.

Etter Davids syn tillater denne tilnærmingen at markedet kan operere med topp effektivitet. Openstaxs partnere trenger ikke å bekymre seg for å utvikle lærebokinnhold, for de frigjøres fra disse utviklingskostnadene ved å la dem fokusere på hva de gjør best. Med OpenStax-lærebøker gratis tilgjengelig, kan de tilby sine tjenester til lavere kostnad – ikke gratis, men sparer fortsatt studentene for utgifter. OpenStax har ikke bare fordeler ved å motta avgifter til støtte for sitt formål, men også ved gratis publisitet og markedsføring. OpenStax har ingen salgsorganisasjon; partnerne er der ute med sitt materiale som et utstillingsvindu.

Openstax sine kostnader for verving av én student er veldig lav, en brøkdel av hva tradisjonelle aktører i markedet møter. I år er Tyton Partners faktisk i gang med å vurdere kostnadene for salg av OER-er som OpenStax med partnere. David ser frem til å dele disse funnene med fellesskapet.

Mens OpenStax-bøker er tilgjengelig gratis på nettet, vil mange studenter fortsatt ønske en trykt utgave. Gjennom et partnerskap med et selskap som håndterer trykking og utsending, tilbyr OpenStax en komplett løsning som skalerer. OpenStax selger titusenvis av bøker på papir. Én OpenStax-lærebok i sosiologi koster rundt tjueåtte dollar, en brøkdel av hva sosiologilærebøker vanligvis koster. OpenStax holder prisene lave, men har som mål å ha en liten fortjeneste på hver solgte bok, som også bidrar til å finansiere den løpende driften.

Campusbaserte bokhandlere er del av OpenStax-løsningen. OpenStax samarbeider med NACSCORP (National Association of College Stores Corporation) om å gi ut versjoner av sine lærebøker til butikkene. Mens totalkostnadene for læreboka er betydelig mindre enn en tradisjonell lærebok, kan bokhandlere fortsatt få en fortjeneste på salg. Noen ganger bruker studenter det de sparer på en rimeligere bok til å kjøpe andre ting i bokhandelen. Og OpenStax prøver å bryte den dyre måten det er å ha et overdrevent omfang av returer - ved å ha en ingen-retur politikk. Dette fungerer bra, siden de trykte titlene deres tydeligvis selger ut nesten hundre prosent.

David tenker på OpenStax-modellen som «OER 2.0». Så hva er OER 1.0? Ser en historisk på OER, er mange OER-initiativ lokalt finansiert av institusjoner eller departementer. Etter Davids syn resulterer dette i innhold som har høy lokal verdi, men vedtas sjelden nasjonalt. Det er dermed vanskelig å kunne vise at investeringen betaler seg i løpet av rimelig tid.

OER 2.0 handler om at OER skal blir brukt og vedtatt på nasjonalt nivå helt fra starten. Dette krever en større investering i forkant, men lønner seg gjennom bredere geografisk spredning. OER 2.0-prosessen for OpenStax omfatter to utviklingsmodeller. Først er hva David kaller anskaffelsen av modellen, der OpenStax kjøper rettigheter fra utgiver eller forfatter for en allerede publisert bok, og foretar en bred revisjon av den. OpenStax fysikk-lærebok, for eksempel, ble lisensiert fra forfatter etter at utgiveren ga tilbake rettighetene til forfatterne. Den andre modellen er å utvikle en bok fra bunnen av, et godt eksempel er deres biologibok.

Prosessen er lik for begge modeller. Først ser de på omfanget og sekvensen til eksisterende lærebøker. De stiller spørsmål som hva kunden trenger? Hvor har studenter utfordringer? Så identifiserer de potensielle forfattere, og har en grundig evaluering — bare én av ti forfattere slipper gjennom. OpenStax setter sammen et team av forfattere som kommer sammen for å utvikle en mal for et kapittel, og sammen skrive det første utkastet (eller reviderer det, i oppkjøpsmodellen). (OpenStax lager ikke bøker med bare en enkelt forfatter, ettersom David sier at en da risikerer at prosjektet går lenger enn planlagt.) Utkastet er fagfellevurdert med ikke mindre enn tre vurderinger av hvert kapittel. Et utkast nummer to blir laget, med kunstnere som lager illustrasjoner og bilder sammen med teksten. Boken blir deretter redigert for å sikre at den er grammatisk korrekt og med samme stemme. Til slutt går den i produksjon og gjennom en endelig korrekturlesing. Hele prosessen er svært tidkrevende.

Alle involverte i denne prosessen får betalt. OpenStax stoler ikke på frivillige. Forfattere, korrekturlesere, illustratører og redaktører får alle betalt et forskuddshonorar. OpenStax bruker ikke en royalty-modell. En bestselgende forfatter kan tjene mer penger med den tradisjonelle publiseringsmodellen, men det gjelder kanskje bare 5 prosent av alle forfattere. Fra Davids perspektiv, tjener 95 prosent av alle forfattere bedre med OER 2.0-modellen, da det ikke er noen risiko for dem da pengene er forhåndsbetalt.

David tenker på Attribution-lisensen (CC BY) som «nyskapningslisensen». Den er kjernen i formålet med OpenStax, å la folk bruke lærebøkene deres på nyskapende måter uten å måtte be om tillatelse. Det frigjør hele markedet, og har vært sentral for at OpenStax skulle kunne få partnere. Det gjøres mye tilpassing av materialet til OpenStax. Ved å åpne for friksjonsfri remiksing gir CC BY lærere kontroll og akademisk frihet.

Å bruke CC er også et godt eksempel på strategier som tradisjonelle utgivere ikke kan bruke. Tradisjonelle utgivere må stole på opphavsretten for å hindre kopiering, og investere tungt i å følge opp digitale rettigheter for å sikre at bøkene deres ikke blir delt. Ved hjelp av CC BY unngår OpenStax å måtte håndtere digitale rettigheter og medfølgende kostnader. OpenStax-bøker kan kopieres og deles igjen og igjen. CC BY endrer betingelsene og utnytter ineffektiviteten i det tradisjonelle markedet.

Pr. 16. september 2016 kan OpenStax vise endel imponerende resultater. Her fra OpenStax-faktablad (OpenStax at a Glance fact sheet) i den seneste presseinformasjonen:

- Bøker publisert: 23

- Studenter som har brukt OpenStax: 1,6 millioner

- Penger spart for studenter: 155 millioner dollar

- Penger spart for studenter i studieåret 2016/17: 77 millioner dollar

- Skoler som har brukt OpenStax: 2 668 (dette tallet viser alle institusjoner som bruker minst én OpenStax lærebok. Av 2 668 skoler er 517 toårige høgskoler, 835 fireårige høgskoler og universiteter, og 344 høyskoler og universiteter utenfor USA)

Mens OpenStax hittil har vært fokusert på USA, skjer den utenlandske innføringen spesielt på feltene innen vitenskap, teknologi, ingeniørfag og matematikk (STEM (Science, technology, engineering, and mathematics)). Storskala spredning i USA sees på som en nødvendig forutsetning for internasjonal interesse.

OpenStax har primært fokusert på innledende høyskolekurs (college courses) hvor det er mange registrerte, men de begynner å tenke vertikalt – på et bredt tilbud for en bestemt gruppe, eller et bestemt behov. David synes det ville være veldig bra hvis OpenStax kunne gi tilgang til gratis lærebøker gjennom hele pensumet, for eksempel for en sykepleierutdanning.

Til slutt, for OpenStax-suksess handler ikke bare om spredning av lærebøker og besparelser for studentene. Det er et menneskelig aspekt ved arbeidet, som det er vanskelig å kvantifisere, men er utrolig viktig. De får e-postmeldinger fra studenter om hvordan OpenStax reddet dem fra vanskelige valg som å kjøpe mat eller en lærebok. OpenStax ønsker også å vurdere effekten bøkene deres har på læringseffektiviteten, utholdenheten og fullførelsen. Ved å bygge på en åpen forretningsmodell basert på Creative Commons, gjør OpenStax det mulig for alle studenter som ønsker å skaffe seg en utdanning å kunne få den.

19. Amanda Palmer

Amanda Palmer er en musiker, kunstner og skribent. Basert i USA.

`http://amandapalmer.net`

Inntektsmodell: Folkefinansiering (abonnementsbasert), betaling for fysiske kopier, varesalg

Dato for intervju: 15. desember 2015

Profilen skrevet av Sarah Hinchliff Pearson

Siden starten på sin karrière, har Amanda Palmer vært på det hun kaller en «planløs reise», kontinuerlig eksperimenterende med å finne nye måter å opprettholde sitt skapende arbeid på.[1]

I sin bestselgerbok, «The Art of Asking», formulerer Amanda nøyaktig hva hun har vært, og hva hun fortsetter å strebe etter — «det ideelle punktet ... der kunstneren fritt kan dele, og direkte føle etterklangen av sine kunstneriske gaver til samfunnet, og leve av det».

Mens hun for egen del synes å ha funnet en bra balanse, er Amanda den første til å erkjenne at det ikke er noen mirakelkur. Hun mener den digitale tidsalderen både er spennende og frustrerende for skapere. «På den ene side har vi denne nydelige muligheten til å dele», sa Amanda. «På den andre siden har man en haug forvirrede kunstnere som lurer på hvordan man får tak i penger til å kjøpe mat, slik at mer kunst kan skapes.»

---

[1] `http://www.forbes.com/sites/zackomalleygreenburg/2015/04/16/amanda-palmer-uncut-the-kickstarter-queen-on-spotify-patreon-and-taylor-swift/#44e20ce46d67`

Amanda begynte sin kunstneriske karrière som gateartist. Hun kunne kle seg i en antikk brudekjole, male ansiktet hvitt, stå på en stabel melkekasser, og levere ut blomster til fremmede som en del av en taus, dramatisk opptreden. Hun samlet inn penger i en lue. De fleste gikk forbi henne uten å stoppe, men noen få viktige stoppet for å se og legge noen penger i lua for å vise sin takknemlighet. I stedet for å dvele ved de fleste menneskene som ignorerte henne, følte hun takknemlighet for dem som stoppet. «Alt jeg trengte var … noen mennesker», skrev hun i sin bok. «Nok folk. Nok til å gjøre det verdt å komme tilbake neste dag, nok folk til å hjelpe meg å betale husleia og sette mat på bordet. Nok til at jeg kunne fortsette å lage kunst.»

Amanda har kommet langt siden dagene som gateartist, men karrieren hennes domineres fortsatt av den samme følelsen, å finne måter å nå «sitt publikum i mengden», og føle takknemlighet når hun gjør det. Med bandet sitt, Dresden Dolls, prøvde Amanda å gå den tradisjonelle veien med å signere med et plateselskap. Det fungerte ikke for henne, av en rekke årsaker, men én av dem var at selskapet absolutt ikke hadde noen interesse for Amandas syn på suksess. De ønsket slagere, men å lage musikk for massene var aldri det Amanda og Dresden Dolls hadde som mål.

Etter at hun forlot plateselskapet i 2008, begynte hun å eksperimentere med ulike måter å leve på. Hun ga ut musikk direkte til publikum uten involvering av mellommann, la ut digitale filer på «betal hva du vil»-basis, og solgte CD-er og vinyl. Hun gjorde også penger på sanntids-opptredener og varesalg. Til slutt, i 2012 besluttet hun å prøve seg på en slags folkefinansiering som vi alle vet så godt hva er i dag. Hennes Kickstarter-prosjekt startet med et mål om 100 000 dollar, og hun fikk inn 1,2 millioner dollar. Det er fortsatt et av de mest vellykkede Kickstarter-prosjektene gjennom tidene.

I dag har Amanda gått bort fra folkefinansiering for spesifikke prosjekter, og får i stedet vedvarende økonomisk støtte fra sin tilhengerskare på Patreon, et nettsted for folkefinansiering som lar kunstnere få regelmessige donasjoner fra fans. Mer enn åtte tusen mennesker har meldt seg for å støtte henne, slik at hun kan lage musikk, kunst, og andre kreative «ting» hun blir inspirert til å gjøre. De repeterende innsamlingskampanjene gjøres «per ting». Alt innhold hun lager gjøres fritt tilgjengelig med en Attribution-

NonCommercial-ShareAlike-lisens (CC BY-NC-SA).

Å gi musikken og kunsten Creative Commons-lisenser begrenser utvilsomt hennes valgmuligheter for hvordan hun skaffer seg et levebrød. Men å dele verkene sine har vært en del av hennes modell siden starten av karrieren, selv før hun oppdaget Creative Commons. Amanda sier at Dresden Dolls brukte å få ti e-poster pr. uke fra fans som spurte om de kunne bruke hennes musikk i forskjellige prosjekter. De sa ja til alle forespørsler, så lenge det ikke var for et helt inntektsgivende formål. Samtidig brukte de en kortfattet avtale skrevet av Amanda selv. «Jeg fikk alle til å signere den kontrakten så jeg ikke gjorde bandet sårbart for at noen senere brukte vår musikk i en annonse for Camel-sigaretter», sa Amanda. Straks hun oppdaget Creative Commons, var det en lett beslutning å ta i bruk lisensene fordi det ga dem en mer formell og standardisert måte å gjøre hva de hadde gjort hele tiden. De ikke-kommersielle lisensene var et naturlig valg.

Amanda omfavner måten tilhengerne hennes deler og bygger videre på musikken hennes. I «The Art of Asking» skrev hun at noen av tilhengerne har laget uoffisielle videoer med hennes musikk. De overgår faktisk de offisielle videoene i antall visninger på YouTube. I stedet for å se på dette som en slags konkurranse, synes Amanda det er flott. «Jeg startet med dette fordi jeg ønsket å dele musikkgleden», sier hun.

Dette er symbolsk for at nesten alt hun gjør i sin karrière, er motivert av et ønske om å knytte seg til fansen. I starten av karrieren startet bandet med konserter på hjemmefester. Ettersom samlingene vokste, ble linjen mellom fans og venner helt uskarpe. «Ikke bare visste våre tidligste fans hvor jeg bodde, og hvor vi øvde, men de fleste av dem hadde også vært inne på kjøkkenet mitt», skrev Amanda i «The Art of Asking».

Selv om fan-basen nå er stor og global, fortsetter hun å søke denne typen menneskelig kobling med fansen. Hun søker personlig kontakt med fansen hver gang hun får en sjanse. Hennes vellykkede folkefinansiering på Kickstarter omfattet femti konserter på fester hjemme hos tilhengere. Hun tilbringer flere timer med signering etter konserter. Det hjelper at Amanda har en dynamisk og engasjerende personlighet som umiddelbart trekker folk til seg, men en stor del av hennes evne til å få kontakt med folk er viljen hennes til å lytte. «Å lytte raskt og vise omsorg umiddelbart er en egen ferdighet», skrev Amanda.

En del av tilknytningen fansen føler til Amanda er hvor mye de vet om hennes liv. Snarere enn å prøve å skape en offentlig person eller et bilde, lever hun i hovedsak livet som en åpen bok. Hun har skrevet åpent om utrolig personlige hendelser i livet sitt, og hun er ikke redd for å være sårbar. Å ha den slags tillit til fansen – tilliten som kreves for å være virkelig ærlig – avler tillit fra fansen i retur. Når hun møter fans for første gang etter en forestilling, kan de helt riktig føle at de kjenner henne.

«Med sosiale medier er vi så opptatt av bildets utseende, at vi glemmer å være mennesker i å vise våre feil og sårbarhet, noe som faktisk skaper en dypere forbindelse til forskjell fra det å bare se fantastisk ut», sa Amanda. «Alt i kulturen vår forteller oss noe annet. Min erfaring har vist meg at risikoen ved å vise ens sårbarhet, nesten alltid er verdt det.»

Ikke bare avslører hun intime detaljer om sitt liv til dem, hun sover på deres sofaer, lytter til deres historier, gråter med dem. Kort sagt, hun behandler fansen som venner på nesten alle mulige måter, selv når de er fullstendig fremmede. Denne mentaliteten, at fans er venner – er helt sammenvevd med Amandas suksess som kunstner. Det er også vevd sammen med hennes bruk av Creative Commons-lisenser. Fordi det er det du gjør med vennene dine – du deler.

Etter år med investert tid og energi i å bygge tillit til fansen, har hun et sterkt nok forhold til dem til å be om støtte gjennom Betal-hva-du-vil-donasjoner, Kickstarter, Patreon, eller selv å be dem å ta i et tak på en konsert. Som Amanda forklarer det, folkefinansiering (noe som virkelig er hva alle disse forskjellige tingene er) er å be om støtte fra folk som kjenner og stoler på deg. Personer som føler at de personlig har investert i din suksess.

«Når du åpent, virkelig stoler mennesker, tar de ikke bare vare på deg, de blir dine allierte, din familie», skrev hun. Det er virkelig en følelse av samhold hos kjernen av hennes fans. Fra starten av oppfordret Amanda og bandet hennes folk til å kle seg opp til sine forestillinger. De dyrket en bevisst følelse av tilhørighet til «denne rare lille familien».

Slik intimitet med fans er ikke mulig, eller egentlig ønskelig for alle artister. «Jeg tar det ikke for gitt at jeg tilfeldigvis er den typen person som elsker å danse omkring med fremmede», sa Amanda.

«Jeg erkjenner at det ikke nødvendigvis er alles forestilling om å ha det trivelig. Alle gjør det forskjellig. Å gjenta hva jeg har gjort, fungerer ikke for andre hvis det ikke er en glede for dem. Det gjelder å finne en måte å kanalisere energien sin på som gleder deg selv.»

Men mens Amanda frydefullt samhandler med fansen, og involverer dem i sitt arbeid så mye som mulig, beholder hun én jobb primært for seg selv – å skrive musikken. Hun elsker kreativiteten som fansen bruker, og tilpasser sitt arbeid, men med vilje involverer hun dem ikke i den første fasen av sitt kunstneriske arbeid. Og selvfølgelig, sangene og musikken er det som i utgangspunktet trekker folk til Amanda Palmer. Det er bare når hun har koblet til mennesker gjennom musikken sin at hun så kan begynne å bygge bånd på et mer personlig nivå, både personlig og på nettet. I sin bok beskriver Amanda at det er som å kaste et nett. Det starter med kunst, og deretter styrkes båndet med menneskelige relasjoner.

For Amanda er hele poenget med å være kunstner å etablere og opprettholde denne kontakten. «Det høres så banalt ut», sa hun, «men min erfaring, med førti år på denne planeten, har vist meg en åpenbar sannhet. Forbindelser med mennesker føles så mye bedre og mer tilfredsstillende enn å nærme seg kunst med et kapitalistisk blikk. Det er ikke noe mer tilfredsstillende mål enn at noen forteller deg at hva du gjør, virkelig er av verdi for dem.»

Som hun forklarer det; når en fan gir henne en ti-dollarseddel, er det vanligvis hva de med det sier at pengene symboliserer at musikken ga dem noe av dypere verdi. For Amanda er kunst ikke bare et produkt, det er en relasjon. Sett slik, er det Amanda gjør i dag ikke så forskjellig fra hva hun gjorde som ung gateartist. Hun deler sin musikk og andre kunstneriske gaver. Hun deler seg selv. Og istedenfor å presse folk til å hjelpe henne, lar hun dem gjøre det.

20. PLOS (Public Library of Science - Offentlig vitenskapsbibliotek)

PLOS (Public Library of Science) er en ideell organisasjon som utgir et bibliotek av akademiske tidsskrifter og annen vitenskapelig litteratur. Grunnlagt i år 2000 i USA.

http://plos.org

Inntektsmodell: Innholdsleverandører betaler en artikkelprosessavgift for å bli publisert i tidsskiftet

Dato for intervju: 7. mars 2016

Intervjuet: Louise Page, utgiver

Profilen skrevet av Paul Stacey

The Public Library of Science (PLOS) (Det offentlige biblioteket for vitenskap) startet i 2000 da tre ledende forskere – Harold E. Varmus, Patrick O. Brown og Michael Eisen – startet en underskriftskampanje på nettet. De ba forskere om å stoppe å sende artikler til journaler som ikke gjorde den fulle teksten av artiklene fritt tilgjengelig umiddelbart, eller innen seks måneder. Selv om titusenvis signerte oppropet, fulgte de fleste ikke opp. I august 2001 kunngjorde Patrick og Michael at de ville starte sin egen ideelle publiseringsoperasjon for å gjøre akkurat hva oppropet lovet. Med oppstartsstøtte fra Gordon og Betty Moore Foundation, ble PLOS lansert for å gi ut nye tidsskrifter med åpen tilgang for biomedisin, med forskningsartikler utgitt med Attribution (CC BY)-lisenser.

Tradisjonelt starter vitenskapelig publisering med at en forfatter sender et manuskript til en utgiver. Etter interne tekniske og etiske betraktninger blir artikkelen deretter gjennomgått for å avgjøre om kvaliteten på arbeidet er akseptabel for publisering. Så snart den er akseptert, tar utgiveren artikkelen gjennom prosessen med redigering, sats og eventuell publisering i en trykket eller elektronisk publikasjon. Tradisjonelle journalutgivere får dekket kostnader, og har fortjeneste på en abonnementsavgift til biblioteker, eller en tilgangsavgift fra brukere som ønsker å lese journalen eller artikkelen.

For Louise Page, den gjeldende utgiveren av PLOS, resulterer denne tradisjonelle modellen i forskjellsbehandling. Tilgang er begrenset til dem som kan betale. Mest forskning er finansiert via offentlige organer, det vil si med offentlige midler. Det er urettferdig at publikum, som finansierte forskningen, blir pålagt å betale en gang til for tilgang til resultatene. Ikke alle vil ha råd til å betale de stadig økende abonnementsavgiftene utgiverne krever, spesielt når bibliotekenes budsjetter reduseres. Begrenset tilgang til resultatene av vitenskapelig forskning bremser formidling av denne forskningen, og utvikling av fagfeltet. Det var på tide med en ny modell.

Denne nye modellen ble kjent som åpen tilgang. Den er gratis og med åpen tilgang på Internett. Åpne forskningsartikler ligger ikke bak en betalingsvegg, og krever ikke pålogging. En viktig fordel med åpen tilgang er at den tillater folk å fritt bruke, kopiere og distribuere artikler, da de er primært publisert under en Attribution (CC BY)-lisens (som bare krever at brukeren angir passende henvisning). Og enda viktigere, beslutningstakere, klinikere, gründere, lærere og studenter verden rundt har fri og betimelig tilgang til den nyeste forskningen umiddelbart ved publisering.

Imidlertid krever åpen tilgang at forretningsmodellen for forskningspublisering må gjennomgås på nytt. Heller enn å kreve en abonnementsavgift for journalen, besluttet PLOS å snu modellen på hodet og kreve et publiseringsgebyr, kjent som en artikkelbehandlingskostnad. Denne forskuddsavgiften, vanligvis betalt av den som finansierer forskningen, eller forfatterens institusjon, dekker utgifter som redaksjonell gjennomgang, organisering av fagfellevurdering, journalproduksjon, plass på nettet og fremleggelse. Avgifter er pr. artikkel, og faktureres ved aksept for publisering. Det er ingen ekstrakostnader basert på antall ord, tegninger, tall eller andre elementer.

Å beregne artikkelbehandlingsavgiften krever å ta med alle kostnader forbundet med å publisere tidsskriftet, og fastsette en kostnad pr. artikkel som samlet dekker kostnadene. For PLOSs tidsskrifter i biologi, medisin, genetikk, beregningsbiologi, forsømte tropiske sykdommer og patogener, varierer betalingen for artikkelbehandlingen fra 2250 dollar til 2900 dollar. Betalingen for artikkelpublikasjoner i PLOS ONE, et tidsskrift startet i 2006, er like under 1500 dollar.

PLOS mener at mangel på midler ikke bør være en barriere for publisering. Siden begynnelsen, har PLOS gitt betalingsstøtte til enkeltpersoner og institusjoner for å hjelpe forfattere som ikke har råd til kostnadene for artikkelbehandling.

Louise identifiserer markedsføring som et område med stor forskjell mellom PLOS og tradisjonelle tidsskriftsutgivere. Tradisjonelle tidsskrifter må investere tungt i ansatte, bygninger og infrastruktur for å markedsføre sine tidsskrifter og overbevise kunder om å abonnere. Å begrense tilgang til abonnenter betyr at verktøy for å administrere tilgangskontroll blir nødvendig. De bruker millioner av dollar på systemer for tilgangskontroll, ansatte som administrerer dem, og selgere. Med PLOS sin åpen-tilgang-publisering er det ikke behov for disse massive utgiftene; artiklene er fri, åpne og tilgjengelig for alle ved publisering. I tillegg pleier tradisjonelle utgivere å bruke mer på markedsføring til biblioteker, som til slutt betaler for abonnementet. PLOS gir bedre service for forfattere ved å fremme deres forskning direkte til forskningsfellesskapet og gi forfatterne eksponering. Og dette oppfordrer andre forfattere til å sende sitt arbeid for publisering.

I følge Louise ville PLOS ikke eksistert uten Attribution-lisens (CC BY). Denne gjør det veldig klart hvilke rettigheter som er knyttet til innholdet, og gir en sikker måte for forskere å gjøre sitt arbeid tilgjengelig, og samtidig sikre at de får anerkjennelse (riktige henvisninger). For PLOS er alt dette knyttet opp mot hvordan de mener forskningsinnhold skal bli publisert og spredd.

PLOS har også en bred åpen-datapolitikk. For å få sine forskningsartikler publisert må PLOS sine bidragsytere også gjøre data

tilgjengelige i en offentlig kildebrønn, og gi en erklæring om data-
tilgjengelighet.

Kostnadene til forretningsvirksomhet som følger med den åpne
tilgangsmodellen følger fortsatt i stor grad den eksisterende pub-
liseringsmodellen. PLOS tidsskrifter er bare på nettet, men det re-
daksjonelle, fagfellevurdering, produksjon, layout, og publiserings-
stadier er de samme som for en tradisjonell utgiver. De redaksjo-
nelle gruppene må være av klasse. PLOS må fungere like godt, eller
helst bedre enn andre fremtredende tidsskrifter, slik at forskerne
har et valg om hvor de vil publisere.

Forskere er påvirket av rangeringer av tidsskrifter, som gjen-
speiler plasseringen til en journal på sitt fagfelt, den relative vans-
keligheten med å bli publisert i dette tidsskriftet, og prestisjen
knyttet til det. PLOS journaler rangerer høyt, selv om de er relativt
nye.

Hvordan forskere blir kjent, og det avtrykk de gir, baseres delvis
på hvor mange ganger andre forskere siterer deres artikler. Louise
sier at når forskere vil oppdage og lese andres arbeid innen eget
felt, går de til en oppsummerer (aggregator) eller en søkemotor, og
vanligvis ikke til en bestemt journal. CC BY-lisensiering av PLOSs
forskningsartikler sikrer en enkel tilgang for lesere, og genererer
flere tilslag (funn) og sitater for forfattere.

Louise mener at åpen tilgang har vært en stor suksess, til noe
som har vokst fra en bevegelse ledet av en liten kadre (kjerne) av
forskere til noe som nå er utbredt, og brukes i en eller annen form
av enhver tidsskriftsutgiver. PLOS har hatt en stor virkning. Fra
2012 til 2014 publiserte de flere artikler enn BioMed Central, den
opprinnelige åpen-tilgangsutgiveren, eller noen andre.

PLOS utfordrer ytterligere den tradisjonelle modellen for tids-
skriftspublisering med det banebrytende konseptet med et mega-
tidsskift. Megatidsskriftet PLOS ONE, lansert i 2006, er et akade-
misk tidsskrift med fagfellevurdering og åpen tilgang, som er mye
større enn et tradisjonelt tidsskrift, og publiserer tusenvis av ar-
tikler pr. år, og nyter godt av stordriftsfordeler. PLOS ONE har
et bredt omfang, dekker naturvitenskap og medisin så vel som
samfunnsvitenskap og humaniora. Gjennomgangen og den redak-
sjonelle prosessen er mindre subjektiv. Artiklene er akseptert for
publisering basert på om de er teknisk gode snarere enn oppfattet
viktighet eller relevans. Dette er svært viktig i dagens debatt om

integritet og reproduserbarhet i forskningen fordi negative eller ikke-resultater nå også kan publiseres, noe som generelt avvises av tradisjonelle tidsskrifter. PLOS ONE er som alle PLOS-tidsskriftene bare på nettet, og ikke som trykksaker. PLOS overfører besparelsene stordriftsfordelene gir til forskere og publikum ved å senke kostnadene til artikkelbehandlingen, som er lavere enn for andre tidsskrifter. PLOS ONE er det største tidsskriftet i verden, og har virkelig lagt listen for storskala-publisering av akademiske artikler. Andre utgivere ser verdien av PLOS ONE-modellen, og tilbyr nå egne tverrfaglige fora for å publisere all solid vitenskap.

Louise skisserte noen andre aspekter av forretningsmodellen for forskningstidsskrifter som PLOS eksperimenterer med, der hun beskriver hver som en slags skyvekontroll som kan justeres for å endre gjeldende praksis.

En skyvekontroll gir tidspunktet for publisering. Tidspunktet for publisering kan forkortes etter hvert som tidsskriftene blir flinkere til å gi raskere beslutninger til forfattere. Men det er alltid en avveining mot omfanget, jo større volum av artikler, jo mer tid vil godkjenningsprosessen uunngåelig ta.

Fagfellevurdering er en annen del av prosessen som kan endres. Det er mulig å redefinere hva fagfellevurdering egentlig er, når den skal skje, og hva som utgjør den endelige artikkelen for publisering. Louise snakket om potensialet for å skifte til en åpen vurderingsprosess, som legger vekt på åpenhet i stedet for dobbeltblinde vurderinger. Louise mener vi beveger oss inn i en retning der det egentlig er fordelaktig for en forfatter å kjenne til hvem som gjennomgår artikkelen deres, og for den som gjennomgår å vite at deres vurdering vil være offentlig. En åpen vurderingsprosess kan også sikre at alle får anerkjennelse; akkurat nå er anerkjennelsen begrenset til utgiver og forfatter.

Louise sier at forskning med negative resultater er nesten like viktige som positive resultater. Hvis tidsskrifter publiserte mer forskning med negative resultater, ville vi lære hva som ikke fungerte. Det kan også redusere hvor mye av forskningshjulet som blir gjenoppfunnet rundt om i verden.

En annen justerbar praksis er å dele artikler i en tidlig utkastfase. Publisering av forskning i et tidsskrift kan ta lang tid fordi artikler må gjennomgå en omfattende fagfellevurdering. Behovet for å raskt sirkulere aktuelle resultater i et vitenskapelig samfunn har ført til en praksis med å distribuere forhåndsutkast av dokumenter som ennå ikke har gjennomgått fagfellevurdering. Dokumentutkast utvider prosessen med fagfellevurdering, slik at forfatterne mottar en tidlig tilbakemelding fra en bred gruppe av kolleger som kan hjelpe med å revidere og forberede artikkelen før den leveres inn. Å sette til side fordelene med dokumentutkast er forfatterbekymringer for ikke å komme først med å legge frem resultater fra sin egen forskning. Andre forskere kan se funn som forfatteren av dokumentutkastet ennå ikke har tenkt på. Imidlertid vil dokumentutkast hjelpe forskere med å få ut sine funn tidlig og etablere forrang. En stor utfordring er at forskerne ikke har mye tid til å kommentere dokumentutkast.

Hva som utgjør et tidsskrift kan også endres. Idéen om en vitenskapelig artikkel som skrevet ut, innbundet, og i en bibliotekstabel, er utdatert. Å være digital og på nettet åpner opp for nye muligheter, for eksempel et levende dokument som utvikler seg over tid, inkludering av lyd og video og interaktivitet, som diskusjon og anbefalinger. Selv størrelsen på hva som blir publisert kan endres. Med disse forandringene vil den gjeldende formfaktoren for hva som utgjør en vitenskapelig artikkel også gjennomgå endringer.

Etter hvert som tidsskifter skaleres opp og nye tidsskifter kommer, skyves mer og mer informasjon ut til leserne, noe som gir opplevelsen av å føle at man drikker fra en brannslange. For å begrense dette aggregerer og tilrettelegger PLOS innhold fra PLOS sine tidsskifter og sitt nettverk av blogger.[1] De tilbyr også Article-Level Metrics, som hjelper brukere med å vurdere hvilken forskning som er mest relevant for selve feltet, basert på ulike indikatorer som bruk, sitater, sosiale bokmerker og formidlingsaktivitet, omtale i media og blogger, diskusjoner og rangeringer.[2] Louise mener at tidskriftsmodellen kan utvikle seg til å gi en mer brukervennlig og interaktiv brukeropplevelse, inkludert en måte for leserne å kommunisere med forfattere på.

Det store bildet for PLOS fremover er å kombinere og justere disse eksperimentelle praksiser på måter som fortsetter å forbedre tilgjengelighet og formidling av forskning, samtidig som integritet og pålitelighet sikres. Måtene dette henger sammen på er komplekst. Prosessen med å endre og justere er ikke lineær. PLOS

---

[1]http://collections.plos.org
[2]http://plos.org/article-level-metrics

ser seg selv som en svært fleksibel utgiver som er interessert i å utforske alle omordninger (permutasjoner) som forskningspublisering kan gi, sammen med forfattere og lesere som er åpne for eksperimentering.

For PLOS handler suksess ikke om overskudd. Suksess er å bevise at forskning kan kommuniseres raskt og i økonomisk skala, til fordel for forskere og samfunn. CC BY-lisensen gjør det mulig for PLOS å publisere på en måte som er ubundet, åpen og rask, samtidig som man sikrer at forfatterne får anerkjennelse for sitt arbeid. Mer enn to millioner forskere, akademikere og klinikere besøker PLOS hver måned, der mer enn 135 000 kvalitetsartikler kan leses gratis.

Til slutt, for PLOS, forfatterne og leserne, er suksessen å gjøre forskning overskuelig, tilgjengelig og reproduserbar, til fremme av vitenskap.

21. Rijksmuseum

Rijksmuseum er det nederlandske nasjonale museum for kunst og historie. Grunnlagt år 1800, i Nederland.

http://www.rijksmuseum.nl

Inntektsmodell: Donasjoner og statlig finansiering, betaling for personlig versjon (museumsadgang), og varesalg

Dato for intervju: 11. desember 2015

Intervjuet: Lizzy Jongma, datasjef for innsamlingsinformasjonen

Profilen skrevet av Paul Stacey

Rijksmuseum, Nederlands nasjonalmuseum for kunst og historie, har vært plassert i sin nåværende bygning siden 1885. Den monumentale bygningen fikk mer enn 125 års intensiv bruk før den trengte en grundig oppussing. I 2003 var museet stengt for oppussing. Asbest ble funnet i taket, og selv om museet var planlagt å være stengt i bare tre til fire år, tok renoveringen ti år. Samtidig ble samlingen flyttet til en annen del av Amsterdam, som ga en fysisk avstand til kuratorene. Av nødvendighet begynte de å digitalt fotografere samlingen og lage metadata (informasjon om hvert objekt til å sette inn en database). Når renoveringen pågikk så lenge, ble museet i stor grad glemt av publikum. Fra disse omstendighetene dukket det opp en ny og mer åpen modell for museet.

Da Lizzy Jongma begynte i Rijksmuseum i 2011 som dataansvarlig, var personalet lei av situasjonen de var i. De innså også selv at med den nye og større plassen, ville det fortsatt ikke være mulig å vise mye av hele samlingen – med åtte tusen av over en million – representerte det 1 prosent. Personalet begynte å utforske måter å uttrykke seg på, å ha noe å vise for alt arbeidet de hadde utført. Rijksmuseum er hovedsakelig finansiert av nederlandske skattebetalere, så var det en måte for museet å gi fordelen tilbake til publikum mens det var lukket? De begynte å tenke på å dele Rijksmuseums samling med bruk av informasjonsteknologi. Og de satte opp en kortkatalog som database over hele samlingen på nettet.

Det var effektivt men litt kjedelig. Det var bare data. En hacker-samling de ble invitert til, fikk dem til å begynne å snakke om hendelser som dette som om det hadde potensiale. De likte idéen om å invitere folk til å gjøre kule ting med sin samling. Hva med å gi tilgang til digitale representasjoner av de hundre viktigste gjenstandene i Rijksmuseums samlinger? Det førte til slutt til at: Hvorfor ikke legge hele samlingen ut på nettet?

Deretter sier Lizzy, Europeana kom. Europeana er Europas digitale bibliotek, museum og arkiv for kulturarv.[1] Som en nettportal til museumsamlinger over hele Europa, hadde Europeana blitt en viktig nettplattform. I oktober 2010 utga Creative Commons CC0 og dets offentlige domenemerke som verktøy folk kan bruke som gratis, fri for kjente opphavsrettigheter. Europeana var den første store brukeren av CC0 til å gi metadata om sin innsamling, og det offentlige merket for millioner av digitale verk i samlingen sin. Lizzy sier Rijksmuseum i utgangspunktet fant denne endringen i praksis litt skummel, men samtidig stimulerte det til enda mer diskusjon om hvorvidt Rijksmuseum skal følge etter.

De innså at de ikke «eier» samlingen, og ikke realistisk kunne overvåke og håndheve at de restriktive lisensvilkårene de for tiden benyttet ble fulgt. For eksempel var mange kopier og utgaver av Vermeers Het Melkmeisje (del av samlingen deres) allerede på nettet, mange av dem av svært dårlig kvalitet. De kunne bruke tid og penger på å slå ned på bruken, men det ville trolig være nytteløst, og ville ikke få folk til å la være å bruke bildene deres på nettet. De endte opp med å tenke at det var fullstendig bortkastet tid å jakte på mennesker som brukte Rijksmuseum-samlingen. Og uansett, hovedparten av de som ville bli frustrert over begrenset tilgang var skolebarn.

---

[1]http://www.europeana.eu/portal/en

I 2011 begynte Rijksmuseum å lage digitale bilder av verk kjent for å være uten opphavsrettigheter tilgjengelig på nettet ved å bruke Creative Commons CC0 til å plassere verkene i den offentlige sfæren. Et bilde med middels oppløsning ble tilbudt gratis, mens en høyoppløselig versjon kostet 40 euro. Folk begynte å betale, men Lizzy sier at å få inn pengene var ofte et mareritt, spesielt fra utenlandske kunder. De administrative kostnadene oppveide ofte inntektene, og inntekten etter at kostnader var trukket fra, var relativt lav. I tillegg, å måtte betale for et bilde av et arbeid i det offentlige domenet fra en samling eid av den nederlandske regjeringen (dvs, betalt av publikum), var omstridt og frustrerende for noen. Lizzy sier de hadde mange heftige debatter om hva de skulle gjøre.

I 2013 endret Rijksmuseum sin forretningsmodell. De ga Creative Commons lisenser til sine bilder med høy kvalitet, og la dem ut på nettet gratis. Digitalisering koster fortsatt penger. Imidlertid bestemte de seg for å avgrense separate digitaliseringsprosjekter, og finne sponsorer villig til å finansiere hvert prosjekt. Dette viste seg for å være en vellykket strategi, genererte stor interesse fra sponsorer, og mindre administrativt arbeid for Rijksmuseum. De startet med å gjøre 150 000 høykvalitetsbilder fra samlingen sin tilgjengelig, med det mål å få hele samlingen på nettet.

Å gjøre disse høykvalitetsbildene fritt tilgjengelig, reduserte den sterkt voksende spredningen av bilder med dårlig kvalitet. For eksempel blir høykvalitetsbildet av Vermeers Melkmeisje lastet ned to til tre tusen ganger i måneden. På Internett blir bilder fra en kilde som Rijksmuseum sett på som mer pålitelige, og å benytte Creative Commons-CC0 betyr at de lett kan finnes på andre plattformer. For eksempel brukes nå Rijksmuseums bilder i tusenvis av Wikipedia-artikler, og får ti til elleve millioner sidevisninger pr. måned. Dette utvider Rijksmuseums rekkevidde langt utover det som nås fra deres egen hjemmeside. Deling av disse bildene på nettet skaper det Lizzy kaller «Mona Lisa-effekten», hvor et kunstverk blir så kjent, at folk ønsker å se det i virkeligheten ved å besøke det aktuelle museet.

Hvert museum har en tendens til å bli drevet av antallet fysiske besøkende. Rijksmuseum er primært offentlig finansiert, og mottar omtrent 70 prosent av sitt driftsbudsjett fra staten. Men som mange museer, må det skaffe resten av finansieringen på andre måter. Adgangspenger har lenge vært en måte å få inntekter på, blant annet for Rijksmuseum.

Når museer skaper en egen digital tilstedeværelse, og legger ut digitale avbildninger av sine samlinger på nettet, er det ofte en bekymring at det vil føre til en nedgang i antallet fysiske besøk. For Rijksmuseum har dette ikke vært tilfellet. Lizzy fortalte at Rijksmuseum pleide få om lag 1 million besøkende i året før lukkingen, og har nå mer enn to millioner i året. Å gjøre samlingen tilgjengelig på nettet har generert publisitet, og fungerer som en form for markedsføring. Creative Commons-merket oppfordrer til gjenbruk også. Når bildet finnes i protestbrosjyrer, melkekartonger og barneleker, ser folk også hvor museumsbildet kommer fra, og dette øker museets synlighet.

I 2011 fikk Rijksmuseum 1 million euro fra det nederlandsk lotteriet til å opprette en ny tilstedeværelse på nettet som ville være forskjellig fra alle andre museers. I tillegg til omstruktureringen av deres viktigste nettsted til å være mobilvennlig og knyttet opp mot enheter som iPad, har Rijksmuseum også laget Rijksstudio, hvor brukere og kunstnere kan bruke og gjøre forskjellige ting med Rijksmuseums samling.[2]

Rijksstudio gir brukere tilgang til over 200 000 digitale høykvalitetsgjengivelser av mesterverk fra samlingen. Brukere kan forstørre alle verkene, og selv klippe små deler av bilder de liker. Rijksstudio er litt som Pinterest. Du kan «like» verker og sette sammen dine personlige favoritter, og du kan dele dem med venner, eller laste dem ned gratis. Alle bildene i Rijksstudio er uten opphavsrettsvern og bruksbetaling, og brukere oppfordres til å gjøre hva de vil med dem, for private eller til og med kommersielle formål.

Brukere har laget over 276 000 Rijksstudios, generert sine egne spesifikke virtuelle utstillinger om en rekke emner fra billedvev til stygge babyer og fugler. Settene med bilder er også laget for pedagogiske formål, medregnet for bruk ved skoleeksamen.

Noen moderne kunstnere som har verk i samlingen Rijksmuseum, har kontaktet dem for å spørre hvorfor deres verk ikke var tatt med hos Rijksstudio. Svaret var at moderne kunstneres arbeider fortsatt er vernet av åndsverksloven. Rijksmuseum oppfordrer moderne kunstnere til å bruke en Creative Commons-lisens for sine verker, vanligvis en CC BY-SA-lisens (Attribution-ShareAlike) eller en CC BY-NC (Attribution-NonCommercial) hvis de ønsker å ute-

---

[2]http://www.rijksmuseum.nl/en/rijksstudio

lukke kommersiell bruk. På den måten kan verkene deres gjøres tilgjengelig for publikum, men innenfor de begrensninger kunstnerne har oppgitt.

Rijksmuseum mener at kunst stimulerer gründeraktivitet. Linjen mellom det kreative og det kommersielle kan være uklar. Som Lizzy sier, selv Rembrandt var kommersiell, og fikk sitt levebrød fra salg av egne malerier. Rijksmuseum oppfordrer gründere til kommersiell bruk av bildene i Rijksstudio. De samarbeider også med DIY-markedet Etsy (DIY - Do It Yourself) for å inspirere folk til å selge sine kreasjoner. Et markant eksempel som du finner på Etsy er en kimono designet av Angie Johnson, som brukte et bilde av et forseggjort kabinett sammen med et oljemaleri av Jan Asselijn kalt Den truede svanen (The Threatened Swan).[3]

I 2013 organiserte Rijksmuseum sin første høyprofilerte designkonkurranse, kjent som Rijksstudio-prisen.[4] Med oppfordringen Make Your Own Masterpiece, inviterte konkurransen publikum til å bruke Rijksstudios bilder til å lage nye kreative design. En jury av kjente designere og medarbeidere ved museet valgte ut ti finalister og tre vinnere. Den endelige belønningen var en premie på 10 000 euro. Den andre konkurransen i 2015 tiltrakk seg svimlende 892 førsteklasses bidrag. Noen prisvinnere endte opp med å få sitt arbeid solgt gjennom Rijksmuseum-butikken, som 2014-bidraget med sminke basert på et bestemt fargevalg fra et kunstverk.[5] Rijksmuseum har vært begeistret for resultatene. Bidragene spenner fra det morsomme til det merkelige til det inspirerende. Den tredje internasjonale konkurransen om Rijksstudio-prisen startet i September 2016.

For den neste versjonen av Rijksstudio, vurderer Rijksmuseum et opplastingsverktøy der folk kan laste opp sine egne kunstverk, og utvidete sosiale elementer der brukere kan samarbeide mer med hverandre.

En mer åpen forretningsmodell genererte mye publisitet for Rijksmuseum. De var et av de første museene til å åpne sin samling

---

[3]http://www.etsy.com/ca/listing/175696771/fringe-kimono-silk-kimono-kimono-robe

[4]http://www.rijksmuseum.nl/en/rijksstudio-award;   2014-prisen: http://www.rijksmuseum.nl/en/rijksstudio-award-2014;   2015-prisen: http://www.rijksmuseum.nl/en/rijksstudio-award-2015

[5]http://www.rijksmuseum.nl/nl/rijksstudio/142328--nominees-rijksstudio-award/creaties/ba595afe-452d-46bd-9c8c-48dcbdd7f0a4

(det vil si gi gratis tilgang) med bilder av høy kvalitet. Denne strategien, sammen med mange forbedringer på Rijksmuseums nettsted, økte dramatisk besøket fra trettifemtusen pr. måned til trehundretusen besøk.

Rijksmuseum har eksperimentert med andre måter å invitere publikum til å se og samhandle med samlingen. På dyrenes internasjonale dag gjennomførte de et vellykket fugletema-arrangement. Museet satte sammen en visning som omfattet to tusen arbeider som viste fugler, og inviterte fuglekikkere til å identifisere avbildede fugler. Lizzy bemerker at mens museumskuratorer vet mye om verkene i samlingene, kan de ikke vite om visse detaljer i maleriene, som fuglearter. Over åtte hundre forskjellige fugler ble identifisert, inkludert en bestemt traneart som var ukjent for det vitenskapelige samfunnet på det tidspunktet maleriet ble laget.

For Rijksmuseum var å vedta en åpen forretningsmodell skremmende. De kom opp med mange ting som kunne gå galt, og forestilte seg alle typer av forferdelige ting folk kan gjøre med museets verker. Men Lizzy sier at denne frykten viste seg ubegrunnet fordi «nittini prosent av alle mennesker har respekt for stor kunst». Mange museer tror de kan tjene mye penger ved å selge ting knyttet til samlingen sin. Men i Lizzys erfaring er museer vanligvis dårlige til å selge ting, og noen ganger blokkerer innsatsen for å generere en liten mengde penger for noe mye større - den virkelige verdien samlingen har. For Lizzy er å klamre seg til små inntekter nyttig for å tjene små beløp, men ikke for å sikre langsiktige inntekter. For Rijksmuseum har det vært en viktig lærdom å aldri miste av syne sin visjon for samlingen. Å tillate tilgang og bruk av samlingen har generert en stor markedsføringsverdi - langt mer enn den tidligere praksisen med å kreve betaling for tilgang og bruk. Lizzy oppsummerer sine erfaringer: «Gi bort og få noe i retur. Gavmildhet gjør at folk gjerne blir med og hjelper til.»

22. Shareable

Shareable er en nettmagasin om deling. Etablert i 2009
i USA.

http://www.shareable.net

Inntektsmodell: Stipendier, folkefinansiering (prosjekt-
basert), donasjoner, sponsing

Dato for intervju: 24. februar 2016

Intervjuet: Neal Gorenflo, medstifter og administreren-
de redaktør

Profilen skrevet av Sarah Hinchliff Pearson

I 2013 var Shareable i en fastlåst situasjon. Denne nettbaserte
ikke-kommersielle publikasjonen bidro til å starte en delingsbeve-
gelse fire år tidligere, men over tid så de en del av bevegelsen for-
late sine idealer. Når giganter som Uber og Airbnb vant terreng,
begynte oppmerksomheten å dreie seg om «delingsøkonomien» vi
nå kjenner — profitt-drevet, bygd på transaksjoner og full av ri-
sikovillig kapital. Ledere i store bedriftsetableringer innen feltet
inviterte Shareable til å bli talsrør for dem. Magasinet sto overfor
et valg: Å ri på bølgen, eller holde på prinsippet.

Som organisasjon besluttet Shareable å sette ned foten. I 2013
skrev medstifter og sjefsredaktør Neal Gorenflo et innlegg i Pan-
doDaily som skisserte Shareables nye kritiske holdning til Silicon
Valleys versjonen av delingsøkonomien, i motsetning til viktige si-
der ved den virkelige delingsøkonomien, som fri programvare, del-
takende budsjettering (der borgere avgjør hvordan et offentlig bud-
sjett blir brukt), kooperativer med mer. Han skrev, «Det er ikke det

at samarbeidet om forbruk er dødt, det er mer det at det risikerer døden etter hvert som det blir absorbert av 'Borgkollektivet' ».

Neal sa at deres offentlige kritikk av bedriftsbasert delingsøkonomi definerte hva Shareable var og er. Han tror ikke magasinet forsatt ville ha eksistert om de hadde valgt annerledes. «Vi ville ha fått et annet publikum, men det ville ha betydd slutten for oss», sa han. «Vi er en liten, formålsdrevet organisasjon. Vi ville aldri kunne klart oss igjennom den kritikken som Airbnb og Uber møter nå».

Interessant nok er lidenskapelige tilhengere bare en liten del av Shareables samlede publikum. De fleste er tilfeldige lesere som kommer over en Shareable-historie fordi den er knyttet til et prosjekt eller interesse de har. Men å velge prinsipper fremfor muligheten til henge i frakkeskjøtene på de store bedriftsaktørene på deleområdet reddet Shareables troverdighet. Selv om de ble løsrevet fra den bedriftsbaserte delingsøkonomien, ble nettmagasinet stemmen til den «virkelige delingsøkonomien», og fortsatte med øke sitt nedslagsfelt.

Shareable er et tidsskrift, men innholdet de publiserer er et middel til å fremme sin rolle som leder og katalysator for en bevegelse. Shareable ble en leder i bevegelsen i 2009. «På den tiden var det en delingsbevegelse boblende under overflaten, men ingen samlet trådene», sa Neal. «Vi besluttet å gå inn i det rommet og ta på oss denne rollen.» Det lille teamet bak den ikkekommersielle publikasjonen trodde virkelig at deling kunne bli sentralt for å løse noen av de store problemene mennesker står overfor – ressursulikhet, sosial isolasjon og global oppvarming.

De har jobbet hardt for å finne måter å fortelle historier som viser ulike måter å lykkes på. «Vi ønsket å endre oppfatningen av hva som utgjør det gode liv», sier Neal. Mens de startet med et svært bredt fokus på deling generelt, legger de i dag trykk på historier om fysiske fellesskap som «delte byer» (det vil si byområder som styres bærekraftig og kooperativt), så vel som digitale plattformer som drives demokratisk. De fokuserer spesielt på hvordan gjør-det-selv-innhold som hjelper sine lesere til å gjøre endringer i sine egne liv og samfunn.

Mer enn halvparten av historiene i Shareables er skrevet av betalte journalister som har kontrakt med bladet. «Spesielt på områder som er prioritert hos oss, ønsker vi virkelig å gå dypt og kontrollere kvaliteten», sier Neal. Resten av innholdet er enten bidrag fra gjesteskribenter, ofte kostnadsfritt eller skrevet i andre publikasjoner gjennom deres nettverk av innholdsleverandører. Shareable er medlem av Post Growth Alliance, som muliggjør deling av innhold og publikum i en stor og voksende gruppe av hovedsakelig ikke-kommersielle organisasjoner. Hver organisasjon får en sjanse til å presentere historier for gruppen, og organisasjoner kan bruke og fremme hverandres historier. Mye av innholdet som lages av nettverket er lisensiert med Creative Commons.

Alt originalt innhold i Shareable er publisert med navngivingslisens (CC BY), som betyr at det kan brukes til alle formål så fremt det henvises til Shareable. Creative Commons-lisensiering er knyttet til Shareables visjon, misjon og identitet. Det alene forklarer organisasjonens tilslutning til lisensene for sitt innhold, men Neal mener CC-lisensiering hjelper dem å øke sin rekkevidde. «Ved å bruke CC-lisensiering», sa han, «skjønte vi at vi kan nå langt flere mennesker gjennom et formelt og uformelt nettverk av republiserere eller forbindelser. Det har definitivt vært tilfelle. Det er vanskelig for oss å måle rekkevidden for andre medier, men de fleste som publiserer våre verk har mye større publikum enn oss».

I tillegg til sine vanlige nyheter og kommentarer på nettet, har Shareable også eksperimentert med publisering. I 2012 jobbet de med et tradisjonelt forlag for å gi ut «Share or Die: Voices of the Get Lost Generation in an Age of Crisis». Den CC-lisensierte boken var tilgjengelig i trykt form for kjøp, eller gratis på nettet. Boken, sammen med deres CC-lisensierte guide «Policies for Shareable Cities», er to av de største produsentene av trafikk på hjemmesiden deres.

I 2016 publiserte Shareable selv en håndbok med Shareable-historier kalt slik: «How to: Share, Save Money and Have Fun». Boken var tilgjengelig for salg, mens en PDF-versjon av boken var tilgjengelig gratis. Shareable planlegger å tilby boken i kommende pengeinnsamlingskampanjer.

Denne siste boken er en av mange pengeinnsamlingseksperimenter Shareable har gjennomført de siste årene. Foreløpig er Shareable primært finansiert av tilskudd fra stiftelser, men de beveger seg aktivt mot en mer diversifisert (mangfoldig) modell. De har organiserte sponsorer, og arbeider med å utvide basen av individuelle givere. Ideelt sett vil de til slutt være hundre prosent finansiert av publikum. Neal mener at å være fullt ut støttet av samfunnet, vil representere deres visjon av verden bedre.

For Shareable handler suksess mye om deres innvirkning på verden. Dette gjelder for Neal, men også for alle som arbeider for Shareable. «Vi trekker til oss lidenskapelige mennesker», sier Neal. Til tider betyr det at ansatte jobber så hardt at de blir utbrent. Neal prøver å understreke for Shareable-teamet at en annen side av suksess er å ha det gøy og ta vare på seg selv, samtidig som du gjør noe du elsker. «En sentral del av å være menneske er at vi lengter etter å være med på et stort eventyr med mennesker vi elsker», sa han. «Vi er en art som ser forbi horisonten, og tenker og skaper nye verdener, men vi søker også etter komforten i hjemmet».

I 2013 kjørte Shareable sin første folkefinansieringskampanje for å starte sitt Sharing Cities Network. Neal sa at de først var på vei til å mislykkes stort. De kalte inn sine rådgivere i panikk, og ba om hjelp. Rådet de fikk var enkelt — «Sett deg på en stol og start samtaler». Det er nøyaktig hva de gjorde, og de endte opp med å nå målet på 50 000 dollar. Neal sa at kampanjen hjalp dem med å nå nye mennesker, men de aller fleste støttespillere var folk i deres eksisterende base.

For Neal symboliserte dette hvordan så mye av suksessen som kommer fra relasjoner. Over tid har Shareable investert tid og energi på forholdet til leserne og tilhengerne sine. De har også investert ressurser i å bygge relasjoner mellom sine lesere og tilhengere.

Shareable begynte å organisere arrangementer i 2010. Disse arrangementene var ment å bringe videodelingssamfunnet sammen. Men over tid skjønte de at de kunne nå langt flere mennesker hvis de hjalp sine lesere med å lage egne arrangementer. «Hvis vi ønsket å gjøre det stort med en konferanse, var det stor risiko og et stort bemanningsbehov, i tillegg til at bare en brøkdel av vårt fellesskap kunne delta på arrangementet», sier Neal. Å hjelpe andre med å lage sine egne arrangementer over hele kloden tillot dem å skalere opp arbeidet mer effektivt, og rekke ut til langt flere personer. Shareable har bidratt til tre hundre ulike arrangementer, og nådd over tjue tusen mennesker siden de tok i bruk denne strategien for tre år siden. I fortsettelsen fokuserer Shareable på å lage og distribuere innhold som er ment å anspore til lokale tiltak. For eksempel ville Shareable publisere en ny CC-lisensiert bok i 2017 fylt med idéer som nettverket kan gjennomføre.

Neal sier at Shareable snublet over denne strategien, men det synes å sammenfatte perfekt hvordan fellesskap er ment å fungere. I stedet for en størrelse som skal passe for alle, legger Shareable ut verktøy der folk kan ta idéer og tilpasse dem til sine egne lokalsamfunn.

23. Siyavula

Siyavula er et fortjenestebasert pedagogisk utdannings-teknologisk selskap som lager lærebøker og integrerte læringsopplevelser. Grunnlagt år 2012, i Sør-Afrika.

https://www.siyavula.com

Inntektsmodell: Betaling for tilpassede tjenester, sponsing

Intervjudato: 5. april 2016

Intervjuet: Mark Horner, administrerende direktør

Profilen skrevet av Paul Stacey

Åpenhet er et viktig prinsipp for Siyavula. De tror at hver elev og lærer bør ha tilgang til høykvalitets pedagogiske ressurser, da dette danner grunnlag for langsiktig vekst og utvikling. Siyavula har vært en pioner i å skape høykvalitets åpne lærebøker i matematikk og naturfag for fra fjerde til tolvte klasse i Sør-Afrika.

Når det gjelder å skape en åpen forretningsmodell knyttet til Creative Commons, har Siyavula og dets grunnlegger, Mark Horner, måttet ta noen runder. Siyavula har markant skiftet retning og strategi flere ganger for å overleve og vokse. Mark sier det hele har vært veldig organisk.

Det hele startet i 2002, da Mark og flere andre kolleger ved University of Cape Town i Sør-Afrika grunnla det gratis prosjektet High School Science Texts. De fleste studentene i Sør-Afrika videregående skoler hadde ikke tilgang til utfyllende lærebøker med høy kvalitet i naturfag og matematikk, så Mark og hans kolleger startet med å skrive dem, og gjøre dem fritt tilgjengelig.

Som fysikere var Mark og hans kolleger tilhengere av fri programvare. For å lage frie og åpne bøker tok de i bruk Free Software Foundations GNU Free Documentation License.[1] For å skrive bøkene valgte de LaTeX, et typesettingsprogram som brukes til å publisere vitenskapelige dokumenter. Over en periode på fem år produserte High School Science-prosjektet lærebøker i matematikk og naturvitenskap for 10. til 12. klasse.

I 2007 tilbød Shuttleworth Foundation finansieringsstøtte for å gjøre lærebøker tilgjengelig for utprøving på flere skoler. Undersøkelser før og etter lærebøker ble tatt i bruk, viste ikke noen betydelig kritikk av lærebøkenes pedagogiske innhold. Dette gledet både forfattere og Shuttleworth. Mark er utrolig stolt av å ha oppnådd dette.

Men utviklingen av nye lærebøker frøs på dette stadiet. Mark flyttet sitt fokus til skoler på landsbygda, som ikke har lærebøker i det hele tatt, og så på alternativene for trykking og distribusjon. Noen sponsorer dukket opp, men ikke mange nok til å møte behovet.

I 2007 sammenkalte Shuttleworth og Open Society Institute en gruppe av åpen-utdanningsaktivister til et lite men livlig møte i Cape Town. Ett resultatet var Cape Town Open Education Declaration, en erklæring om prinsipper, strategier og engasjement for å hjelpe den åpne-utdanningsbevegelsen til å vokse.[2] Shuttleworth inviterte også Mark til å gjennomføre et åpent innholdsprosjekt for alle fag i K-12 på engelsk. Det prosjektet ble til Siyavula.

De skrev seks originale lærebøker. Et lite forlag tilbød Shuttleworth å kjøpe forlagets K-9 innhold for alle fag i sørafrikanske skoler både på engelsk og Afrikaans. En avtale ble inngått, og alt det ervervede innholdet ble lisensiert med Creative Commons, en betydelig utvidelse i forhold til de seks opprinnelige bøkene.

Mark ønsket å lage det gjenværende pensum i samarbeid, gjennom praksisfellesskap – med andre lærere og forfattere. Selv om deling er fundamentalt i undervisning, kan det være noen utfordringer når du lager pedagogiske ressurser kollektivt. En bekymring gjelder. Det er vanlig praksis i utdanning å kopiere diagrammer og

---

[1] http://www.gnu.org/licenses/fdl
[2] http://www.capetowndeclaration.org

tekstutdrag, men selvfølgelig er dette ikke alltid i samsvar med opphavsretten. En annen bekymring er åpenhet. Deling av hva du har skrevet, betyr at alle kan se det, og du åpner opp for kritikk. For å lette disse bekymringene tok Mark i bruk en team-basert tilnærming til redigering, og insisterte på at pensum utelukkende skulle være basert på ressurser med Creative Commons-lisenser, og dermed trygge å dele, og fri fra juridiske tilbakeslag.

Ikke bare ville Mark at ressursene skulle være delbare, han ville at alle lærere kunne remikse og redigere innholdet. Mark og hans team måtte komme opp med et åpent redigerbart format, og levere redigeringsverktøy. De endte opp med å legge alle bøkene de hadde kjøpt og skrevet på en plattform som heter Conexions.[3] Siyavula lærte opp mange lærere til å bruke Connexions, men det viste seg å være for komplisert, og lærebøker ble sjelden redigert.

Da besluttet Shuttleworth Foundation å helt restrukturere sitt arbeid som en stiftelse til en fellesskapsmodell (av grunner helt uten tilknytning til Siyavula). Som en del av denne overgangen i 2009-2010, arvet Mark Siyavula som en uavhengig enhet, og tok eierskap over det som medlem av Shuttleworth.

Mark og hans team eksperimenterte med flere ulike strategier. De prøvde å opprette en redigerings- og vertskapsplattform kalt Full Marks, slik at lærere kunne dele vurderingstemaer. De prøvde å lage en tjeneste kalt Open Press, der lærere kunne be om at åpne pedagogiske ressurser skulle akkumuleres i en pakke, og skrevet for dem. Disse tjenestene har aldri virkelig rullet ut.

Så tok den sørafrikanske regjeringen kontakt med Siyavula og uttrykte interesse for å trykke opp de opprinnelige seks Free High School Science Texts (gratis lærebøker i matematikk og naturvitenskap for 10. til 12.-klasse) for alle elever i videregående opplæring i Sør-Afrika. Selv om Siyavula var litt motløs over åpne pedagogiske ressurser på dette tidspunktet, så de på dette som en stor mulighet.

De begynte å oppfatte at seks bøker hadde et enormt markedsføringspotensial for Siyavula. Å trykke Siyavula-bøker til hvert barn i Sør-Afrika ville gi merkevaren deres stor eksponering, og kunne gi store mengder trafikk til nettstedet deres. I tillegg til bøker, kan Siyavula også gjøre bøkene tilgjengelige på hjemmesiden sin, og gjøre det mulig for elever å få tilgang til dem fra alle enheter –

---

[3] http://cnx.org

datamaskin, nettbrett eller mobiltelefon.

Mark og teamet hans forestilte seg etter hvert hva de kunne utvikle, utover det som var i lærebøker, som en tjeneste de tar betalt for. En viktig ting du ikke kan gjøre i en trykt lærebok er å demonstrere løsninger. Vanligvis gis det et enlinjers svar i slutten av boken, men ingenting om prosessen for å komme frem til løsningen. Mark og hans team utviklet øvelseselementene og detaljerte løsninger, og ga elever mange muligheter til å teste ut det de har lært. Videre kunne en algoritme tilpasse disse øvelseselementene til de individuelle behovene til hver enkelt elev. De kalte denne tjenesten Intelligent Practice (Intelligent praksis) , og la inn innebygde lenker til den i de åpne lærebøkene.

Kostnadene for å bruke Intelligent Practice ble satt svært lavt, noe som gjorde det tilgjengelig selv for de med begrenset økonomi. Siyavula gikk for stort volum og bred bruk i stedet for et å være et dyrt produkt forbeholdt kun den mest bemidlede delen av markedet.

Regjeringen distribuerte bøkene til 1,5 millioner studenter, men det var en uventet mangel: Bøkene ble levert sent. I stedet for å vente, ga skoler som hadde råd elevene en annen lærebok. Siyavula-bøker ble til slutt distribuert, men med velstående skoler som hovedsakelig bruker en annen bok, ble det primære markedet for Siyavulas Intelligent Practice-tjeneste, utilsiktet, for lavinntektselever.

Nettstedet til Siyavula så en dramatisk økning i trafikken. De fikk fem hundre tusen besøkende per måned til sitt matte-nettsted og samme antall til sitt naturfags-nettsted. To femtedeler av trafikken var lesing fra en «funksjonstelefon» (en ikke smart mobiltelefon uten app-er). Folk med enkle telefoner leste matematikk og realfag på en to-tommers skjerm til alle døgnets timer. Det var helt fantastisk for Mark, og demonstrerte behovet de betjente.

Først kunne Intelligent Practice-tjenestene kun betales med kredittkort. Dette viste seg problematisk, særlig for dem i lavinntektsgruppene, der kredittkort ikke var utbredt. Mark sier Siyavula tidlig fikk seg en hard lekse i forretningsmodellering. Som han beskriver det, handler det ikke bare om produktet, men hvordan du selger det, hvem markedet er, hva prisen er, og hvile barrierer man støter på for bruk.

Mark beskriver dette som den første versjonen av Siyavulas forretningsmodell: Åpne lærebøker som markedsføringsmateriale og trafikk til nettstedet ditt, der du kan tilby en relatert tjeneste, og konvertere noen til å bli en betalende kunde.

For Mark var en viktig beslutning for forretningsdriften til Siyavula å fokusere på hvordan de kan tilføre verdi i tillegg til sin grunnleggende tjeneste. De tar betalt kun hvis de legger til unik verdi. Selve innholdet i læreboken er overhodet ikke unikt, så Siyavula ser ikke poenget med å låse det ned og ta betalt for det. Mark nevner at dette er svært forskjellig fra hvordan tradisjonelle forleggere tar betalt om og om igjen for det samme innholdet, uten å legge til noen verdi av det.

Versjon 2 av Siyavulas forretningsmodell var en stor, ambisiøse idé-oppskalering. De besluttet også å selge tjenesten Intelligent Practice-tjenesten direkte til skolene. Skolene kan abonnere på en pr. elev, pr. emnebasis. Et enkelt abonnement gir en elev tilgang til ett enkelt emne, inkludert tilgjengelig praksisinnhold for hvert klassetrinn for dette emnet. Det tilbys lavere abonnementspriser når det er over to hundre studenter, og store skoler har et pristak. 40 prosent rabatt tilbys skoler der både naturfag- og matematikkavdelingene abonnerer.

Lærere får et skjermbilde som tillater dem å overvåke fremdriften for en hel klasse, eller vise en enkeltelevs resultater. De kan se spørsmål som elevene arbeider med, identifisere problemer og være mer strategiske i undervisningen. Elevene har også sitt eget personlige skjermbilde, hvor de kan vise seksjonene de har brukt, hvor mange poeng de har tjent, og hvordan ytelsen deres blir bedret.

Basert på suksessen med dette arbeidet, besluttet Siyavula å øke produksjonen av åpne pedagogiske ressurser slik at de kunne levere tjenesten «Intelligent Practice» for et bredere tilbud av bøker. Bøkene for 10. til 12.-klasse i matematikk og realfag ble omarbeidet hvert år, og nye bøker laget for klassene 4. til 6. og senere for klasse 7. til 9.

I samarbeid med, og sponset av Sasol Inzalo Foundation, har Siyavula produsert en rekke arbeidsbøker for naturvitenskap og teknologi for 4. til 6.-klasse, kalt Thunderbolt Kids, som bruker en morsom tegneseriestil.[4] Det er et komplett pensum som også har med lærerens veiledninger og andre ressurser.

---

[4]http://www.siyavula.com/products-primary-school.html

Gjennom denne erfaringen lærte Siyavula at de kunne få sponsorer til å finansiere åpent lisensierte lærebøker. Det hjalp at Siyavula på denne tiden hadde spikret produksjonsmodellen. Det koster omtrent 150 000 dollar å produsere en bok på to språk. Sponsorer likte den sosiale nytten av lærebøker låst opp med en Creative Commons-lisens. De likte også eksponeringen deres merkevare fikk. For omtrent 150 000 dollar vil logoen deres være synlig på bøker distribuert til over en million elever.

Siyavula-bøkene, gjennomgått, godkjent og merket av regjeringen, er fritt og åpent tilgjengelig på Siyavulas hjemmeside under en Attribution-NoDerivs-lisens (CC BY-ND) - NoDerives betyr at disse bøkene ikke kan endres. Ikke-regjeringsmerkede bøker er tilgjengelige med en Attribution-lisens (CC BY), slik at andre kan modifisere og redistribuere bøkene.

Selv om den sørafrikanske regjeringen betalte for å trykke og distribuere papirkopier av bøkene til skolebarn, mottok ikke Siyavula selv noen finansiering fra regjeringen. Siyavula prøvde først å overbevise myndighetene om å gi dem fem rand pr. bok (omkring 35 US cent). Med disse pengene, sier Mark, at Siyavula kunne ha kjørt hele operasjonen, bygget en fellesskapsbasert modell for å produsere flere bøker, og gi Intelligent Practice til alle barn i landet. Men etter å ha forhandlet lenge, sa regjeringen nei.

Å bruke Siyavula-bøker genererte store besparelser for regjeringen. Å gi elevene en tradisjonelt publisert lærebok for 12.-klasse i naturfag eller matte koster rundt 250 rand pr. bok (rundt 18 US dollar). Å gi eleven Siyavula-versjonen koster rundt 36 rand (ca 2,60 dollar), en besparelse på over 200 rand pr. bok. Men ingen av disse besparelsene ble gitt videre til Siyavula. I ettertid mener Mark at dette kan ha slått ut i deres egen favør, ettersom det tillot dem å forbli uavhengige av regjeringen.

Akkurat da Siyavula planla å skalere opp produksjon av åpne lærebøker enda mer, endret den sørafrikanske regjeringen sin lærebokpolitikk. For å spare kostnader erklærte regjeringen det bare ville være en eneste autorisert lærebok for hver klasse og hvert emne. Det var ingen garanti for at Siyavulas ville bli valgt. Dette skremte bort mulige sponsorer.

I stedet for å produsere flere lærebøker, fokuserte Siyavula på å forbedre sin Intelligent Practice-teknologi til sine eksisterende bøker. Mark kaller denne versjonen tre av Siyavulas forretningsmodell – fokus på teknologi som gir tjenesten inntekter, og gir flere brukere av denne tjenesten. Versjon 3 økte betydelig i 2014 etter en investering av Omidyar Network (med filantropisk risikokapital startet av eBay-grunnlegger Pierre Omidyar og hans ektefelle), og fortsetter å være den modellen Siyavula bruker i dag.

Mark sier salget er på vei oppover, og de er virkelig festet til Intelligent Practice. Skolene fortsetter å bruke sine åpne lærebøker. Politikken regjeringen kunngjorde, at det bare skulle være en lærebok pr. fag, viste seg å være svært omstridt, og svever i uvisshet.

Siyavula utforsker en rekke forbedringer av sin forretningsmodell. Disse inkluderer betaling av et lite beløp for vurderingstjenester over telefon, diversifisering (spredning) av markedet sitt til alle engelsktalende land i Afrika, og å sette opp et konsortium som gjør Intelligent Practice gratis til alle barn ved å selge ikke-personlige data som samles av Intelligent Practice.

Siyavula er et foretak for fortjeneste, men med sosiale oppgaver. Deres aksjeeieravtale lister mange krav om åpenhet for Siyavula, inkludert krav om at innholdet alltid legges inn under en åpen lisens, og at de ikke tar betalt for noe som folk frivillig gjør for dem. De mener at den enkelte skal ha tilgang til de ressurser og den støtte de trenger for å få utdanningen de fortjener. Å har læringsressurser åpent lisensiert med Creative Commons betyr at de kan oppfylle sin sosiale oppgave, i tillegg til at de kan de bygge inntektsgivende tjenester for å opprettholde kontinuerlig drift av Siyavula. I åpne forretningsmodeller har Mark og Siyavula måttet gå noen runder noen ganger, men både han og selskapet er blitt sterkere av det.

24. SparkFun

SparkFun er en nettbasert elektronikkforhandler som spesialiserer seg på åpen maskinvare. Grunnlagt i 2003 i USA.

http://www.sparkfun.com

Inntektsmodell: Betaling for fysiske kopier (elektroniske salg)

Dato for intervju: 29. februar 2016

Intervjuet: Nathan Seidle, grunnlegger

Profilen skrevet av Sarah Hinchliff Pearson

SparkFuns grunnlegger og tidligere administrerende direktør Nathan Seidle har et bilde av seg selv med et stort smilende ansikt, der han holder opp en klone av et SparkFun-produkt på et elektronikkmarked i Kina. Han var på reise i Kina da han kom over deres LilyPad bærbarteknologi laget av noen andre. Hans reaksjon var fryd.

«Å bli kopiert er det største kjennetegnet på smiger og suksess», sa Nathan. «Jeg tenkte at det var utrolig stilig at de solgte til et marked vi aldri ellers kom til å nå ut til. Det var et bevis på hvordan vi påvirket verden».

Dette syn på verden preger alt SparkFun gjør. SparkFun er en elektronikkprodusent. Selskapet selger sine produkter direkte til publikum på nettet, og fyller dem med pedagogiske verktøy for å selge til skoler og lærere. SparkFun bruker Creative Commons-lisenser til alle skjemaer, bilder, opplæringsinnhold og læreplaner, slik at alle kan lage sine produkter på egenhånd. Å bli kopiert er en del av designet.

Nathan mener at åpen lisensiering er bra for verden. «Det møter vårt naturlige menneskelige delingsinstinkt», sa han. Men han mener også sterkt at det gjør SparkFun bedre på hva de gjør. De oppfordrer til kopiering, og deres produkter kopieres med stor hastighet, ofte innen ti-tolv uker etter utgivelsen. Dette tvinger selskapet til å konkurrere på noe annet enn produktutforming, eller det som vanligvis vurderes som deres åndsverk.

«Vi konkurrerer på forretningsprinsipper», hevder Nathan. «Å hevde territorium med immaterielle rettigheter tillater en komfortabel hvile på laurbærene. Det gir deg et sikkerhetsnett. Vi tok bort det sikkerhetsnettet».

Resultatet er et intenst fokus i hele firmaet på produktutvikling og forbedring. «Våre produkter er så mye bedre enn de var for fem år siden», sier Nathan. «Da solgte vi bare produkter. Nå er det et produkt pluss en video, sytten siders oppkoblingsveiledning samt eksempel på fastvare til tre forskjellige plattformer for å få deg i gang raskere. Vi har blitt bedre fordi vi måtte, for å kunne konkurrere. Selv om det er smertefullt for oss, kommer det kundene til gode».

SparkFun-deler er tilgjengelig på eBay til lavere priser. Men folk kommer direkte til SparkFun fordi SparkFun gjør livet deres enklere. Eksempelkoden fungerer. Det er et servicenummer å ringe; de sender erstatningsdeler samme dag som de får en servicehenvendelse. De investerer tungt i service og støtte. «Jeg mener bedrifter ikke bør benytte immaterielle rettighetsbarrierer når de konkurrerer», sier Nathan. «Dette er det de bør konkurrere om».

Historien til selskapet Sparkfun startet på studenthybelen til Nathan. Han tilbrakte mye tid med å eksperimentere med, og bygge, elektronikk, og han skjønte det var en nisje ledig i markedet. «Hvis du ønsket å bestille noe», sa han, «måtte du først søke vidt og bredt for å finne det, og deretter måtte du ringe eller fakse noen». I 2003, i sitt tredje år på college, registrerte han http://sparkfun.com, og startet med videresalg av produkter fra soverommet sitt. Etter at han ble uteksaminert, begynte han å lage og selge sine egne produkter.

Så snart han startet med å utforme sine egne produkter, la han ut programvaren og koblingsskjemaene på nettet for å hjelpe til med teknisk kundestøtte. Etter noen undersøkelser om lisensbetingelser, valgte han Creative Commons-lisenser fordi han hadde sans for «avtaler som var leselige for mennesker», og som forklarte lisensvilkårene i klartekst. SparkFun bruker fortsatt CC-lisenser for alle skjemaer og fastvare til produktene sine.

Selskapet har vokst fra et soloprosjekt til et konsern med 140 medarbeidere. I 2015 hadde SparkFun 33 millioner dollar i inntekter. Å selge komponenter og dingser til hobbyformål, profesjonelle, og kunstnere er fortsatt en viktig del av Sparkfuns virksomhet. De selger sine egne produkter, men de samarbeider også med Arduino (også presentert i denne boken) med produksjon av brett for videresalg under Arduinos merke.

SparkFun har også en utdanningsavdeling som har til oppgave å fokusere på å lage en helt konkret læreplan for å lære elevene om elektronikk ved å bruke prototype-deler. Fordi SparkFun alltid har vært konsentrert om å gjøre andre i stand til å gjenskape og reparere sine produkter på egenhånd, er det senere fokuset på å innføre unge i teknologi en naturlig forlengelse av kjernevirksomheten.

«Vi har en forpliktelse og mulighet til å utdanne den neste generasjonen av tekniske borgere», sier Nathan. «Vårt mål er å påvirke livene til tre hundre og femti tusen videregående elever i 2020».

At Creative Commons-lisensen ligger under alle Sparkfuns produkter, er sentralt i dette oppdraget. Lisensen signaliserer ikke bare en vilje til å dele, men det uttrykker også et ønske om at andre skal gå inn og fikle med produktene deres, både for å lære, og å forbedre produktene deres. SparkFun bruker Attribution-ShareAlike-lisens (CC BY-SA), som er en «copyleft»-lisens som tillater folk å gjøre hva som helst med innholdet, så lenge de navngir opphavet, og gjør eventuelle tilpasninger tilgjengelige under de samme lisensvilkårene.

Fra begynnelsen har Nathan forsøkt å lage et arbeidsmiljø hos SparkFun som han selv ønsker å arbeide i. Resultatet er hva som synes å være en ganske morsom arbeidsplass. Det amerikanske selskapet ligger i Boulder, Colorado. De har et åttitusen kvadratfot stort anlegg (omtrent syvtusenfirehundre kvadratmeter), der de designer og produserer sine produkter. De tilbyr publikum turer i anlegget flere ganger i uken, og de åpner sine dører for publikum til en konkurranse en gang i året.

Denne åpne samlingen kalles «Autonomous Vehicle Competition» (Selvstyrt kjøretøyskonkurranse), og samler mellom tusen og to tusen kunder og andre teknologientusiaster fra området rundt, til å kjøre sine egne selvlagde roboter mot hverandre, delta på treningsverksteder, samt bli kjent. Fra et forretningsperspektiv, sier Nathan at dette er en forferdelig idé. Men de arrangerer ikke samlingen i forretningsøyemed. «Grunnen til at vi gjør det, er fordi jeg får reise og ha kontakt med kundene våre hele tiden, mens de fleste av våre ansatte får ikke det,» sa han. «Denne hendelsen gir ansatte mulighet til å få kontakt ansikt til ansikt med kundene våre.» Samlingen gir arbeidet deres et menneskelig element, noe som gjør den mer meningsfylt.

Nathan har jobbet hardt for å gi en dypere mening i arbeidet SparkFun gjør. Selskapet er selvfølgelig fokusert på finansiell ansvarlighet, men er, når alt kommer til alt, drevet av noe annet enn penger. «Fortjeneste er ikke målet. Det er resultatet av en godt gjennomført plan», sier Nathan.« Vårt fokus er større innvirkning på verden.» Nathan mener de får noen av de smarteste og mest fantastiske ansatte fordi de ikke bare fokuserer på bunnlinjen.

Selskapet er forpliktet til åpenhet, og deler alle sine økonomiopplysninger med sine ansatte. De ønsker også generelt å unngå å bli en annen sjelløs bedrift. De prøver aktivt å vise menneskene bak selskapet, og de arbeider for å sikre at folk ikke bare finner et uforanderlig innhold når de kommer til nettområdet deres.

Sparkfuns kundebase består hovedsakelig av flittige elektronikkentusiaster. De har kunder som er regelmessig involvert i selskapets kundeservice, og på egen hånd svarer på spørsmål i fora og seksjonene med produktkommentarer. Kunder bringer også produktidéer til selskapet. SparkFun går regelmessig gjennom forslag fra kunder, og forsøker å basere seg på dem der de kan. «Fra begynnelsen har vi lyttet til fellesskapet», sa Nathan. «Kundene vil identifisere en plage, og vi vil finne en løsning som tar av den.»

Men denne typen kundedeltakelse fører ikke alltid til at folk aktivt bidrar til Sparkfuns prosjekter. Selskapet har en felles kildebrønn med programvarekode på nettet til hver av sine enheter. I et spesielt aktivt prosjekt vil det bare være rundt to dusin mennesker som bidrar med betydelige forbedringer. Den store majoriteten av prosjekter er relativt uberørt av publikum. «Det er en teori om at hvis du bruker fri programvare, så kommer folk til deg», sa

Nathan. «Det er i virkeligheten ikke riktig.»

Heller enn å fokusere på å lage ting sammen med sine kunder, fokuserer SparkFun i stedet på å få folk til å kopiere, fikse, og forbedre produktene på egen hånd. De investerer tungt i veiledninger og annet materiale som hjelper folk å forstå hvordan produktene fungerer, slik at de selv kan fikse og forbedre ting. «Det gir meg glede når folk tar et oppsett fra fri programvare, og deretter bygger sine egne kretskort basert på vår utforming», sier Nathan.

Selvfølgelig er å åpne designet av produktene deres nødvendig hvis målet deres er å gi offentligheten større innflytelse. Nathan mener bestemt at det gir dem større inntekter, fordi det krever at de fokuserer på hvordan de kan levere maksimal verdi. I stedet for å designe et nytt produkt og beskytte det, for å trekke ut så mye penger som mulig, gir de fra seg de nøklene som skal til for at andre kan bygge det selv, og bruker deretter selskapets tid og ressurser på innovasjon og service. I et kortsiktig perspektiv kan SparkFun miste et par dollar når andre kopierer deres produkter. Men i det lange løp gjør det dem til en kvikkere, mer innovativ bedrift. Med andre ord, det gjør dem til et slikt selskap de har satt seg fore å være.

25. TeachAIDS

TeachAIDS er et nonprofit selskap som lager pedagogisk materiell for å lære folk over hele verden om HIV og AIDS. Grunnlagt i 2005 i USA.

http://teachaids.org

Inntektsmodell: Sponsing

Intervjudato: 24. mars 2016

Intervjuet: Piya Sorcar, administrerende direktør, og Shuman Ghosemajumder, styret

Profilen skrevet av Sarah Hinchliff Pearson

TeachAIDS er et ukonvensjonelt medieselskap med en konvensjonell inntektsmodell. Som de fleste medieselskaper er de subsidiert med reklame. Selskaper betaler for å ha sine logoer på utdanningsmaterialet som TeachAIDS distribuerer.

Men i motsetning til de fleste medieselskaper, er TeachAIDS en ideell organisasjon med en rent sosial målsetning. TeachAIDS er dedikert til å utdanne den globale befolkningen om HIV og AIDS, spesielt i deler av verden hvor utdanningsinnsats historisk har vært mislykket. Utdanningsinnholdet deres formidles med interaktiv programvare som bruker metoder basert på den nyeste forskningen om hvordan folk lærer. TeachAIDS gir innhold til mer enn åtti land over hele verden. I hvert tilfelle er innholdet oversatt til det lokale språket, og tilpasset for å samsvare med lokale normer og skikker. Alt innhold er gratis og gjort tilgjengelig under en Creative Commons-lisens.

TeachAIDS bygger på nestekjærligheten til grunnlegger og administrerende direktør Piya Sorcar, som lønnes med en dollar i året i dette ideelle foretaket. Prosjektet vokste ut fra forskning hun utførte mens hun arbeidet med sin doktorgrad ved Stanford University. Hun leste rapporter om India, og merket seg at det ville bli det neste vekstområdet for mennesker med HIV. Til tross for at internasjonale og nasjonale organisasjoner brukte hundrevis av millioner dollar på HIV-forebyggende arbeid, viste rapportene at kunnskapsnivået fortsatt var lavt. For eksempel var folk ikke klar over om viruset kunne overføres via hoste og nysing. Støttet av et tverrfaglig team av eksperter ved Stanford, gjennomførte Piya lignende studier, som bekreftet tidligere forskning. De fant at den primære årsaken til begrenset forståelse var at HIV, og problemer knyttet til det, ofte ble betraktet som for tabu til å diskutere fullt ut. Det andre store problemet var at det meste av utdanningen om dette emnet skjedde gjennom TV-reklame, reklametavler og andre kampanjer i massemedia, noe som betydde at folk bare fikk bruddstykker av informasjon.

I slutten av 2005 brukte Piya og hennes team forskningsbasert utforming for å skape nytt pedagogisk materiell, og jobbet med lokale partnere i India for å distribuere det. Så snart den animerte programvaren var publisert på nettet, fikk Piyas team forespørsler fra enkeltpersoner og myndigheter som var interessert i å få denne modellen til flere land. «Vi skjønte raskt at å utdanne store befolkningsgrupper om et emne som var ansett for å være tabu, ville være utfordrende. Vi gikk i gang med å identifisere passende lokale partnere, og jobbet for å skape en effektiv, kulturelt tilpasset utdanning», sa Piya.

Like etter den første utgivelsen, besluttet Piyas team å ta med sin oppgave til en uavhengig, ideell organisasjon fra Stanford University. De besluttet også å bruke Creative Commons-lisenser på materialet.

Med sine pedagogiske formål hadde TeachAIDS en åpenbar interesse av å få materialet delt så mye som mulig. Men de trengte også å sikre integriteten til den medisinske informasjonen i innholdet. De valgte Attribution-NonCommercial-NoDerivs-lisensen (CC BY-NC-ND), som i hovedsak ga publikum rett til distribuere bare ordrette kopier av innholdet, og for ikke-kommersielt formål. «Vi ønsket henvisning til TeachAIDS, og vi kunne ikke stå bak avledede verk uten nøye gjennomgang av dem», sa medstifter og styreleder Shuman Ghosemajumder. «Det krevde lite tenking å gå for en CC-lisens fordi det fantes en ferdiglaget løsning på akkurat dette problemet. Det har tillatt oss å skalere opp våre materialer raskt , sikkert og globalt, og samtidig bevare innholdet vårt og beskytte oss.»

Å velge en lisens som ikke tillater tilpasning av innholdet, var en fremvekst ut fra den forsiktige presisjonen som TeachAIDS behandler sitt innhold med. Organisasjonen investerer tungt i forskning og testing for å bestemme den beste metoden for å formidle informasjon. «Å lage innhold med høy kvalitet er det som betyr mest for oss», sa Piya. «Forskning styrer alt vi gjør.»

Et viktig funn var at folk aksepterer budskapet best når det kommer fra velkjente stemmer de stoler på og beundrer. For å få dette til ser TeachAIDS etter kulturelle ikoner som best appellerer til målgruppene sine, og rekrutterer dem til å donere sin støtte og stemme til bruk i den animerte programvaren. Hvilke kjendiser som involveres varierer for hver lokalt tilpassede versjon av materialet.

Lokalisering er trolig alene det viktigste aspektet når TeachAIDS lager innholdet. Mens hver regional versjon bygger på den samme kjernen av vitenskapelige materialer, legger de mye ressurser inn i å tilpasse innholdet til en bestemt populasjon. Fordi de bruker en CC-lisens som ikke tillater publikum å tilpasse innholdet, fører TeachAIDS nøye kontroll med lokaliseringsprosessen. Innholdet oversettes til det lokale språket, men det er også endringer i stoff og format for å reflektere kulturelle forskjeller. Denne prosessen resulterer i mindre endringer, som å velger ulike uttrykk basert på det lokale språket, og betydelige endringer, som å lage ulike versjoner etter kjønn for områder der hvor folk sannsynligvis lettere mottar informasjon fra noen av det samme kjønn.

Lokaliseringsprosessen er avhengig av frivillige. Deres gruppe med frivillige er sterkt engasjert i saken, og organisasjonen har vært heldigere med kvalitetskontrollen på materialet når de hører på frivillige istedenfor betalte oversettere. Til kvalitetskontroll har TeachAIDS tre separate frivillige lag som oversetter materialet fra engelsk til det lokale språket, og tilpasser innholdet til lokale skikker og normer. De tre versjonene blir deretter analysert og kombinert til en enkelt hovedoversettelse. TeachAIDS har flere team av frivillige som så oversetter denne versjonen tilbake til engelsk for å se hvor godt den stemmer overens med det opprinnelige materialet. De gjentar denne prosessen til de når en oversatt versjon som tilfredsstiller deres krav. For den tibetanske versjonen gikk de gjennom denne syklusen elleve ganger.

TeachAIDS benytter heltidsansatte, innleide på kontrakt og frivillige, alle i ulike roller og organisatoriske fordelinger. De er bevisste på å bruke mennesker med forskjellig bakgrunn til å lage materiale, inkludert lærere, studenter og leger, samt enkeltpersoner som har erfaring med å jobbe i en NGO-sammenheng. Dette mangfoldet og denne kunnskapsbredden bidrar til å sikre at materialet deres appellerer til folk fra alle samfunnslag. I tillegg samarbeider TeachAIDS tett med manusforfattere og regissører for å sikre at konseptene er underholdende og lette å forstå. Den inkluderende, men nøye kontrollerte, kreative prosessen utføres kun av folk som er tatt spesielt inn for å bistå i et bestemt prosjekt, snarere enn vanlige ansatte. Det endelige produktet de lager er utformet slik at det kreves null opplæring av folkene som skal ta seg av den praktiske gjennomføringen. «I vår forskning», forteller Piya, «fant vi at vi ikke kunne stole på at folk formidler informasjonen riktig, selv med de beste intensjoner. Vi trenger materiale hvor det holder at du kan trykke start på avspilleren».

Piyas team var i stand til å produsere alle disse versjonene i løpet av flere år med mannskap som aldri var mer enn åtte heltidsansatte. Organisasjonen er i stand til å begrense kostnadene ved å stole tungt på frivillige og andre personlige bidrag. Likevel trengte denne ideelle organisasjonen en bærekraftig inntektsmodell til å subsidiere innholdproduksjon og fysisk distribusjon av materiale. Å ta betalt, selv en lav pris, var rett og slett ikke et alternativ. «Lærere fra ulike ideelle organisasjoner verden over laget sitt eget materiale med hva de kunne finne gratis på nettet», sa Shuman. «Den eneste måten å overtale dem til å bruke vår svært effektive modell, var å gjøre det helt gratis.»

Som mange innholdsleverandører som tilbyr sitt arbeid gratis, endte de med annonsering som finansieringsmodell. Men de var svært forsiktig med å la reklame invadere deres troverdighet, eller undergrave den tunge innsatsen de legger i å skape kvalitetsinnhold. Sponsorer av innholdet har ikke mulighet til å påvirke substansen i innholdet, og de kan ikke engang lage reklameinnhold. Sponsorer får bare rett til å ha sin logo vist før og etter det pedagogiske innholdet. Alt innhold er fortsatt merket som TeachAIDS.

TeachAIDS er forsiktig med å søke midler for å dekke kostnadene for et bestemt prosjekt. I stedet er sponsing strukturert som ikke-øremerkede donasjoner til TeachAIDS. Dette gir TeachAIDS mer stabilitet, men enda viktigere, det gjør det mulig å subsidiere prosjekter tilpasset områder der det ikke finnes sponsorer. «Hvis vi bare opprettet versjoner basert på hvor vi kunne få sponsing, ville vi bare hatt materiale for rikere land», sa Shuman.

I 2016 hadde TeachAIDS dusinvis av sponsorer. «Når vi går inn i et nytt land, hører ulike selskaper om oss og tar kontakt med oss», sa Piya. «Vi trenger ikke å gjøre mye for å finne eller trekke dem til oss». De tror sponsorater er lette å selge fordi de gir så mye verdi tilbake til sponsorer. TeachAIDSs sponsorater gir bedrifter muligheten til å få nye øyne til å se deres merkevarer, og til en mye lavere kostnad enn andre annonseringskanaler. Målgruppen for innholdet til TeachAIDS tenderer også mot de yngre, som ofte er en demografi ønsket av merkevarer. I motsetning til tradisjonell reklame er innholdet ikke tidssensitivt, så en sponsorinvestering kan gi fordeler for et merke i mange år framover.

Viktigere er at verdien for bedriftssponsorer går ut over kommersielle hensyn. Som en ideell organisasjon med en tydelig formulert sosial oppgave er bedriftssponsing donasjoner til en sak. «Dette er noe selskaper internt kan være stolt av», sa Shuman. Noen selskaper har til og med bygget reklamekampanjer rundt det faktum at de har sponset disse initiativene.

Kjerneoppgaven til TeachAIDS er å sikre global tilgang til livreddende utdanning, dette definerer grunnlaget for alt organisasjonen gjør. Det underbygger arbeidet; og motiverer grunnleggerne. CC-lisensen på materialet de lager, fremmer dette oppdraget, slik at de trygt og raskt kan skalere sitt materiale over hele verden. «Creative Commons-lisensen har endret forutsetningene for TeachAIDS», fortalte Piya.

26. Tribe of Noise

Tribe of Noise er en inntektsgivende musikkplattform
som på nettet betjener film-, TV-, video-, spill- og i-butikk-
media-industriene. Grunnlagt i 2008 i Nederland.

http://www.tribeofnoise.com

Inntektsmodell: Betaling med et transaksjonsgebyr

Dato for intervju: 26. januar 2016

Intervjuet: Hessel van Oorschot, medgrunnlegger

Profilen skrevet av Paul Stacey

I starten av 2000-tallet var Hessel van Oorschot en entrepre-
nør som drev et firma der han trente andre mellomstore gründere
i hvordan man oppretter en Internett-bedrift. Han var også med-
forfatter i flere arbeidsbøker for små til mellomstore bedrifter om
å optimalisere sin virksomhet på nettet. Gjennom dette tidlige ar-
beidet ble Hessel kjent med prinsippene for åpen lisensiering, in-
kludert bruk av fri programvare og Creative Commons.

I 2005 lanserte Hessel og Sandra Brandenburg et nisjeinitiativ
med video-produksjon. Nesten umiddelbart fikk de problemer med
å finne, og lisensiere musikkspor. Alt de fant var standard, kald
lager-musikk. De ville lete opp nettsteder der de kunne lisensiere
musikk direkte fra musikeren uten å gå gjennom plateselskaper
eller agenter. Men i 2005 var ikke muligheten til å lisensiere musikk
direkte fra en rettighetshaver lett tilgjengelig.

De leide to advokater til å utrede ytterligere, og mens de avdek-
ket fem eller seks eksempler, fant Hessel at forretningsmodellen

manglet. Advokatene uttrykte interesse for å være deres juridiske team hvis de skulle bestemme seg for å forfølge dette som en forretningsmulighet. Hessel sier, «Når advokater er interessert i en satsing som dette, har du kanskje noe spesielt». Så etter noen flere undersøkelser, bestemte Hessel og Sandra tidlig i 2008 å bygge en plattform.

Å bygge en plattform ga et ekte høna og egget-problem. Plattformen måtte bygge et nettbasert fellesskap av rettighetshavere til musikk, og på samme tid gi fellesskapet informasjon og idéer om hvordan den nye økonomien virker. Fellesskapets villighet til å prøve nye forretningsmodeller for musikk krever et tillitsforhold.

I juli 2008 åpnet Tribe of Noise sine virtuelle dører med et par hundre musikere som var villige til å bruke CC BY-SA-lisensen (Attribution-ShareAlike) for en begrenset del av repertoaret. De to gründerne ønsket å ta smerten vekk for medieprodusenter som ønsket å lisensiere musikk, og løse de problemene de to personlig hadde erfart for å finne denne musikken.

Etter hvert som de bygget opp fellesskapet, fikk Hessel en telefon fra et selskap som laget i-butikken musikkspillelister som spurte om de hadde nok musikk lisensiert med Creative Commons som de kunne bruke. Butikkene trengte kvalitetsmusikk som var god å lytte til, men ikke nødvendigvis slagere, litt som en radio uten DJ. Dette åpnet en ny mulighet for Tribe of Noise. De startet sin i-butikken Music Service, og brukte musikk (lisensiert med CC BY-SA) lastet opp av Tribe of Noise sitt fellesskap av musikere.[1]

I de fleste land blir kunstnere, forfattere og musikere med i en vederlagsorganisasjon som administrerer lisensiering, og hjelper til med å samle inn royalty. Vederlagsorganisasjoner i EU har vanligvis monopol i sine respektive nasjonale markeder. I tillegg krever de at medlemmene deres overfører eksklusive rettighet til å administrere medlemmets verk. Dette kompliserer bildet for Tribe of Noise, som ønsker å representere kunstnere, eller i det minste en del av deres repertoar. Hessel og hans juridiske team tok kontakt med disse selskapene, og startet med dem i Nederland. Hva ville være den beste juridiske veien videre som ville respektere ønskene til komponister og musikere som var interessert i å prøve ut nye modeller som i-butikken musikktjeneste (In-store Music Service)? Vederlagsorganisasjone var først nølende og sa nei, men Tribe of

---

[1] http://www.instoremusicservice.com

Noise sto fast og hevdet at de primært arbeidet med ukjente artister, og gir dem eksponering i deler av verden hvor de vanligvis ikke får sendetid og inntekter – og dette overbeviste dem om at det var OK. «Imidlertid», sier Hessel, «vi kjemper fortsatt for en god sak hver eneste dag».

I stedet for å bygge opp en stor salgsorganisasjon, samarbeider Tribe of Noise med store organisasjoner med mange klienter, som kan fungere som en slags Tribe of Noise-forhandler. Det største telefonselskapet i Nederland, for eksempel, selger Tribes In-store Music Service-abonnementer til sine bedriftskunder, som inkluderer moteforhandlere og treningssentre. De har en lignende avtale med den ledende bransjeorganisasjonen for hoteller og restauranter i landet. Hessel håper å «klippe og lime» denne tjenesten til andre land der vederlagsorganisasjoner forstår hva du kan gjøre med Creative Commons. Etter Nederland fulgte oppfølgingen i Skandinavia, Belgia, og USA.

Tribe of Noise betaler ikke musikere på forhånd; de får betalt når musikken ender opp i Tribe of Noises i-butikken musikkanaler. Musikerne aksjeandel er på 42,5 prosent. Det er ikke uvanlig i en tradisjonell modell for kunstneren å bare få fra 5 til 10 prosent, slik at en andel på over 40 prosent er en betydelig bedre avtale. Her viser de et eksempel på sin hjemmeside:

Noen av sangene [lisensiert med CC BY-SA], for eksempel til sammen fem, velges som en skreddersydd i-butikken musikkanal som kringkaster i en stor, landsomfattende forhandlerkjede med 1000 butikker. I dette tilfellet inneholder den samlede spillelisten 350 sanger så musikerens andel er 5/350 = 1,43 %. Lisensavgiften man er enige med denne forhandleren om er US dollar 12 pr. måned pr. play-out. Så hvis 42,5 % deles med Tribes musikere i denne spillelisten, og din del er 1,43 %, ender du opp med US dollar 12 * 1000 butikker * 0.425 * 0.0143 = US dollar 73 pr. måned.[2]

Tribe of Noise har en annen modell som ikke involverer Creative Commons. I en undersøkelse med medlemmer sa de fleste de likte eksponeringen som bruk av Creative Commons gir dem, og måten den lar dem nå ut til andre til å dele og remikse. De hadde imidlertid litt av en mental kamp med at Creative Commons-lisenser er evigvarende. Mange musikere tenker slik at en dag kan en av sangene deres bli en hit over natten. Hvis det skjedde, ville CC

---

[2] http://www.tribeofnoise.com/info_instoremusic.php

BY-SA-lisensen utelukke dem fra å bli rik fra salg av den sangen.

Hessels juridiske team tok til seg tilbakemeldingen, og opprettet en ekstra modell og et eget område på plattformen kalt Tribe of Noise Pro. Sanger som lastes opp til Tribe of Noise Pro er ikke Creative Commons-lisensiert. Tribe of Noise har i stedet opprettet en kontrakt for «ikke-eksklusiv utnyttelse», som ligner på en Creative Commons-lisens, men tillater musikere å velge når de ønsker å gå ut. Når en velger å trekke seg, aksepterer Tribe of Noise å ta musikken vekk fra Tribe of Noise-plattformen innen en til to måneder. Dette lar musikeren gjenbruke sangen med en bedre avtale.

Tribe of Noise er primært rettet mot medieprodusenter som leter etter musikk. Hvis de kjøper en lisens fra denne katalogen, trenger de ikke å oppgi navnet på produsenten; de lisensierer bare sangen for et bestemt beløp. Dette er et stort pluss for medieprodusenter. Og musikere kan trekke sitt repertoar til enhver tid. Hessel ser dette som en mer direkte og ren avtale.

Mange av Tribe of Noises musikere laster opp sanger til både Tribe of Noise Pro og fellesskapsområdet til Tribe of Noise. Det er ikke så mange kunstnere som bare laster opp til Tribe of Noise Pro, som har et mindre musikkrepertoar enn fellesområdet.

Hessel ser de to som komplementære. Begge er nødvendige for at modellen skal kunne virke. Med en hel generasjon musikere interessert i delingsøkonomien, kan de bygge tillit i fellesskapet til Tribe of Noice, lage eksponering og få inntekter. Og etter dette kan musikere bli mer interessert i å utforske andre modeller som Tribe of Noise Pro.

Hver person som blir med i Tribe of Noise får sin egen hjemmeside, og gratis et ubegrenset webområde til å laste opp så mye av sin egen musikk som de vil. Tribe of Noise er også et sosialt nettverk. Andre musikere og fagfolk kan stemme for, kommentere, og like din musikk. Fellesskapsansvarlige samhandler med, og støtter medlemmer, og musikkveiledere velger og vraker fra de opplastede sangene for å avspille i-butikken, eller promoterer dem for mediaprodusenter. Medlemmene liker virkelig å ha folk som arbeider for plattformen, og som virkelig engasjerer seg med dem.

En annen måte Tribe of Noise skaper fellesskap og interesse på er konkurranser, som er organisert i samarbeid med klientene til Tribe of Noise. Klienten angir hva de vil ha, og alle medlemmer kan sende inn en sang. Konkurranser innebærer vanligvis premier, eksponering og penger. I tillegg til å bygge medlemsengasjement, hjelper konkurranser medlemmene til å lære hvordan arbeide med klienter: Lytte til dem, forstå hva de vil, og lage en sang for å møte det behovet.

Tribe of Noise har nå syvogtyve tusen medlemmer fra 192 land, og mange utforsker gjør-det-selv-modeller (DIY - Do it yourself) for å skaffe inntekter. Noen kom fra plateselskaper og utgivere, og har gått gjennom den tradisjonelle måten med musikklisensiering, og ser nå om denne nye modellen er fornuftig for dem. Andre er unge musikere, som vokste opp med en DIY-mentalitet, og ser liten grunn til å signere med en tredjepart, eller gi fra seg noe av kontrollen. Fremdeles følger en liten, men voksende gruppe av Tribe-medlemmer en hybridmodell med lisensiering av noen av sine sanger under CC BY-SA, og velger andre opphavsrettsselskaper som ASCAP eller BMI.

Det er ikke uvanlig for organisasjoner som håndterer fremføringsrettigheter, plateselskaper og musikkutgivere å signere kontrakter med musikere basert på eksklusivitet. En slik ordning hindrer disse musikerne i å laste opp musikken til Tribe of Noise. I USA kan du ha en vederlagsorganisasjon til å håndtere noen av sporene, mens i mange land i Europa foretrekker en vederlagsorganisasjon å representere hele repertoaret (selv om Europakommisjonen gjør noen endringer). Tribe of Noise håndterer dette problemet hele tiden, og gir deg en advarsel hver gang du laster opp en sang. Hvis vederlagsorganisasjonene er villig til å være åpne og fleksible, og gjøre det meste de kan for sine medlemmer, kan de vurdere organisasjoner som Tribe of Noise som et kjekt tillegg, som genererer mer eksponering og inntekter for musikere de representerer. Så langt har Tribe of Noise vært i stand til å gjøre alt dette arbeidet uten rettstvister.

For Hessel er tillit nøkkelen til Tribe of Noises suksess. Det faktum at Creative Commons-lisenser fungerer på samme måte over hele verden, og har blitt oversatt til alle språk, hjelper virkelig å bygge den tilliten. Tribe of Noise tror på en modell som skapes ved å arbeide sammen med musikere. De kan kun gjøre det hvis de har et spenstig og levende samfunn, med folk som tror at Tribe of Noise-laget har til hensikt å ivareta deres interesser. Creative Commons gjør det mulig å opprette en ny forretningsmodell for musikk, en modell basert på tillit.

27. Wikimedia-stiftelsen

Wikimedia-stiftelsen er den ideelle organisasjonen som huser Wikipedia med søsterprosjekter. Grunnlagt i 2003 i USA.

http://wikimediafoundation.org

Inntektsmodell: Donasjoner

Dato for intervju: 18. desember 2015

Intervjuet: Luis Villa, tidligere sjef for Community Engagement, og Stephen LaPorte, advokat

Profilen skrevet av Sarah Hinchliff Pearson

Nesten hver person som er på nettet vet om Wikipedia.

På mange måter er dette et fremragende åpent prosjekt: Dette nettleksikonet er utelukkende laget av frivillige. Hvem som helst i verden kan redigere artikler. Alt innhold er tilgjengelig gratis for alle på nettet. Alt innhold er utgitt under en Creative Commons-lisens som gjør det mulig å bruke og tilpasse det til hvilket som helst formål.

I desember 2016 var det mer enn førtito millioner artikler på 295 språk i nettleksikonet, ifølge, selvfølgelig, Wikipedia-artikkelen om Wikipedia.

Wikimedia Foundation er en USA-basert ideell organisasjon som eier domenenavnet Wikipedia og huser nettstedet, sammen med mange andre beslektede nettsteder som Wikidata og Wikimedia Commons. Stiftelsen sysselsetter ca. to hundre og åtti personer, som alle arbeider for å støtte disse prosjektene. Men det virkelige hjertet til Wikipedia og dets søsterprosjekter er fellesskapet (community). Antallet mennesker i fellesskapet varierer, men omtrent 75 000 frivillige redigerer og forbedrer Wikipedia-artikler hver måned. Frivillige er organisert på en rekke måter over hele verden, inkludert formelle Wikimedia-avdelinger (hovedsakelig nasjonale), grupper fokusert på et bestemt tema, brukergrupper, og mange tusen som ikke er koblet til en bestemt organisasjon.

Som Wikimedias juridiske rådgiver Stephen LaPorte fortalte oss: «Det er et vanlig ordtak at Wikipedia fungerer i praksis, men ikke i teorien». Mens det utvilsomt har sine utfordringer og feil, er Wikipedia og dets søsterprosjekter et slående eksempel på betydningen av kraften i menneskelig samarbeid.

På grunn av sin ekstraordinære bredde og sitt omfang føles det litt som en enhjørning. Det finnes faktisk ingen andre prosjekter som kan sammenlignes med Wikipedia. Likevel, mye av det som gjør at prosjektene er vellykket – fellesskapet, gjennomsiktighet, en sterk misjon, tillit – faller sammen med hva som mer generelt kreves for å være gjort med Creative Commons. Med Wikipedia skjer bare alt i et enestående omfang.

Historien om Wikipedia har blitt fortalt mange ganger. For vårt formål er det nok å vite at eksperimentet startet i 2001 i liten skala, inspirert av den sprøe idéen om at kanskje et virkelig åpent samarbeidsprosjekt kunne lage noe meningsfullt. I dag er Wikipedia så allestedsnærværende og innblandet i våre digitale liv at det faktum at det eksisterer, synes mindre bemerkelsesverdig. Men i tillegg til dataprogrammer, er Wikipedia kanskje det mest fantastiske enkelteksempel på et vellykket samvirke. Hver dag opprettes syv tusen nye artikler på Wikipedia, og nesten femten tusen redigeringer utføres hver time.

Egenskapene til innholdet som fellesskapet lager er ideelt for asynkron samproduksjon. «Et leksikon er noe der fellesskapets trinnvise forbedring virkelig fungerer», fortalte Luis Villa, tidligere sjef for fellesskapsengasjementet (Chief Officer of Community Engagement) oss. Reglene og prosessene som styrer samproduksjonen på Wikipedia, og dets søsterprosjekter, er alle fellesskapsdrevet og varierer fra språk til språk. Hele bøker er skrevet om kompleksitetene i systemene deres, men generelt er det svært få unntak fra regelen om at alle kan redigere alle artikler, selv uten å registrere seg i systemet deres. Den omfattende fagfellevurderingsprosessen inkluderer omfattende systemer for å løse tvister, metoder for å håndtere kontroversielle fagområder, en diskusjonsside som forklarer beslutninger, og mye, mye mer. Wikimedia Foundation sin beslutning om å overlate styring av prosjekter til fellesskapet er veldig bevisst. «Vi ser på det fellesskapet kan gjøre godt, og vi ønsker å la dem gjøre de tingene», fortalte Stephen oss. I stedet konsentrerer stiftelsen sin tid og sine ressurser på det fellesskapet ikke kan gjøre effektivt, som å utvikle programvaren som støtter nettstedenes tekniske infrastruktur. I 2015-2016 gikk omtrent halvparten av stiftelsens budsjett til direkte støtte til Wikimedias nettsteder.

Noe av det er rettet mot tjenermaskiner og generell IT-støtte, men Wikipedia Foundation investerer betydelig i arkitektur som utformes for å bidra til at nettstedet er så effektivt som mulig. «Det er et system i stadig utvikling for å holde balansen på plass for å unngå at Wikipedia blir verdens største graffitivegg», sa Luis. Avhengig av hvordan du måler det, er et sted mellom 90 til 98 prosent av endringer på Wikipedia positive. En del av den suksessen skyldes verktøyene Wikimedia har på plass for å prøve å stimulere til god oppførsel. «Hemmeligheten bak et sunt fellesskap er å få de rette folkene til å komme tilbake», sa Luis. «Vandalene pleier å gå lei, og forsvinne. Det er delvis slik vår modell arbeider, og delvis bare den menneskelige naturen». Mesteparten av tiden ønsker folk å gjøre det som er riktig.

Wikipedia baserer seg ikke bare på god oppførsel i fellesskapet og på sine nettsteder, men også hos alle andre når innholdet forlater Wikipedia. Hele teksten i Wikipedia er tilgjengelig med en Attribution-ShareAlike-lisens (CC BY-SA), som betyr at det kan brukes til alle formål, og endres så lenge henvisning gis og alt nytt deles tilbake til offentligheten med samme lisens. I teorien betyr det at alle kan kopiere innholdet og starte en ny Wikipedia. Men som Stephen forklarte, «Å være åpen har bare gjort Wikipedia større og sterkere. Ønsket om å beskytte er ikke alltid det som er best for alle».

Selvfølgelig er den primære årsaken til at ingen har lykkes i å lage sin egen versjon av Wikipedia, er at kopieringsforsøkene ikke har Wikipedia-fellesskapet til å holde ved like det de gjør. Wikipedia er ikke bare en kilde til kontinuerlig oppdatert innhold for ethvert tema – det er også et verdensomspennende lappeteppe av mennesker som jobber sammen på en million forskjellige måter, med en million forskjellige utgangspunkt, av en million forskjellige grunner. Mange har forsøkt å gjette hva som gjør Wikipedia-arbeid så bra som det er, men det finnes ingen enkel forklaring. «I en bevegelse som er like stor som vår, er det et utrolig mangfold av motivasjoner», sa Stephen. Det er for eksempel en redaktør av den engelske Wikipedia-utgaven som har rettet en enkel grammatisk feil i artikler mer enn førtiåtte tusen ganger.[1] Bare en brøkdel av Wikipedia-brukere er også redaktører. Redigering er ikke den eneste måten å bidra til Wikipedia. «Noen donerer tekst, noen donerer bilder, noen donerer økonomisk», fortalte Stephen oss. «De er alle bidragsytere.»

Men de aller fleste av oss som bruker Wikipedia er ikke bidragsytere; vi er passive lesere. Wikimedia Foundation overlever hovedsakelig på individuelle donasjoner, med ca. 15 dollar som gjennomsnittet. Da Wikipedia er en av de ti mest populære nettstedene i totale sidevisninger, kan donasjoner fra en liten del av målgruppen bety mange penger. I regnskapsåret 2015-2016 fikk de mer enn 77 millioner dollar fra mer enn fem millioner givere.

Stiftelsen har et pengeinnsamlingsteam som arbeider året rundt med å samle inn penger, men mesteparten av inntektene deres kommer inn under desemberkampanjen i Australia, Canada, Irland, New Zealand, Storbritannia og USA. De engasjere seg i omfattende sluttbrukertesting og forskning for å maksimere rekkevidden av sine pengeinnsamlingskampanjer. Deres grunnleggende pengeinnsamlingsbudskap er enkelt: Vi gir våre lesere og verden en enorm verdi, så gi tilbake. Hver liten del hjelper. Med nok øyne har de rett.

Wikimedia Foundation er en verden der hvert eneste menneske fritt kan få del i summen av kunnskap. De arbeider for å realisere denne visjonen ved å sette folk over hele verden i stand til å gjøre pedagogisk innhold fritt tilgjengelig med en åpen lisens, eller i det offentlige rom. Stephen og Luis sa oppgaven, som er forankret i den samme filosofien som Creative Commons, er grunnleggende for alt fondet gjør.

Filosofien bak innsatsen gjør også fondet i stand til å være økonomisk bærekraftig. Det skaper tillit hos leserskaren, noe som er

---

[1] http://gimletmedia.com/episode/14-the-art-of-making-and-fixing-mistakes/

avgjørende for en inntektsstrategi som bygger på lesernes donasjoner. Det inngir også tillit i fellesskapet deres.

Enhver enkeltstående endring på Wikipedia kan være motivert av nesten uendelig ulike grunner. Men det sosiale oppdraget prosjektet har, er det som binder det globale samfunnet sammen. «Wikipedia er et eksempel på hvordan et oppdrag kan motivere en hel bevegelse», fortalte Stephen oss.

Selvfølgelig, resultatet fra bevegelsen er blitt en av Internetts store offentlige ressurser. «Internett har mange bedrifter og butikker, men det mangler de digitale motstykkene til parker og åpne offentlige områder», sa Stephen. «Wikipedia har klart å bli et slikt åpent offentlig område.»

Bibliografi

Alperovitz, Gar. What Then Must We Do? Straight Talk about the Next American Revolution; Democratizing Wealth and Building a Community-Sustaining Economy from the Ground Up. White River Junction, VT: Chelsea Green, 2013.

Anderson, Chris. Free: How Today's Smartest Businesses Profit by Giving Something for Nothing, reprint with new preface. New York: Hyperion, 2010.

———. Makers: The New Industrial Revolution. New York: Signal, 2012.

Ariely, Dan. Predictably Irrational: The Hidden Forces That Shape Our Decisions. Oppdatert utgave. New York: Harper Perennial, 2010.

Bacon, Jono. The Art of Community. Andre utgave. Sebastopol, CA: O'Reilly Media, 2012.

Benkler, Yochai. The Wealth of Networks: How Social Production Transforms Markets and Freedom. New Haven: Yale University Press, 2006. `http://www.benkler.org/Benkler_Wealth_Of_Networks.pdf` (lisensiert med CC BY-NC-SA).

Benyayer, Louis-David, ed. Open Models: Business Models of the Open Economy. Cachan, France: Without Model, 2016. `http://www.slideshare.net/WithoutModel/open-models-book-64463892` (lisensiert med CC BY-SA).

Bollier, David. Commoning as a Transformative Social Paradigm. Paper commissioned by the Next Systems Project. Washington, DC: Democracy Collaborative, 2016. `http://thenextsystem.org/commoning-as-a-transformative-social-paradigm/`.

———. Think Like a Commoner: A Short Introduction to the Life of the Commons. Gabriola Island, BC: New Society, 2014.

Bollier, David, and Pat Conaty. Democratic Money and Capital for the Commons: Strategies for Transforming Neoliberal Finance through Commons-Based Alternatives. A report on a Commons Strategies Group Workshop in cooperation with the Heinrich Böll Foundation, Berlin, Germany, 2015. `http://bollier.org/democratic-money-and-capital-commons-report-pdf`. For mer informasjon, se `http://bollier.org/blog/democratic-money-and-capital-commons`.

Bollier, David, og Silke Helfrich, red. The Wealth of the Commons: A World Beyond Market and State. Amherst, MA: Levellers Press, 2012.

Botsman, Rachel, og Roo Rogers. What's Mine Is Yours: The Rise of Collaborative Consumption. New York: Harper Business, 2010.

Boyle, James. The Public Domain: Enclosing the Commons of the Mind. New Haven: Yale University Press, 2008. `http://www.thepublicdomain.org/download/` (lisensiert med CC BY-NC-SA).

Capra, Fritjof, og Ugo Mattei. The Ecology of Law: Toward a Legal System in Tune with Nature and Community. Oakland, CA: Berrett-Koehler, 2015.

Chesbrough, Henry. Open Business Models: How to Thrive in the New Innovation Landscape. Boston: Harvard Business School Press, 2006.

———. Open Innovation: The New Imperative for Creating and Profiting from Technology. Boston: Harvard Business Review Press, 2006.

City of Bologna. Regulation on Collaboration between Citizens and the City for the Care and Regeneration of Urban Commons. Oversatt av LabGov (LABoratory for the GOVernance of Commons). Bologna, Italy: City of Bologna, 2014). `http://www.labgov.it/wp-content/uploads/sites/9/Bologna-Regulation-on-collaboration-between-citizens-and-the-city-for-the-cure-and-regeneration-of-urban-commons1.pdf`.

Cole, Daniel H. «Learning from Lin: Lessons and Cautions from the Natural Commons for the Knowledge Commons.» Kapittel 2 i Frischmann, Madison, og Strandburg, Governing Knowledge Commons.

Creative Commons. 2015 State of the Commons. Mountain View, CA: Creative Commons, 2015. `http://stateof.creativecommons.org/2015/`.

Doctorow, Cory. Information Doesn't Want to Be Free: Laws for the Internet Age. San Francisco: McSweeney's, 2014.

Eckhardt, Giana, og Fleura Bardhi. «The Sharing Economy Isn't about Sharing at All.» Harvard Business Review, January 28, 2015. `http://hbr.org/2015/01/the-sharing-economy-isnt-about-sharing-at-all`.

Elliott, Patricia W., og Daryl H. Hepting, red. (2015). Free Knowledge: Confronting the Commodification of Human Discovery. Regina, SK: University of Regina Press, 2015. `http://uofrpress.ca/publications/Free-Knowledge` (lisensiert med CC BY-NC-ND).

Eyal, Nir. Hooked: How to Build Habit-Forming Products. With Ryan Hoover. New York: Portfolio, 2014.

Farley, Joshua, og Ida Kubiszewski. «The Economics of Information in a Post-Carbon Economy.» Kapittel 11 in Elliott and Hepting, Free Knowledge.

Foster, William Landes, Peter Kim, og Barbara Christiansen. «Ten Nonprofit Funding Models.» Stanford Social Innovation Review, Spring 2009. `http://ssir.org/articles/entry/ten_nonprofit_funding_models`.

Frischmann, Brett M. Infrastructure: The Social Value of Shared Resources. New York: Oxford University Press, 2012.

Frischmann, Brett M., Michael J. Madison, og Katherine J. Strandburg, red. Governing Knowledge Commons. New York: Oxford University Press, 2014.

Frischmann, Brett M., Michael J. Madison, og Katherine J. Strandburg. «Governing Knowledge Commons.» Kapittel 1 i Frischmann, Madison, og Strandburg, Governing Knowledge Commons.

Gansky, Lisa. The Mesh: Why the Future of Business Is Sharing. Nyutgivelse med ny epolog. New York: Portfolio, 2012.

Grant, Adam. Give and Take: Why Helping Others Drives Our Success. New York: Viking, 2013.

Haiven, Max. Crises of Imagination, Crises of Power: Capitalism, Creativity and the Commons. New York: Zed Books, 2014.

Harris, Malcom, red. Share or Die: Voices of the Get Lost Generation in the Age of Crisis. With Neal Gorenflo. Gabriola Island, BC: New Society, 2012.

Hermida, Alfred. Tell Everyone: Why We Share and Why It Matters. Toronto: Doubleday Canada, 2014.

Hyde, Lewis. Common as Air: Revolution, Art, and Ownership. New York: Farrar, Straus and Giroux, 2010.

———. The Gift: Creativity and the Artist in the Modern World. 2nd Vintage Books edition. New York: Vintage Books, 2007.

Kelley, Tom, og David Kelley. Creative Confidence: Unleashing the Potential within Us All. New York: Crown, 2013.

Kelly, Marjorie. Owning Our Future: The Emerging Ownership Revolution; Journeys to a Generative Economy. San Francisco: Berrett-Koehler, 2012.

Kleon, Austin. Show Your Work: 10 Ways to Share Your Creativity and Get Discovered. New York: Workman, 2014.

———. Steal Like an Artist: 10 Things Nobody Told You about Being Creative. New York: Workman, 2012.

Kramer, Bryan. Shareology: How Sharing Is Powering the Human Economy. New York: Morgan James, 2016.

Lee, David. «Inside Medium: An Attempt to Bring Civility to the Internet.» BBC News, 2016-03-03. http://www.bbc.com/news/technology-35709680

Lessig, Lawrence. Remix: Making Art and Commerce Thrive in the Hybrid Economy. New York: Penguin Press, 2008.

Menzies, Heather. Reclaiming the Commons for the Common Good: A Memoir and Manifesto. Gabriola Island, BC: New Society, 2014.

Mason, Paul. Postcapitalism: A Guide to Our Future. New York: Farrar, Straus and Giroux, 2015.

New York Times Customer Insight Group. The Psychology of Sharing: Why Do People Share Online? New York: New York Times Customer Insight Group, 2011. http://www.iab.net/media/file/POSWhitePaper.pdf.

Osterwalder, Alex, og Yves Pigneur. Business Model Generation. Hoboken, NJ: John Wiley and Sons, 2010. En forhåndsvisning av boken er tilgjengelig fra http://strategyzer.com/books/business-model-generation.

Osterwalder, Alex, Yves Pigneur, Greg Bernarda, og Adam Smith. Value Proposition Design. Hoboken, NJ: John Wiley and Sons, 2014. En forhåndsvisning av denne boken er tilgjengelig fra http://strategyzer.com/books/value-proposition-design.

Palmer, Amanda. The Art of Asking: Or How I Learned to Stop Worrying and Let People Help. New York: Grand Central, 2014.

Pekel, Joris. Democratising the Rijksmuseum: Why Did the Rijksmuseum Make Available Their Highest Quality Material without Restrictions, and What Are the Results? The Hague, Netherlands: Europeana Foundation, 2014. `http://pro.europeana.eu/publication/democratising-the-rijksmuseum` (lisensiert med CC BY-SA).

Ramos, José Maria, red. The City as Commons: A Policy Reader. Melbourne, Australia: Commons Transition Coalition, 2016. `http://www.academia.edu/27143172/The_City_as_Commons_a_Policy_Reader` (lisensiert med CC BY-NC-ND).

Raymond, Eric S. The Cathedral and the Bazaar: Musings on Linux and Open Source by an Accidental Revolutionary. Revidert utgave. Sebastopol, CA: O'Reilly Media, 2001. Se spesielt «The Magic Cauldron.» `http://www.catb.org/esr/writings/cathedral-bazaar/`.

Ries, Eric. The Lean Startup: How Today's Entrepreneurs Use Continuous Innovation to Create Radically Successful Businesses. New York: Crown Business, 2011.

Rifkin, Jeremy. The Zero Marginal Cost Society: The Internet of Things, the Collaborative Commons, and the Eclipse of Capitalism. New York: Palgrave Macmillan, 2014.

Rowe, Jonathan. Our Common Wealth. San Francisco: Berrett-Koehler, 2013.

Rushkoff, Douglas. Throwing Rocks at the Google Bus: How Growth Became the Enemy of Prosperity. New York: Portfolio, 2016.

Sandel, Michael J. What Money Can't Buy: The Moral Limits of Markets. New York: Farrar, Straus and Giroux, 2012.

Shirky, Clay. Cognitive Surplus: How Technology Makes Consumers into Collaborators. London, England: Penguin Books, 2010.

Slee, Tom. What's Yours Is Mine: Against the Sharing Economy. New York: OR Books, 2015.

Stephany, Alex. The Business of Sharing: Making in the New Sharing Economy. New York: Palgrave Macmillan, 2015.

Stepper, John. Working Out Loud: For a Better Career and Life. New York: Ikigai Press, 2015.

Sull, Donald, og Kathleen M. Eisenhardt. Simple Rules: How to

Thrive in a Complex World. Boston: Houghton Mifflin Harcourt, 2015.

Sundararajan, Arun. The Sharing Economy: The End of Employment and the Rise of Crowd-Based Capitalism. Cambridge, MA: MIT Press, 2016.

Surowiecki, James. The Wisdom of Crowds. New York: Anchor Books, 2005.

Tapscott, Don, og Alex Tapscott. Blockchain Revolution: How the Technology Behind Bitcoin Is Changing Money, Business, and the World. Toronto: Portfolio, 2016.

Tharp, Twyla. The Creative Habit: Learn It and Use It for Life. With Mark Reiter. New York: Simon and Schuster, 2006.

Tkacz, Nathaniel. Wikipedia and the Politics of Openness. Chicago: University of Chicago Press, 2015.

Van Abel, Bass, Lucas Evers, Roel Klaassen, og Peter Troxler, red. Open Design Now: Why Design Cannot Remain Exclusive. Amsterdam: BIS Publishers, med Creative Commons Netherlands; Premsela, the Netherlands Institute for Design and Fashion; og the Waag Society, 2011. http://opendesignnow.org (lisensiert med CC BY-NC-SA).

Van den Hoff, Ronald. Mastering the Global Transition on Our Way to Society 3.0. Utrecht, the Netherlands: Society 3.0 Foundation, 2014. http://society30.com/get-the-book/ (lisensiert med CC BY-NC-ND).

Von Hippel, Eric. Democratizing Innovation. London: MIT Press, 2005. http://web.mit.edu/evhippel/www/democ1.htm (lisensiert med CC BY-NC-ND).

Whitehurst, Jim. The Open Organization: Igniting Passion and Performance. Boston: Harvard Business Review Press, 2015.

Takk til

Vi vil spesielt takke daglig leder for Creative Commons Ryan Merkley, styret for Creative Commons, og alle våre kolleger for deres entusiastiske støtte til vårt arbeid. En spesiell takk til William and Flora Hewlett Foundation for startstøtten som fikk oss i gang med prosjektet.

En stor takk til alle de intervjuede i Gjort med Creative Commons for å ha delt sine historier med oss. Dere gir liv til allmenningen. Tusen takk for inspirasjonen.

Vi intervjuet flere enn de tjuefire organisasjonene omtalt i denne boken. Spesiell takk rettes til Gooru, OERu, Sage Bionetworks, og Medium for å ha delt sine historier med oss. Selv om de ikke er med i referansestudiene i denne boken, er hver og en av dere like interessante, og vi vil oppmuntre våre lesere til å besøke nettstedene deres og utforske det de har gjort.

Denne boken ble mulig takket være den generøse støtten til de 1 687 Kickstarter-støttespillerne som er listet opp under. Vi vil spesielt takke våre mange med-redaktører som leste tidlige utkast av verket vårt og ga uvurderlige tilbakemeldinger. Ektefølt takk til dere alle.

Medredaktør-støttespillere fra Kickstarter (alfabetisk på fornavn): Abraham Taherivand, Alan Graham, Alfredo Louro, Anatoly Volynets, Aurora Thornton, Austin Tolentino, Ben Sheridan, Benedikt Foit, Benjamin Costantini, Bernd Nurnberger, Bernhard Seefeld, Bethanye Blount, Bradford Benn, Bryan Mock, Carmen Garcia Wiedenhoeft, Carolyn Hinchliff, Casey Milford, Cat Cooper, Chip McIntosh, Chris Thorne, Chris Weber, Chutika Udomsinn, Claire Wardle, Claudia Cristiani, Cody Allard, Colleen Cressman,

Craig Thomler, Creative Commons Uruguay, Curt McNamara, Dan Parson, Daniel Dominguez, Daniel Morado, Darius Irvin, Dave Taillefer, David Lewis, David Mikula, David Varnes, David Wiley, Deborah Nas, Diderik van Wingerden, Dirk Kiefer, Dom Lane, Domi Enders, Douglas Van Houweling, Dylan Field, Einar Joergensen, Elad Wieder, Elie Calhoun, Erika Reid, Evtim Papushev, Fauxton Software, Felix Maximiliano Obes, Ferdies Food Lab, Gatien de Broucker, Gaurav Kapil, Gavin Romig-Koch, George Baier IV, George De Bruin, Gianpaolo Rando, Glenn Otis Brown, Govindarajan Umakanthan, Graham Bird, Graham Freeman, Hamish MacEwan, Harry Kaczka, Humble Daisy, Ian Capstick, Iris Brest, James Cloos, Jamie Stevens, Jamil Khatib, Jane Finette, Jason Blasso, Jason E. Barkeloo, Jay M Williams, Jean-Philippe Turcotte, Jeanette Frey, Jeff De Cagna, Jérôme Mizeret, Jessica Dickinson Goodman, Jessy Kate Schingler, Jim O'Flaherty, Jim Pellegrini, Jiří Marek, Jo Allum, Joachim von Goetz, Johan Adda, John Benfield, John Bevan, Jonas Öberg, Jonathan Lin, JP Rangaswami, Juan Carlos Belair, Justin Christian, Justin Szlasa, Kate Chapman, Kate Stewart, Kellie Higginbottom, Kendra Byrne, Kevin Coates, Kristina Popova, Kristoffer Steen, Kyle Simpson, Laurie Racine, Leonardo Bueno Postacchini, Leticia Britos Cavagnaro, Livia Leskovec, Louis-David Benyayer, Maik Schmalstich, Mairi Thomson, Marcia Hofmann, Maria Liberman, Marino Hernandez, Mario R. Hemsley, MD, Mark Cohen, Mark Mullen, Mary Ellen Davis, Mathias Bavay, Matt Black, Matt Hall, Max van Balgooy, Médéric Droz-dit-Busset, Melissa Aho, Menachem Goldstein, Michael Harries, Michael Lewis, Michael Weiss, Miha Batic, Mike Stop Continues, Mike Stringer, Mustafa K Calik, MD, Neal Stimler, Niall McDonagh, Niall Twohig, Nicholas Norfolk, Nick Coghlan, Nicole Hickman, Nikki Thompson, Norrie Mailer, Omar Kaminski, OpenBuilds, Papp István Péter, Pat Sticks, Patricia Brennan, Paul and Iris Brest, Paul Elosegui, Penny Pearson, Peter Mengelers, Playground Inc., Pomax, Rafaela Kunz, Rajiv Jhangiani, Rayna Stamboliyska, Rob Berkley, Rob Bertholf, Robert Jones, Robert Thompson, Ronald van den Hoff, Rusi Popov, Ryan Merkley, S Searle, Salomon Riedo, Samuel A. Rebelsky, Samuel Tait, Sarah McGovern, Scott Gillespie, Seb Schmoller, Sharon Clapp, Sheona Thomson, Siena Oristaglio, Simon Law, Solomon Simon, Stefano Guidotti, Subhendu Ghosh, Susan Chun, Suzie Wiley, Sylvain Carle, Theresa Bernardo, Thomas Hartman, Thomas Kent, Timothée Planté, Timothy Hinchliff, Traci Long DeForge, Trevor Hogue, Tumuult, Vickie Goode, Vikas Shah, Virginia Kopelman, Wayne Mackintosh, William Peter Nash, Winie Evers, Wolfgang Renninger, Xavier Antoviaque, Yancey Strickler.

Alle de som støttet via Kickstarter (alfabetisk etter fornavn): A. Lee, Aaron C. Rathbun, Aaron Stubbs, Aaron Suggs, Abdul Razak Manaf, Abraham Taherivand, Adam Croom, Adam Finer, Adam Hansen, Adam Morris, Adam Procter, Adam Quirk, Adam Rory Porter, Adam Simmons, Adam Tinworth, Adam Zimmerman, Adrian Ho, Adrian Smith, Adriane Ruzak, Adriano Loconte, Al Sweigart, Alain Imbaud, Alan Graham, Alan M. Ford, Alan Swithenbank, Alan Vonlanthen, Albert O'Connor, Alec Foster, Alejandro Suarez Cebrian, Aleks Degtyarev, Alex Blood, Alex C. Ion, Alex Ross Shaw, Alexander Bartl, Alexander Brown, Alexander Brunner, Alexander Eliesen, Alexander Hawson, Alexander Klar, Alexander Neumann, Alexander Plaum, Alexander Wendland, Alexandre Rafalovitch, Alexey Volkow, Alexi Wheeler, Alexis Sevault, Alfredo Louro, Ali Sternburg, Alicia Gibb & Lunchbox Electronics, Alison Link, Alison Pentecost, Alistair Boettiger, Alistair Walder, Alix Bernier, Allan Callaghan, Allen Riddell, Allison Breland Crotwell, Allison Jane Smith, Álvaro Justen, Amanda Palmer, Amanda Wetherhold, Amit Bagree, Amit Tikare, Amos Blanton, Amy Sept, Anatoly Volynets, Anders Ericsson, Andi Popp, André Bose Do Amaral, Andre Dickson, André Koot, André Ricardo, Andre van Rooyen, Andre Wallace, Andrea Bagnacani, Andrea Pepe, Andrea Pigato, Andreas Jagelund, Andres Gomez Casanova, Andrew A. Farke, Andrew Berhow, Andrew Hearse, Andrew Matangi, Andrew R McHugh, Andrew Tam, Andrew Turvey, Andrew Walsh, Andrew Wilson, Andrey Novoseltsev, Andy McGhee, Andy Reeve, Andy Woods, Angela Brett, Angeliki Kapoglou, Angus Keenan, Anne-Marie Scott, Antero Garcia, Antoine Authier, Antoine Michard, Anton Kurkin, Anton Porsche, Antònia Folguera, António Ornelas, Antonis Triantafyllakis, aois21 publishing, April Johnson, Aria F. Chernik, Ariane Allan, Ariel Katz, Arithmomaniac, Arnaud Tessier, Arnim Sommer, Ashima Bawa, Ashley Elsdon, Athanassios Diacakis, Aurora Thornton, Aurore Chavet Henry, Austin Hartzheim, Austin Tolentino, Avner Shanan, Axel Pettersson, Axel Stieglbauer, Ay Okpokam, Barb Bartkowiak, Barbara Lindsey, Barry Dayton, Bastian Hougaard, Ben Chad, Ben Doherty, Ben Hansen, Ben Nuttall, Ben Rosenthal, Ben

Sheridan, Benedikt Foit, Benita Tsao, Benjamin Costantini, Benjamin Daemon, Benjamin Keele, Benjamin Pflanz, Berglind Ósk Bergsdóttir, Bernardo Miguel Antunes, Bernd Nurnberger, Bernhard Seefeld, Beth Gis, Beth Tillinghast, Bethanye Blount, Bill Bonwitt, Bill Browne, Bill Keaggy, Bill Maiden, Bill Rafferty, Bill Scanlon, Bill Shields, Bill Slankard, BJ Becker, Bjorn Freeman-Benson, Bjørn Otto Wallevik, BK Bitner, Bo Ilsøe Hansen, Bo Sprotte Kofod, Bob Doran, Bob Recny, Bob Stuart, Bonnie Chiu, Boris Mindzak, Boriss Lariushin, Borjan Tchakaloff, Brad Kik, Braden Hassett, Bradford Benn, Bradley Keyes, Bradley L'Herrou, Brady Forrest, Brandon McGaha, Branka Tokic, Brant Anderson, Brenda Sullivan, Brendan O'Brien, Brendan Schlagel, Brett Abbott, Brett Gaylor, Brian Dysart, Brian Lampl, Brian Lipscomb, Brian S. Weis, Brian Schrader, Brian Walsh, Brian Walsh, Brooke Dukes, Brooke Schreier Ganz, Bruce Lerner, Bruce Wilson, Bruno Boutot, Bruno Girin, Bryan Mock, Bryant Durrell, Bryce Barbato, Buzz Technology Limited, Byung-Geun Jeon, C. Glen Williams, C. L. Couch, Cable Green, Callum Gare, Cameron Callahan, Cameron Colby Thomson, Cameron Mulder, Camille Bissuel / Nylnook, Candace Robertson, Carl Morris, Carl Perry, Carl Rigney, Carles Mateu, Carlos Correa Loyola, Carlos Solis, Carmen Garcia Wiedenhoeft, Carol Long, Carol marquardsen, Caroline Calomme, Caroline Mailloux, Carolyn Hinchliff, Carolyn Rude, Carrie Cousins, Carrie Watkins, Casey Hunt, Casey Milford, Casey Powell Shorthouse, Cat Cooper, Cecilie Maria, Cedric Howe, Cefn Hoile, @ShrimpingIt, Celia Muller, Ces Keller, Chad Anderson, Charles Butler, Charles Carstensen, Charles Chi Thoi Le, Charles Kobbe, Charles S. Tritt, Charles Stanhope, Charlotte Ong-Wisener, Chealsye Bowley, Chelle Destefano, Chenpang Chou, Cheryl Corte, Cheryl Todd, Chip Dickerson, Chip McIntosh, Chris Bannister, Chris Betcher, Chris Coleman, Chris Conway, Chris Foote (Spike), Chris Hurst, Chris Mitchell, Chris Muscat Azzopardi, Chris Niewiarowski, Chris Opperwall, Chris Stieha, Chris Thorne, Chris Weber, Chris Woolfrey, Chris Zabriskie, Christi Reid, Christian Holzberger, Christian Schubert, Christian Sheehy, Christian Thibault, Christian Villum, Christian Wachter, Christina Bennett, Christine Henry, Christine Rico, Christopher Burrows, Christopher Chan, Christopher Clay, Christopher Harris, Christopher Opiah, Christopher Swenson, Christos Keramitsis, Chuck Roslof, Chutika Udomsinn, Claire Wardle, Clare Forrest, Claudia

Cristiani, Claudio Gallo, Claudio Ruiz, Clayton Dewey, Clement Delort, Cliff Church, Clint Lalonde, Clint O'Connor, Cody Allard, Cody Taylor, Colin Ayer, Colin Campbell, Colin Dean, Colin Mutchler, Colleen Cressman, Comfy Nomad, Connie Roberts, Connor Bär, Connor Merkley, Constantin Graf, Corbett Messa, Cory Chapman, Cosmic Wombat Games, Craig Engler, Craig Heath, Craig Maloney, Craig Thomler, Creative Commons Uruguay, Crina Kienle, Cristiano Gozzini, Curt McNamara, D C Petty, D. Moonfire, D. Rohhyn, D. Schulz, Dacian Herbei, Dagmar M. Meyer, Dan Mcalister, Dan Mohr, Dan Parson, Dana Freeman, Dana Ospina, Dani Leviss, Daniel Bustamante, Daniel Demmel, Daniel Dominguez, Daniel Dultz, Daniel Gallant, Daniel Kossmann, Daniel Kruse, Daniel Morado, Daniel Morgan, Daniel Pimley, Daniel Sabo, Daniel Sobey, Daniel Stein, Daniel Wildt, Daniele Prati, Danielle Moss, Danny Mendoza, Dario Taraborelli, Darius Irvin, Darius Whelan, Darla Anderson, Dasha Brezinova, Dave Ainscough, Dave Bull, Dave Crosby, Dave Eagle, Dave Moskovitz, Dave Neeteson, Dave Taillefer, Dave Witzel, David Bailey, David Cheung, David Eriksson, David Gallagher, David H. Bronke, David Hartley, David Hellam, David Hood, David Hunter, David jlaietta, David Lewis, David Mason, David Mcconville, David Mikula, David Nelson, David Orban, David Parry, David Spira, David T. Kindler, David Varnes, David Wiley, David Wormley, Deborah Nas, Denis Jean, dennis straub, Dennis Whittle, Denver Gingerich, Derek Slater, Devon Cooke, Diana Pasek-Atkinson, Diane Johnston Graves, Diane K. Kovacs, Diane Trout, Diderik van Wingerden, Diego Cuevas, Diego De La Cruz, Dimitrie Grigorescu, Dina Marie Rodriguez, Dinah Fabela, Dirk Haun, Dirk Kiefer, Dirk Loop, DJ Fusion - FuseBox Radio Broadcast, Dom jurkewitz, Dom Lane, Domi Enders, Domingo Gallardo, Dominic de Haas, Dominique Karadjian, Dongpo Deng, Donnovan Knight, Door de Flines, Doug Fitzpatrick, Doug Hoover, Douglas Craver, Douglas Van Camp, Douglas Van Houweling, Dr. Braddlee, Drew Spencer, Duncan Sample, Durand D'souza, Dylan Field, E C Humphries, Eamon Caddigan, Earleen Smith, Eden Sarid, Eden Spodek, Eduardo Belinchon, Eduardo Castro, Edwin Vandam, Einar Joergensen, Ejnar Brendsdal, Elad Wieder, Elar Haljas, Elena Valhalla, Eli Doran, Elias Bouchi, Elie Calhoun, Elizabeth Holloway, Ellen Buecher, Ellen Kaye- Cheveldayoff, Elli Verhulst, Elroy Fernandes, Emery Hurst Mikel, Emily Catedral, Enrique Mandujano

R., Eric Astor, Eric Axelrod, Eric Celeste, Eric Finkenbiner, Eric Hellman, Eric Steuer, Erica Fletcher, Erik Hedman, Erik Lindholm Bundgaard, Erika Reid, Erin Hawley, Erin McKean of Wordnik, Ernest Risner, Erwan Bousse, Erwin Bell, Ethan Celery, Étienne Gilli, Eugeen Sablin, Evan Tangman, Evonne Okafor, Evtim Papushev, Fabien Cambi, Fabio Natali, Fauxton Software, Felix Deierlein, Felix Gebauer, Felix Maximiliano Obes, Felix Schmidt, Felix Zephyr Hsiao, Ferdies Food Lab, Fernand Deschambault, Filipe Rodrigues, Filippo Toso, Fiona MacAlister, fiona.mac.uk, Floor Scheffer, Florent Darrault, Florian Hähnel, Florian Schneider, Floyd Wilde, Foxtrot Games, Francis Clarke, Francisco Rivas-Portillo, Francois Dechery, Francois Grey, François Gros, François Pelletier, Fred Benenson, Frédéric Abella, Frédéric Schütz, Fredrik Ekelund, Fumi Yamazaki, Gabor Sooki-Toth, Gabriel Staples, Gabriel Véjar Valenzuela, Gal Buki, Gareth Jordan, Garrett Heath, Gary Anson, Gary Forster, Gatien de Broucker, Gaurav Kapil, Gauthier de Valensart, Gavin Gray, Gavin Romig-Koch, Geoff Wood, Geoffrey Lehr, George Baier IV, George De Bruin, George Lawie, George Strakhov, Gerard Gorman, Geronimo de la Lama, Gianpaolo Rando, Gil Stendig, Gino Cingolani Trucco, Giovanna Sala, Glen Moffat, Glenn D. Jones, Glenn Otis Brown, Global Lives Project, Gorm Lai, Govindarajan Umakanthan, Graham Bird, Graham Freeman, Graham Heath, Graham Jones, Graham Smith-Gordon, Graham Vowles, Greg Brodsky, Greg Malone, Grégoire Detrez, Gregory Chevalley, Gregory Flynn, Grit Matthias, Gui Louback, Guillaume Rischard, Gustavo Vaz de Carvalho Gonçalves, Gustin Johnson, Gwen Franck, Gwilym Lucas, Haggen So, Håkon T Sønderland, Hamid Larbi, Hamish MacEwan, Hannes Leo, Hans Bickhofe, Hans de Raad, Hans Vd Horst, Harold van Ingen, Harold Watson, Harry Chapman, Harry Kaczka, Harry Torque, Hayden Glass, Hayley Rosenblum, Heather Leson, Helen Crisp, Helen Michaud, Helen Qubain, Helle Rekdal Schønemann, Henrique Flach Latorre Moreno, Henry Finn, Henry Kaiser, Henry Lahore, Henry Steingieser, Hermann Paar, Hillary Miller, Hironori Kuriaki, Holly Dykes, Holly Lyne, Hubert Gertis, Hugh Geenen, Humble Daisy, Hüppe Keith, Iain Davidson, Ian Capstick, Ian Johnson, Ian Upton, Icaro Ferracini, Igor Lesko, Imran Haider, Inma de la Torre, Iris Brest, Irwin Madriaga, Isaac Sandaljian, Isaiah Tanenbaum, Ivan F. Villanueva B., J P Cleverdon, Jaakko Tammela Jr, Jacek Darken Gołębiowski, Jack Hart, Jacky Hood, Jacob Dante

Leffler, Jaime Perla, Jaime Woo, Jake Campbell, Jake Loeterman, Jakes Rawlinson, James Allenspach, James Chesky, James Cloos, James Docherty, James Ellars, James K Wood, James Tyler, Jamie Finlay, Jamie Stevens, Jamil Khatib, Jan E Ellison, Jan Gondol, Jan Sepp, Jan Zuppinger, Jane Finette, jane Lofton, Jane Mason, Jane Park, Janos Kovacs, Jasmina Bricic, Jason Blasso, Jason Chu, Jason Cole, Jason E. Barkeloo, Jason Hibbets, Jason Owen, Jason Sigal, Jay M Williams, Jazzy Bear Brown, JC Lara, Jean-Baptiste Carré, Jean-Philippe Dufraigne, Jean-Philippe Turcotte, Jean-Yves Hemlin, Jeanette Frey, Jeff Atwood, Jeff De Cagna, Jeff Donoghue, Jeff Edwards, Jeff Hilnbrand, Jeff Lowe, Jeff Rasalla, Jeff Ski Kinsey, Jeff Smith, Jeffrey L Tucker, Jeffrey Meyer, Jen Garcia, Jens Erat, Jeppe Bager Skjerning, Jeremy Dudet, Jeremy Russell, Jeremy Sabo, Jeremy Zauder, Jerko Grubisic, Jerome Glacken, Jérôme Mizeret, Jessica Dickinson Goodman, Jessica Litman, Jessica Mackay, Jessy Kate Schingler, Jesús Longás Gamarra, Jesus Marin, Jim Matt, Jim Meloy, Jim O'Flaherty, Jim Pellegrini, Jim Tittsler, Jimmy Alenius, Jiří Marek, Jo Allum, Joachim Brandon LeBlanc, Joachim Pileborg, Joachim von Goetz, Joakim Bang Larsen, Joan Rieu, Joanna Penn, João Almeida, Jochen Muetsch, Jodi Sandfort, Joe Cardillo, Joe Carpita, Joe Moross, Joerg Fricke, Johan Adda, Johan Meeusen, Johannes Förstner, Johannes Visintini, John Benfield, John Bevan, John C Patterson, John Crumrine, John Dimatos, John Feyler, John Huntsman, John Manoogian III, John Muller, John Ober, John Paul Blodgett, John Pearce, John Shale, John Sharp, John Simpson, John Sumser, John Weeks, John Wilbanks, John Worland, Johnny Mayall, Jollean Matsen, Jon Alberdi, Jon Andersen, Jon Cohrs, Jon Gotlin, Jon Schull, Jon Selmer Friborg, Jon Smith, Jonas Öberg, Jonas Weitzmann, Jonathan Campbell, Jonathan Deamer, Jonathan Holst, Jonathan Lin, Jonathan Schmid, Jonathan Yao, Jordon Kalilich, Jörg Schwarz, Jose Antonio Gallego Vázquez, Joseph Mcarthur, Joseph Noll, Joseph Sullivan, Joseph Tucker, Josh Bernhard, Josh Tong, Joshua Tobkin, JP Rangaswami, Juan Carlos Belair, Juan Irming, Juan Pablo Carbajal, Juan Pablo Marin Diaz, Judith Newman, Judy Tuan, Jukka Hellén, Julia Benson-Slaughter, Julia Devonshire, Julian Fietkau, Julie Harboe, Julien Brossoit, Julien Leroy, Juliet Chen, Julio Terra, Julius Mikkelä, Justin Christian, Justin Grimes, Justin Jones, Justin Szlasa, Justin Walsh, JustinChung.com, K. J. Przybylski, Kaloyan Raev, Kamil Śliwowski, Kaniska Padhi, Kara

Malenfant, Kara Monroe, Karen Pe, Karl Jahn, Karl Jonsson, Karl Nelson, Kasia Zygmuntowicz, Kat Lim, Kate Chapman, Kate Stewart, Kathleen Beck, Kathleen Hanrahan, Kathryn Abuzzahab, Kathryn Deiss, Kathryn Rose, Kathy Payne, Katie Lynn Daniels, Katie Meek, Katie Teague, Katrina Hennessy, Katriona Main, Kavan Antani, Keith Adams, Keith Berndtson, MD, Keith Luebke, Kellie Higginbottom, Ken Friis Larsen, Ken Haase, Ken Torbeck, Kendel Ratley, Kendra Byrne, Kerry Hicks, Kevin Brown, Kevin Coates, Kevin Flynn, Kevin Rumon, Kevin Shannon, Kevin Taylor, Kevin Tostado, Kewhyun Kelly-Yuoh, Kiane l'Azin, Kianosh Pourian, Kiran Kadekoppa, Kit Walsh, Klaus Mickus, Konrad Rennert, Kris Kasianovitz, Kristian Lundquist, Kristin Buxton, Kristina Popova, Kristofer Bratt, Kristoffer Steen, Kumar McMillan, Kurt Whittemore, Kyle Pinches, Kyle Simpson, L Eaton, Lalo Martins, Lane Rasberry, Larry Garfield, Larry Singer, Lars Josephsen, Lars Klaeboe, Laura Anne Brown, Laura Billings, Laura Ferejohn, Lauren Pedersen, Laurence Gonsalves, Laurent Muchacho, Laurie Racine, Laurie Reynolds, Lawrence M. Schoen, Leandro Pangilinan, Leigh Verlandson, Lenka Gondolova, Leonardo Bueno Postacchini, leonardo menegola, Lesley Mitchell, Leslie Krumholz, Leticia Britos Cavagnaro, Levi Bostian, Leyla Acaroglu, Liisa Ummelas, Lilly Kashmir Marques, Lior Mazliah, Lisa Bjerke, Lisa Brewster, Lisa Canning, Lisa Cronin, Lisa Di Valentino, Lisandro Gaertner, Livia Leskovec, Liynn Worldlaw, Liz Berg, Liz White, Logan Cox, Loki Carbis, Lora Lynn, Lorna Prescott, Lou Yufan, Louie Amphlett, Louis-David Benyayer, Louise Denman, Luca Corsato, Luca Lesinigo, Luca Palli, Luca Pianigiani, Luca S.G. de Marinis, Lucas Lopez, Lukas Mathis, Luke Chamberlin, Luke Chesser, Luke Woodbury, Lulu Tang, Lydia Pintscher, M Alexander Jurkat, Maarten Sander, Macie J Klosowski, Magnus Adamsson, Magnus Killingberg, Mahmoud Abu-Wardeh, Maik Schmalstich, Maiken Håvarstein, Maira Sutton, Mairi Thomson, Mandy Wultsch, Manickkavasakam Rajasekar, Marc Bogonovich, Marc Harpster, Marc Martí, Marc Olivier Bastien, Marc Stober, Marc-André Martin, Marcel de Leeuwe, Marcel Hill, Marcia Hofmann, Marcin Olender, Marco Massarotto, Marco Montanari, Marco Morales, Marcos Medionegro, Marcus Bitzl, Marcus Norrgren, Margaret Gary, Mari Moreshead, Maria Liberman, Marielle Hsu, Marino Hernandez, Mario Lurig, Mario R. Hemsley, MD, Marissa Demers, Mark Chandler, Mark Cohen, Mark De Solla Price, Mark Gabby, Mark Gray, Mark Koudritsky, Mark Kupfer, Mark Lednor, Mark McGuire, Mark Moleda, Mark Mullen, Mark Murphy, Mark Perot, Mark Reeder, Mark Spickett, Mark Vincent Adams, Mark Waks, Mark Zuccarell II, Markus Deimann, Markus Jaritz, Markus Luethi, Marshal Miller, Marshall Warner, Martijn Arets, Martin Beaudoin, Martin Decky, Martin DeMello, Martin Humpolec, Martin Mayr, Martin Peck, Martin Sanchez, Martino Loco, Martti Remmelgas, Martyn Eggleton, Martyn Lewis, Mary Ellen Davis, Mary Heacock, Mary Hess, Mary Mi, Masahiro Takagi, Mason Du, Massimo V.A. Manzari, Mathias Bavay, Mathias Nicolajsen Kjærgaard, Matias Kruk, Matija Nalis, Matt Alcock, Matt Black, Matt Broach, Matt Hall, Matt Haughey, Matt Lee, Matt Plec, Matt Skoss, Matt Thompson, Matt Vance, Matt Wagstaff, Matteo Cocco, Matthew Bendert, Matthew Bergholt, Matthew Darlison, Matthew Epler, Matthew Hawken, Matthew Heimbecker, Matthew Orstad, Matthew Peterworth, Matthew Sheehy, Matthew Tucker, Adaptive Handy Apps, LLC, Mattias Axell, Max Green, Max Kossatz, Max lupo, Max Temkin, Max van Balgooy, Médéric Droz-dit-Busset, Megan Ingle, Megan Wacha, Meghan Finlayson, Melissa Aho, Melissa Sterry, Melle Funambuline, Menachem Goldstein, Micah Bridges, Michael Ailberto, Michael Anderson, Michael Andersson Skane, Michael C. Stewart, Michael Carroll, Michael Cavette, Michael Crees, Michael David Johas Teener, Michael Dennis Moore, Michael Freundt Karlsen, Michael Harries, Michael Hawel, Michael Lewis, Michael May, Michael Murphy, Michael Murvine, Michael Perkins, Michael Sauers, Michael St.Onge, Michael Stanford, Michael Stanley, Michael Underwood, Michael Weiss, Michael Wright, Michael-Andreas Kuttner, Michaela Voigt, Michal Rosenn, Michał Szymański, Michel Gallez, Michell Zappa, Michelle Heeyeon You, Miha Batic, Mik Ishmael, Mikael Andersson, Mike Chelen, Mike Habicher, Mike Maloney, Mike Masnick, Mike McDaniel, Mike Pouraryan, Mike Sheldon, Mike Stop Continues, Mike Stringer, Mike Wittenstein, Mikkel Ovesen, Mikołaj Podlaszewski, Millie Gonzalez, Mindi Lovell, Mindy Lin, Mirko «Macro» Fichtner, Mitch Featherston, Mitchell Adams, Molika Oum, Molly Shaffer Van Houweling, Monica Mora, Morgan Loomis, Moritz Schubert, Mrs. Paganini, Mushin Schilling, Mustafa K Calik, MD, Myk Pilgrim, Myra Harmer, Nadine Forget-Dubois, Nagle Industries, LLC, Nah Wee Yang, Natalie Brown, Natalie Freed, Nathan D Howell, Nathan Massey, Nathan Miller, Neal Gorenflo, Neal McBurnett, Neal Stimler, Neil Wilson, Nele Wollert, Neuchee Chang, Niall McDonagh, Niall Twohig, Nic McPhee, Nicholas Bentley, Nicholas Koran, Nicholas Norfolk, Nicholas Potter, Nick Bell, Nick Coghlan, Nick Isaacs, Nick M. Daly, Nick Vance, Nickolay Vedernikov, Nicky Weaver-Weinberg, Nico Prin, Nicolas Weidinger, Nicole Hickman, Niek Theunissen, Nigel Robertson, Nikki Thompson, Nikko Marie, Nikola Chernev, Nils Lavesson, Noah Blumenson-Cook, Noah Fang, Noah Kardos-Fein, Noah Meyerhans, Noel Hanigan, Noel Hart, Norrie Mailer, O.P. Gobée, Ohad Mayblum, Olivia Wilson, Olivier De Doncker, Olivier Schulbaum, Olle Ahnve, Omar Kaminski, Omar Willey, OpenBuilds, Ove Ødegård, Øystein Kjærnet, Pablo López Soriano, Pablo Vasquez, Pacific Design, Paige Mackay, Papp István Péter, Paris Marx, Parker Higgins, Pasquale Borriello, Pat Allan, Pat Hawks, Pat Ludwig, Pat Sticks, Patricia Brennan, Patricia Rosnel, Patricia Wolf, Patrick Berry, Patrick Beseda, Patrick Hurley, Patrick M. Lozeau, Patrick McCabe, Patrick Nafarrete, Patrick Tanguay, Patrick von Hauff, Patrik Kernstock, Patti J Ryan, Paul A Golder, Paul and Iris Brest, Paul Bailey, Paul Bryan, Paul Bunkham, Paul Elosegui, Paul Hibbitts, Paul Jacobson, Paul Keller, Paul Rowe, Paul Timpson, Paul Walker, Pavel Dostál, Peeter Sällström Randsalu, Peggy Frith, Pen-Yuan Hsing, Penny Pearson, Per Åström, Perry Jetter, Péter Fankhauser, Peter Hirtle, Peter Humphries, Peter Jenkins, Peter Langmar, Peter le Roux, Peter Marinari, Peter Mengelers, Peter O'Brien, Peter Pinch, Peter S. Crosby, Peter Wells, Petr Fristedt, Petr Viktorin, Petronella Jeurissen, Phil Flickinger, Philip Chung, Philip Pangrac, Philip R. Skaggs Jr., Philip Young, Philippa Lorne Channer, Philippe Vandenbroeck, Pierluigi Luisi, Pierre Suter, Pieter-Jan Pauwels, Playground Inc., Pomax, Popenoe, Pouhiou Noenaute, Prilutskiy Kirill, Print3Dreams Ltd., Quentin Coispeau, R. Smith, Race DiLoreto, Rachel Mercer, Rafael Scapin, Rafaela Kunz, Rain Doggerel, Raine Lourie, Rajiv Jhangiani, Ralph Chapoteau, Randall Kirby, Randy Brians, Raphaël Alexandre, Raphaël Schröder, Rasmus Jensen, Rayn Drahps, Rayna Stamboliyska, Rebecca Godar, Rebecca Lendl, Rebecca Weir, Regina Tschud, Remi Dino, Ric Herrero, Rich McCue, Richard «TalkToMeGuy» Olson, Richard Best, Richard Blumberg, Richard Fannon, Richard Heying, Richard Karnesky, Richard Kelly, Richard Littauer, Richard Sobey, Richard White, Richard Winchell, Rik ToeWater, Rita Lewis, Rita

Wood, Riyadh Al Balushi, Rob Balder, Rob Berkley, Rob Bertholf, Rob Emanuele, Rob McAuliffe, Rob McKaughan, Rob Tillie, Rob Utter, Rob Vincent, Robert Gaffney, Robert Jones, Robert Kelly, Robert Lawlis, Robert McDonald, Robert Orzanna, Robert Paterson Hunter, Robert R. Daniel Jr., Robert Ryan-Silva, Robert Thompson, Robert Wagoner, Roberto Selvaggio, Robin DeRosa, Robin Rist Kildal, Rodrigo Castilhos, Roger Bacon, Roger Saner, Roger So, Roger Solé, Roger Tregear, Roland Tanglao, Rolf and Mari von Walthausen, Rolf Egstad, Rolf Schaller, Ron Zuijlen, Ronald Bissell, Ronald van den Hoff, Ronda Snow, Rory Landon Aronson, Ross Findlay, Ross Pruden, Ross Williams, Rowan Skewes, Roy Ivy III, Ruben Flores, Rupert Hitzenberger, Rusi Popov, Russ Antonucci, Russ Spollin, Russell Brand, Rute Correia, Ruth Ann Carpenter, Ruth White, Ryan Mentock, Ryan Merkley, Ryan Price, Ryan Sasaki, Ryan Singer, Ryan Voisin, Ryan Weir, S Searle, Salem Bin Kenaid, Salomon Riedo, Sam Hokin, Sam Twidale, Samantha Levin, Samantha-Jayne Chapman, Samarth Agarwal, Sami Al-AbdRabbuh, Samuel A. Rebelsky, Samuel Goëta, Samuel Hauser, Samuel Landete, Samuel Oliveira Cersosimo, Samuel Tait, Sandra Fauconnier, Sandra Markus, Sandy Bjar, Sandy ONeil, Sang-Phil Ju, Sanjay Basu, Santiago Garcia, Sara Armstrong, Sara Lucca, Sara Rodriguez Marin, Sarah Brand, Sarah Cove, Sarah Curran, Sarah Gold, Sarah McGovern, Sarah Smith, Sarinee Achavanuntakul, Sasha Moss, Sasha VanHoven, Saul Gasca, Scott Abbott, Scott Akerman, Scott Beattie, Scott Bruinooge, Scott Conroy, Scott Gillespie, Scott Williams, Sean Anderson, Sean Johnson, Sean Lim, Sean Wickett, Seb Schmoller, Sebastiaan Bekker, Sebastiaan ter Burg, Sebastian Makowiecki, Sebastian Meyer, Sebastian Schweizer, Sebastian Sigloch, Sebastien Huchet, Seokwon Yang, Sergey Chernyshev, Sergey Storchay, Sergio Cardoso, Seth Drebitko, Seth Gover, Seth Lepore, Shannon Turner, Sharon Clapp, Shauna Redmond, Shawn Gaston, Shawn Martin, Shay Knohl, Shelby Hatfield, Sheldon (Vila) Widuch, Sheona Thomson, Si Jie, Sicco van Sas, Siena Oristaglio, Simon Glover, Simon John King, Simon Klose, Simon Law, Simon Linder, Simon Moffitt, Solomon Kahn, Solomon Simon, Soujanna Sarkar, Stanislav Trifonov, Stefan Dumont, Stefan Jansson, Stefan Langer, Stefan Lindblad, Stefano Guidotti, Stefano Luzardi, Stephan Meißl, Stéphane Wojewoda, Stephanie Pereira, Stephen Gates, Stephen Murphey, Stephen Pearce, Stephen Rose, Stephen Suen, Stephen

Walli, Stevan Matheson, Steve Battle, Steve Fisches, Steve Fitzhugh, Steve Guen-gerich, Steve Ingram, Steve Kroy, Steve Midgley, Steve Rhine, Steven Kasprzyk, Steven Knudsen, Steven Melvin, Stig-Jørund B. Ö. Arnesen, Stuart Drewer, Stuart Maxwell, Stuart Reich, Subhendu Ghosh, Sujal Shah, Sune Bøegh, Susan Chun, Susan R Grossman, Suzie Wiley, Sven Fielitz, Swan/Starts, Sylvain Carle, Sylvain Chery, Sylvia Green, Sylvia van Bruggen, Szabolcs Berecz, T. L. Mason, Tanbir Baeg, Tanya Hart, Tara Tiger Brown, Tara Westover, Tarmo Toikkanen, Tasha Turner Lennhoff, Tathagat Varma, Ted Timmons, Tej Dhawan, Teresa Gonczy, Terry Hook, Theis Madsen, Theo M. Scholl, Theresa Bernardo, Thibault Badenas, Thomas Bacig, Thomas Boehnlein, Thomas Bøvith, Thomas Chang, Thomas Hartman, Thomas Kent, Thomas Morgan, Thomas Philipp-Edmonds, Thomas Thrush, Thomas Werkmeister, Tieg Zaharia, Tieu Thuy Nguyen, Tim Chambers, Tim Cook, Tim Evers, Tim Nichols, Tim Stahmer, Timothée Planté, Timothy Arfsten, Timothy Hinchliff, Timothy Vollmer, Tina Coffman, Tisza Gergő, Tobias Schonwetter, Todd Brown, Todd Pousley, Todd Sattersten, Tom Bamford, Tom Caswell, Tom Goren, Tom Kent, Tom MacWright, Tom Maillioux, Tom Merkli, Tom Merritt, Tom Myers, Tom Olijhoek, Tom Rubin, Tommaso De Benetti, Tommy Dahlen, Tony Ciak, Tony Nwachukwu, Torsten Skomp, Tracey Depellegrin, Tracey Henton, Tracey James, Traci Long DeForge, Trent Yarwood, Trevor Hogue, Trey Blalock, Trey Hunner, Tryggvi Björgvinsson, Tumuult, Tushar Roy, Tyler Occhiogrosso, Udo Blenkhorn, Uri Sivan, Vanja Bobas, Vantharith Oum, Vaughan jenkins, Veethika Mishra, Vic King, Vickie Goode, Victor DePina, Victor Grigas, Victoria Klassen, Victorien Elvinger, VIGA Manufacture, Vikas Shah, Vinayak S.Kaujalgi, Vincent O'Leary, Violette Paquet, Virginia Gentilini, Virginia Kopelman, Vitor Menezes, Vivian Marthell, Wayne Mackintosh, Wendy Keenan, Werner Wiethege, Wesley Derbyshire, Widar Hellwig, Willa Köerner, William Bettridge-Radford, William Jefferson, William Marshall, William Peter Nash, William Ray, William Robins, Willow Rosenberg, Winie Evers, Wolfgang Renninger, Xavier Antoviaque, Xavier Hugonet, Xavier Moisant, Xueqi Li, Yancey Strickler, Yann Heurtaux, Yasmine Hajjar, Yu-Hsian Sun, Yves Deruisseau, Zach Chandler, Zak Zebrowski, Zane Amiralis and Joshua de Haan og ZeMarmot Open Movie.

www.ingramcontent.com/pod-product-compliance
Lightning Source LLC
LaVergne TN
LVHW010322200726
843507LV00010B/1327